JEWS AND CONVERSOS
Studies in Society and the Inquisition

JEWS AND CONVERSOS

STUDIES IN SOCIETY AND THE INQUISITION

Edited by

YOSEF KAPLAN

Proceedings of the Eighth World Congress
of Jewish Studies held at
The Hebrew University of Jerusalem

August, 16-21, 1981

Jerusalem
World Union of Jewish Studies
The Magnes Press, The Hebrew University

©

By The Magnes Press
The Hebrew University
Jerusalem 1985

ISBN 965-223-607-1
Printed in Israel
Typesetting: Astronel, Jerusalem
Printing: Daf-Chen Press, Jerusalem

CONTENTS

Preface   7

José Luis Lacave   Nueva identificación de sinagogas
                    en España   9

Yom Tov Assis   Jewish Moneylenders in Medieval Santa
                    Coloma de Queralt   21

Béatrice Leroy   La vie économique des juifs de
                    Navarre au xive siècle   39

Humberto   Movimentos sociais anti-judaicos em
Baquero Moreno   Portugal no século xv   62

Cristina Arbós   Los cancioneros castellanos del siglo xv
                    como fuente para la historia de los
                    judíos españoles   74

Eleazar Gutwirth   Elementos étnicos e históricos en las
                    relaciones judeo-conversas en Segovia   83

Haim Beinart   La Inquisición Española y la expulsión
                    de los judíos de Andalucía   103

Elias Lipiner   O cristão-novo: mito ou realidade   124

Amílcar Paulo   O ritual dos criptojudeus portugueses   139

Elvira Cunha   Orações judaicas na Inquisição
de Azevedo Mea   Portuguesa — século xvi   149

Manual A. Rodrigues Influências da exegese judaica medieval
                    nos comentadores bíblicos portugueses do
                    século xvi   179

Yosef Kaplan   The Travels of Portuguese Jews from
                    Amsterdam to the "Lands of Idolatry"
                    (1644-1724)   197

Pier Cesare   The Jews and the Inquisition of
Ioly Zorattini   Aquileia and Concordia   225

PREFACE

This volume contains thirteen lectures delivered at the Eighth World Congress of Jewish Studies in Jerusalem, August 16-21, 1981. Twelve of the thirteen deal with various aspects of the history of the Jews of Spain and Portugal both at the time those communities flourished and at the time of the persecution of the *conversos* remaining in the Iberian Peninsula after the expulsions and forced conversions at the end of the fifteenth century.

José Luis Lacave has collected new information about the location of Jewish Quarters in medieval Trujillo and Cáceres and about the synagogues in those two cities and in Lucena, Gerona, and Teruel. Yom Tov Assis gives a detailed description of the activities of the Jewish moneylenders in Santa Coloma de Queralt, a small town in Catalonia, at the end of the thirteenth century. Béatrice Leroy opens up new vistas on the economic and social history of the Jews of Navarre during the fourteenth century. Humberto Baquero Moreno demonstrates the anti-Jewish character of social movements in fifteenth century Portugal. Cristina Arbós shows the importance of the *cancioneros* of the fifteenth century as a source of the history of the Jews and *conversos* in Spain. Eleazar Gutwirth investigated the particular character of the relations between Jews and *conversos* in Segovia during the two generations before the expulsion, relations expressed in family ties, in language, and in humor. Haim Beinart discusses the role of the Inquisition in the expulsion of the Jews from Andalusia in 1483 and the connection between that expulsion and the final expulsion of Spanish Jewry in 1492. Elias Lipiner treats the issue of the Jewishness of the "New Christian" in Portugal through a critical analysis of the views of the Portuguese historian A. J. Saraiva. The late Amílcar Paulo presents thoughtful and interesting reflections on the peculiar religious ritual of the crypto-Jews in Portugal. Elvira Cunha de Azevedo Mea has collected testimony from the files of the Portuguese Inquisition in the sixteenth century about Jewish prayers

7

common among the *conversos*. Manuel A. Rodrigues deals with the influence of medieval Jewish Biblical exegesis on Portuguese Christian Biblical commentators during the sixteenth century. Yosef Kaplan describes the phenomenon of Portuguese Jews from Amsterdam during the seventeenth and eighteenth centuries who travelled to Spain, Portugal, and other Christian countries where Judaism was proscribed.

The thirteenth article in this volume is the only one which does not deal with Iberian Jewry; however its place is here because the author, Pier Cesare Ioly Zorattini, sheds light on the activities of the Inquisition in Aquileia and Concordia, Italy, against Jews and any crime related to Judaism from the mid sixteenth until the eighteenth centuries.

I am grateful to Mr. Reuven Feingold for his assistance in proofreading the articles in Portuguese, to Mr. Ben-Zion Yehoshua the Director of the Magnes Press, and to his assistant, Mr. Dan Benovici, and to the Astronel Press for their diligent and faithful efforts in publishing this book.

The Editor

NUEVA IDENTIFICACIÓN DE SINAGOGAS EN ESPAÑA

José Luis Lacave

Desde que en 1955 el Prof. Cantera reuniera en un libro el elenco de las sinagogas españolas entonces conocidas,[1] son ya bastantes las localizaciones de nuevas sinagogas no recogidas en él que se han ido consiguiendo con el paso de los años, hasta el punto de que estamos pensando en la realización de un segundo tomo que completara aquella benemérita obra. En este breve estudio queremos dar cuenta sucinta de tres barrios judíos y dos nuevas sinagogas que hemos podido identificar en 1980 y a la vez ofrecer datos y tradiciones de otras sinagogas cuya identificación es todavía dudosa, aunque en algún caso puede ser probable. Las primeras, las que tenemos por seguras, se asientan en las ciudades extremeñas de Trujillo y Cáceres, mientras las demás se refieren a la ciudad andaluza de Lucena, a la catalana de Gerona y a la aragonesa de Teruel. Empecemos por aquellas que no nos ofrecen duda alguna.

1. Barrio judío y sinagoga de Trujillo

Nuestro conocimiento de esta judería extremeña se ha acrecido mucho gracias a las recientes investigaciones del Prof. Beinart.[2] Por diversos documentos que publica[3] sabemos que tras producirse en 1480 el

---

[1] F. Cantera, *Sinagogas españolas, con especial estudio de la de Córdoba y la toledana de El Tránsito*, Madrid, Instituto "Arias Montano", 1955.
[2] H. Beinart, *Trujillo. A Jewish Community in Extremadura on the Eve of the Expulsion from Spain*, Jerusalem, The Magnes Press, 1980.
[3] *Ibid.*, docs. núms. 23, 34, 77 y el proceso inquisitorial de Gonzalo Pérez Jarada en las págs. 308 y 316.

apartamiento de judíos y moros en nuevos barrios, algunos judíos, especialmente los más ricos, vivían en un lugar de la ciudad llamado La Rinconada y que al parecer otros vivían en la calle Nueva; en cualquier caso se desprende de esos documentos que el ambiente judío estaba en los aledaños de ese lugar conocido por La Rinconada.

Por otros documentos del Archivo de Simancas que también publica el citado autor[4] conocemos el destino que se dio a la sinagoga tras la expulsión de 1492. Ya para el 9 de agosto de ese mismo año los Reyes Católicos habían hecho merced "de la dicha synoga al prior [dominico] de Santa María de Encarnación para monasterio de monjas" dominicas. Por entonces el Consejo, regidores, caballeros etc. de la ciudad de Trujillo reclamaban "la dicha synoga para yglesia perrochial" de los cristianos que habían ido a poblar la judería, alegando que en la iglesia de San Martín, la más cercana a la dicha judería, ya no cabían los fieles, mientras que del monasterio de monjas dominicas la ciudad tenía "poca necesidad por que ay tres o quatro casas de religiosas que bastan para la dicha çibdad, segund la poblaçión della". Los reyes nombran entonces un árbitro que decida el destino final de la sinagoga, tras apreciar de qué tenía Trujillo mayor necesidad, si de una iglesia parroquial nueva o del monasterio mencionado.

En el mismo año de 1492, el 25 de noviembre, los reyes resuelven que lo que había sido sinagoga, con todo lo a ella perteneciente, pase a ser el monasterio de Santa Isabel de monjas dominicas. En el documento que contiene la resolución, los reyes recuerdan que ya en el primer momento tras la expulsión de los judíos, el prior de la orden de Santo Domingo en Trujillo les había solicitado que, "porque algunas monjas de la dicha horden estauan en la dicha çibdad derramadas por no tener casa dispuesta donde se ençerrasen e estubiesen, segund convenía a su regla e religión", les concediese la sinagoga para ello. También recuerdan los reyes que ya al tiempo de esa solicitud, por mandado de ellos mismos "e con liçencia de su prelado ellas [las monjas] se ençerraron y están en el monesterio de Santa Ysabel de la dicha çibdad, que primero hera casa y synoga de los judíos della". Ahora, en el mes de noviembre, los reyes hacían finalmente "merçed general e limosna del dicho monesterio que asy en casa de synoga de los judíos de la dicha çibdad

---

[4] *Ibid.*, docs. núms. 76, 80, 81, 86, 96.

de Trogillo, con todas las cosas e bienes e otras cosas, muebles e rayzes, a ella pertenesçientes, para que la dicha synoga sea yglesia e casa e monesterio de las dichas monjas, como agora lo es, para syenpre jamás, e los otros vienes, muebles e rayzes, que eran de la dicha synoga de los judíos, sean anexos al dicho monesterio". Como vemos, del documento se desprende que la sinagoga, además del recinto para la oración comunitaria, tenía también otras dependencias, incluida quizá alguna casa para vivienda, que hacían a todo el conjunto susceptible de convertirse en un convento con su capilla.

Por el mismo tiempo en que llegaba a mis manos el libro del Prof. Beinart, abril o mayo de 1980, me llegaba también, a través del Prof. Pérez Castro y del antiguo Director del Museo del Prado, Prof. Salas, la noticia de que en Trujillo se había descubierto en un muro interior de un edificio una inscripción hebrea. En el mes de julio de ese mismo año me desplacé a dicha ciudad extremeña y de esa visita, que realicé en compañía del Prof. Salas, de mi amigo D. Manuel Aguilar, y de los expertos conocedores de la historia trujillense D. Carmelo Solís y D. José María Muñoz, junto con los datos que ya poseía, salió la identificación sin lugar a dudas del barrio judío y de la sinagoga.

En efecto, en el nº 10 de la calle actualmente llamada Primo de Rivera pero que los trujillanos conocen por el nombre de calle de las Tiendas, cuando se realizaban unas obras para adaptar lo que fue la trastienda de una pastelería para laboratorio de la farmacia del Sr. Solís, sita en el nº 12 de la misma calle, al picar una pared, apareció un muro de piedra en el que a unos 2,50 ó 3 metros a partir del suelo se puede leer la siguiente incripción hebrea: זה השער ליי צדיקים יבואו בו (Esta es la puerta del Señor; los justos entrarán por ella). Es decir, el conocido versículo de Salmos 118, 20 que tan habitualmente aparece a la entrada de las sinagogas españolas. Estábamos, pues, ante la puerta de la sinagoga. Reconocimos luego lo que había al otro lado de esa puerta, que hoy es la trastienda del comercio de prendas deportivas Calleja, sito en el nº 8 de la misma calle de las Tiendas, y allí hallamos dos salas abovedadas de unos 15 ó 20 m. de largo por 3 ó 4 de ancho, una de ellas con arcos de medio punto en un lateral. Al parecer hubo otra sala más de similares características, que es la que da directamente a la puerta de la inscripción, pero que hoy se halla muy desfigurada y sin carácter por las reformas habidas. Así pues, creemos que la sinagoga era un majestuoso templo de 3 naves, cuya descripción se hace

11

difícil por la situación en que actualmente se encuentra. Tenemos también datos para explicar la historia posterior del edificio, cuando fue monasterio de Santa Isabel, pero por falta de espacio los omitimos.

Recorrimos luego el entorno de la sinagoga, y tras leer la historia de las calles trujillanas del benemérito D. Juan Tena[5] ya no nos queda duda del marco en que estaba enclavada la judería nueva. La Rinconada de la que hemos hablado antes no es más que la esquina de la Plaza Mayor que enfrente de la iglesia de San Martín se halla enclavada entre el Palacio de Piedras Albas y las casas que dan a la calle de las Tiendas. En ese lugar, que hoy llaman en la ciudad "el Rincón", se forma una pequeña plazoleta que antaño llamaban "La Rinconada" o "la rinconada de la Plaza Mayor" y era hasta tiempo reciente lugar tradicional de mesones y fondas.[6] Por otro lado, hasta hace poco se llamaba calle Nueva a la que es continuación de la calle de las Tiendas, la cual parte de la Plaza Mayor, y algunos creen que esta misma calle de las Tiendas se llamó antes también calle Nueva. Además, de la rinconada de la Plaza Mayor parte una callecita que antaño se llamó Gurría y hoy por corrupción Aburría, que en parte discurre bajo arcos y que tiene un fuerte carácter de judería. Así pues, creemos que hemos de identificar la judería nueva de Trujillo con el espacio que hoy ocupan el rincón de la Plaza Mayor, la calle Aburría y la calle de las Tiendas. Muy probablemente había también en ese marco alguna calle transversal, hoy desaparecida.

2. Barrios judíos y sinagoga de Cáceres

En esta capital extremeña, de cuyos judíos tenemos noticias ya desde el fuero que su conquistador Alfonso IX de León le otorgó en 1229, recogimos en una visita que le hicimos la tradición local de la existencia de dos juderías: la antigua que se situaba en el barrio intramuros de San Antonio de la Quebrada, junto al alcázar, y la nueva, que se localizaba en la actual calle de la Cruz, extramuros y muy cerca de la Plaza Mayor. Esa tradición local quería también que la actual iglesia de San Antonio, de una sola nave, hubiera sido antes sinagoga y que

---

[5]   J. Tena Fernández, *Trujillo histórico y monumental*, Trujillo, 1967.
[6]   *Ibid.*, p. 215.

asimismo la antigua capilla de la Cruz, sita en el nº 6 de la calle del mismo nombre hubiera sido también sinagoga. La tradición que hace referencia a San Antonio, iglesia-sinagoga y barrio, la recoge el cronista oficial de Cáceres y archivero municipal D. Antonio Rubio, en su guía de la capital extremeña.[7] De sus labios escuchamos también las otras tradiciones, así como de otras personas. Todos estos lugares los visitamos y examinamos atentamente en compañía de nuestros buenos amigos D. Manuel Aguilar y el prócer local D. García Durán y de nuestro pariente, también cacereño, D. Ciriaco Fuentes.

Hoy, gracias a las investigaciones sobre la población cacereña en el siglo XVI y sobre el urbanismo de Cáceres realizados por los profesores de la Universidad de Extremadura, Dres. Rodríguez Sánchez[8] y Lozano Bartolozzi,[9] estamos en condiciones de afirmar que la tradición era totalmente acertada en cuanto a las dos juderías y a la primera de las sinagogas antes mencionadas. En efecto, la Dra. Bartolozzi publica en la pág. 293 de su libro varios documentos de los siglos XV y XVI, sacados de la Biblioteca Nacional y del Archivo de Hacienda,[10] que corroboran lo relativo a las juderías. Con un ejemplo de cada una bastará. En un documento de 1478 se habla de "unas casas de Samuel Arrof judío . . . en la judería linde por ambas partes . . . y por delante la calle de la Corte, como por las espaldas la de Pintores". Es decir, la situación de la actual calle de la Cruz. Además la Dra. Bartolozzi publica en las págs. 239 ss. muchos datos sacados de los censos de población efectuados en el siglo XVI y que se guardan en el Leg. 66 de los Expedientes de Hacienda en Simancas. Por ellos se ve que todavía en ese siglo se llamaba calle de la Judería a la que en el siglo XVII se llamaba ya como hoy, calle de la Cruz.

Asimismo en un documento de 1438 (pág. 293 de la obra citada) se habla de "una cassa que era dentro en la dicha Villa en la Judería a la Collación de San Mattheos". Es decir, en la judería vieja, intramuros.

---

[7] A. Rubio Rojas, *Cáceres (ciudad histórico-artística)* , 2ª ed., Cáceres, 1979, p. 103.
[8] A. Rodríguez Sánchez, *Cáceres: Población y comportamientos demográficos en el siglo XVI*, Cáceres, 1977.
[9] Mª del Mar Lozano Bartolozzi, *El desarrollo urbanístico de Cáceres (siglos XVI-XIX)*, Cáceres, 1980.
[10] B.N. Mss. 430, fols. 213-214 y A.H. Leg. 114/17 *Papeles del Convento de San Pablo*, Leg. 2, nº 9.

Y en esa colación está el barrio de la Quebrada de que hemos hablado. Pero además en otro documento de 1858 relativo a la ermita de San Antonio y que se guarda en el Archivo Parroquial de San Mateo,[11] D. Francisco Santillana, presbítero encargado de la ermita y culto de San Antonio, de la colación de San Mateo en el barrio de la Quebrada, expone a su obispo que "en el año de mil cuatrocientos setenta . . . Alonso Golfín . . . hizo construir a sus expensas la referida Hermita sobre una casa de su propiedad que hubo sido sinagoga de judíos . . .". Así pues, no queda duda de que ahí estuvo el templo judío, aunque no lo sea la actual ermita. En cuanto a la otra sinagoga, la que la tradición localiza en la capilla de la Cruz, no tenemos datos que lo corroboren, pero el nombre de la capilla es bastante habitual en aquellas iglesias que fueron sinagogas.

3. Sinagoga de Lucena

Un día de la primavera de 1980 vino a verme en el Instituto Arias Montano el Dr. Edward Goldberg, profesor de Biología Molecular en Boston, y me explicó que en compañía de su esposa, conocida novelista, había visitado Lucena y que las gentes del lugar le habían afirmado que la actual iglesia de Santiago era una antigua sinagoga, además de asegurarle que otro edificio había sido antaño la Universidad Hebrea o algo así. Naturalmente yo sabía que el Prof. Cantera había recogido una tradición diferente y que no parece conservarse ninguna documentación sobre la judería lucentina.[12] Pero, no obstante, el relato del Prof. Goldberg me interesó y decidí visitar la ciudad que fue célebre aljama y asiento de la academia de Isḥaq Alfasi y Yosef ibn Migaš.

Y en efecto, en julio de ese mismo año llegué a Lucena en compañía de mi buen amigo D. Manuel Aguilar, recorriendo la ciudad acompañados por el amable cronista oficial de la localidad, D. Joaquín Abras Santiago. Mientras andábamos las calles, nos explicaba D. Joaquín que según la tradición la judería estaría enclavada en el barrio más antiguo de Lucena, en un vasto territorio que va desde la carretera de la

---

[11] APSM, Leg. II, Cofradías; cf. Mar Lozano, *op. cit.*, p. 314.
[12] F. Cantera y Burgos, "La judería de Lucena", *Sefarad* XIII (1953), pp. 343-354.

Ronda (hoy calle del Juego de Pelota), por la calle Ballesteros hasta la plaza Alta y Baja, junto al alcázar, y llegando hasta la calle de la Veracruz. Más o menos en el centro de ese vasto espacio se halla la iglesia de Santiago, que según parece recibió esta advocación en 1504.[13] D. Joaquín no creía que hubiera sido antes sinagoga.

Es éste un templo mudéjar de tres naves que ha sido restaurado en estos últimos años bajo la dirección del arquitecto conservador del patrimonio artístico de Andalucía Occidental, Sr. Manzano Mortes. Hasta que se iniciaron las obras de restauración en 1975 había estado abandonado durante mucho tiempo y hoy funciona como una nueva parroquia cristiana. Como datos arquitectónicos más relevantes podemos señalar sus pilares ochavados que sustentan una bóveda, unas ventanas pétreas en arco de medio punto entre nave y nave, unas arquerías con arcos apuntados y una portada gótica.

Pero ¿por qué se dice que esta iglesia fue sinagoga? Tras hablar con el párroco, con el cronista de la villa y con otras personas, creemos que el origen de esta afirmación hemos de buscarlo en los esfuerzos del Sr. Manzano Mortes, antes citado, por conseguir que este templo fuera declarado monumento nacional y adecuadamente restaurado, lo que efectivamente consiguió mediante el decreto del gobierno n° 3352 del 14 de diciembre de 1973. En el preámbulo de ese decreto se afirma que la iglesia fue antes sinagoga.[14] Pero ¿quién había sido el inspirador, si no el redactor, de ese preámbulo? Sin duda el propio Sr. Manzano, quien tenía un gran interés en la restauración de este templo abandonado, lo que sólo podría llevar a cabo si conseguía la financiación estatal que le permitiera acometer las obras necesarias. Así pues, se imponía hablar con él y preguntarle cuáles eran las razones en que se basaba para afirmar que la actual iglesia de Santiago en Lucena había sido antes sinagoga, sabiendo como sabíamos que no existía ninguna documentación al respecto.

Visitamos al Sr. Manzano en su despacho oficial de Sevilla y éstas son las razones que nos dio para su aseveración: El barrio en que se encuentra enclavada la iglesia es desde luego el más antiguo de Lucena

[13] D. Joaquín Abras nos aseguró que en el Archivo de la catedral de Córdoba hay copia de un documento que así lo afirma. La copia la encontró al parecer el canónigo archivero D. Manuel Nieto Cumplido. No hemos podido verla.
[14] Boletín Oficial del Estado n° 14 del 16 de enero de 1974, p. 905.

15

y según la tradición allí estaba la judería. Era un templo muy peculiar para ser iglesia, muy parecido a como fue la sinagoga sevillana de Santa María la Blanca. Era de testero plano, no tuvo presbiterio ni estaba orientada según la liturgia cristiana. Su estilo mudéjar y sus pilares ochavados la asemejan a Santa María la Blanca de Toledo. Su baja calidad artística y su extrema sobriedad contribuyen asimismo a pensar en una antigua sinagoga.

Hasta aquí las razones del Sr. Manzano Mortes. También opina que el templo es del siglo XIV, pudiendo ser más antiguo el recinto; que los pilares son medievales y quizá del siglo XIII; que la cubierta primitiva era escalonada y posteriormente se hizo un presbiterio con bóveda, cuyo peso deformó los pilares; que la altura primitiva del edificio era dos o tres metros menor que la actual; que las arquerías son de la época del rey Pedro I el Cruel; y que el haberle añadido más tarde una portada gótica le parece un dato significativo, pues lo mismo se hizo con Santa María la Blanca de Sevilla cuando se la convirtió en iglesia.

Como se ve, todo lo que tenemos para identificar esta iglesia de Santiago en Lucena con una sinagoga son opiniones desde un punto de vista arquitectónico que deberán dilucidar los especialistas en historia del arte. Personalmente no estoy convencido de que tengamos aquí una nueva sinagoga.

Mientras recorríamos las calles de Lucena, recogimos también de labios del cronista de la villa algunos datos y costumbres de la ciudad que nos llamaron la atención. Aunque no podemos contrastarlos con documentación, queremos exponerlos aquí por su curiosidad y porque en algún caso pudieran tener un valor real.

En primer lugar nos dijo D. Joaquín Abras que hasta 1880 existió en el número 7 de la calle de la Veracruz, donde hoy se asientan las Bodegas Aragón, una ermita de la Veracruz que fue hasta su desaparición el templo más importante para las cofradías locales de la Semana Santa. Con este detalle y sobre todo con ese nombre, ¿no cabría pensar que esa ermita de la Veracruz hubiera sido antes sinagoga? Sabido es que en los albores del siglo XV, y luego otra vez al terminar esa centuria, fueron bastantes las sinagogas que al convertirse en iglesias recibieron tal nombre.

Asimismo nos dijo D. Joaquín que, dentro también de lo que tradicionalmente se considera judería, al edificio existente en el nº 39 de la calle de Santiago, haciendo esquina con la calle de los Alamos, le llaman la casa de las pilas (lo que en el lenguaje local quiere decir piletas de baño) y que tiene aguas subterráneas. También el nombre de la calle de los Alamos sugiere la existencia de un riachuelo, hoy tapado por la calle, como ocurre en Granada, en Tudela, en Cáceres y en otras muchas ciudades españolas. Con esos detalles, ¿sería antaño esa casa de las pilas o de las piletas el asiento de un baño ritual judío?

Finalmente, algunas costumbres lucentinas. Todos los sábados las gentes de Lucena hacen una limpieza general de su casa y a esta operación se le llama hacer sábado o sabadear. También es norma de los habitantes de la ciudad blanquear sus casas inmediatamente antes de Semana Santa (recuérdese que ésta es también la época de Pésaḥ). A primera vista estas costumbres parecen tener un hondo significado en el que no nos proponemos, sin embargo, entrar en el presente estudio.

4. *Sinagoga de Gerona*

La situación de la sinagoga o sinagogas de Gerona es un tema sobre el que hoy por hoy reina cierta confusión. Lo traigo aquí porque desde hace un par de años se habla, como luego diré, de una nueva localización de la que habría sido la última sinagoga existente en Gerona antes de la Expulsión. Pero me limitaré a exponer lo que otros investigadores han escrito, sin pronunciamiento alguno de mi parte.

Tradicionalmente venía situándose la sinagoga de Gerona en uno de los primeros números de la calle de la Forsa, en la parte derecha de dicha calle si se mira de sur a norte, es decir, desde la Plaza del Aceite a la Catedral. Angeles Masiá, sin embargo, la situó en la parte izquierda de dicha calle, enfrente de la Plaza y escaleras de Nuestra Señora de la Pera,[15] en un lugar, por tanto, que hasta entonces se había considerado fuera del Call o barrio judío. Poco después Carmen Batlle demostraba que cuando en julio de 1492 los rectores de la aljama gerundense vendían los bienes de ésta, existía en dicha ciudad una sinagoga antigua ya en ruinas y otra más nueva.[16] La citada investigadora

[15] Mª de los Angeles Masiá, "Aportaciones al estudio del call gerundense", *Sefarad* XIII (1953), pp. 287-308.
[16] C. Batlle Gallart, "Solución al problema de las dos sinagogas de Gerona", *Sefarad* XIX (1959), pp. 301-320.

17

concluía que la sinagoga antigua sería la localizada por A. Masiá y la nueva, aquella que tradicionalmente se situaba en el nº 6 de la calle de la Forsa, o sea, en su parte derecha.

En estas localizaciones jugaban su papel dos callejones cerrados al tránsito durante siglos y llamados de Hernández y de Berga. Pues bien, este último, el callejón de Berga, que arranca del nº 12 de la calle de la Forsa, es decir, muy cerquita de la Plaza y escaleras de Nuestra Señora de la Pera, y termina en la calle que hasta hace poco se llamó Travesía de Cervantes y que hoy se llama Travesía del Dr. Oliva y Prat, ha sido abierto al tránsito en los últimos años. Y ahí precisamente, en una finca que tiene su entrada por ese callejón de Berga y que ocupa el centro de una manzana de casas situada entre la Travesía del Dr. Oliva y Prat y la calle de la Forsa, es donde algunos quieren localizar la sinagoga que antes hemos llamado nueva y que sería la última utilizada por los judíos.

La finca fue adquirida y restaurada por D. Joaquín Tarrés, quien le ha dado el nombre de "Isaac el Çec". El erudito archivero catedralicio y cronista oficial de la ciudad de Gerona, D. Jaime Marqués Casanovas, cree que en esa amplia finca estuvieron a fines del siglo XV la sinagoga, el miqweh y otras dependencias sinagogales, el hospital e incluso la carnicería hebraica. Para ello alega diversos documentos sacados de los archivos locales gerundenses,[17] de los que aquí entresacamos los dos que nos parecen más interesantes.

El primero es una acta de venta fechada el 19 de diciembre de 1498 que figura en el Manual nº 76 del notario Carlos Cerdá, el cual se guarda en el Archivo Histórico de Gerona. Este documento dice así (en traducción castellana efectuada por el propio D. Jaime Marqués en un escrito que presentó en el Ministerio de Cultura con el título "Interés histórico-arqueológico del edificio llamado Isaach el Çec de Gerona" y que tuvo la amabilidad de enviarme): "Catalina, de nacionalidad griega . . . vendo a vos Guillermo Saguer . . . aquellas casa llamadas escuelas de los judíos y judías y el hospital y los baños del Call judaico, contiguas y conjuntamente unidas, situadas en la ciudad de Gerona dentro del dicho Call, según linda por oriente con la vivienda de Miguel Escolá; a mediodía con calle pública; por occidente, con un

---

[17] J. Marqués i Casanovas, *Girona Vella* 2 (Gerona, 1979), pp. 97-98.

patio de casas demolidas mediante la calle pública de dicho Call; a cierzo, con una casa que fue de Juan Miró y que ahora es del notario Nicolás Roca mediante calle pública". Según el mencionado investigador y archivero la calle pública que se cita a mediodía no es otra que el callejón de Hernández, hoy cerrado al tránsito; la calle pública del Call que se cita a occidente es la calle de la Forsa; y la casa propiedad del notario Nicolás Roca que se sitúa a cierzo, o sea, al norte de la que nos interesa, con una calle en medio, es aquélla que al otro lado del recién abierto callejón de Berga cobija actualmente los talleres de la imprenta Franquet, la cual casa recientemente restaurada muestra en su fachada el escudo de los Roca. Por tanto, concluye D. Jaime Marqués la casa que en 1498 vendía Catalina es la que hoy recibe el nombre de Isaac el Çec.

Añade este investigador que Catalina había heredado el inmueble de Jorge Rafart, difunto, presbítero de la Seo, quien la había comprado a los administradores de la aljama ante el notario Pedro Escuder el 9 de julio de 1492. Conviene aquí recordar que según recogió D. Francisco Cantera en sus *Sinagogas españolas* (pág. 224), Girbal citó el libro de *Censals y altres coses* del Archivo del Hospicio gerundense (núm. 57, fol. 49), por el cual constaba que el 10 de abril de 1494 adquirió la sinagoga en propiedad Jorge Rafart, presbítero de la catedral.

El otro documento alegado por el Sr. Marqués es el Catálogo Alfabético de Sulpicio Pontich que se conserva en el Archivo Catedralicio de Gerona y que contiene una lista de las casas de los canónigos en el siglo XVI. En el vol. I, fol. 258 se cita una casa "llamada la sinagoga de los judíos" con un patio "que solía ser carnicería hebraica", de la cual se dan sus lindes. Pues bien, de estos lindes deduce también D. Jaime Marqués que se trata del mismo edificio de que venimos hablando.

Otros investigadores catalanes con quienes he consultado no están tan decididos, ni mucho menos, a identificar esa sinagoga de que hablarían los documentos con la finca que hoy llaman Isaac el Çec. Por mi parte, en febrero de 1980 hice una visita a Gerona recorriendo detenidamente la finca citada, con la amable explicación de su propietario, y poco podemos añadir. Es indudable que el edificio se encuentra en el corazón del call judaico y que en el siglo XV hubo de ser propiedad de judíos, pero no encontramos en él nada característico que pudiera identificarlo como sinagoga sin lugar a dudas. Pero también es cierto que si la interpretación dada por D. Jaime Marqués a los documentos por él alegados prevalece, habrá que pensar que, en efecto, allí se situaba esa última sinagoga gerundense.

5. *Sinagoga de Teruel*

Recientemente publicamos en la revista *Sefarad* una nota[18] en la que dábamos cuenta de unos restos arqueológicos aparecidos en el centro de la Plaza de la Judería, al producirse un socavón con motivo de las obras de cimentación de un edificio hoy ya construido en una esquina de dicha plaza. Entre las arquerías y pilares allí aparecidos se halló también un fragmento de ḥanukkiyyá de cerámica turolense. La situación de estos restos arqueológicos, en plena Plaza de la Judería, se acomoda bastante bien con la que el erudito investigador Antonio Floriano, manejando documentos del archivo municipal turolense hoy desaparecidos, daba para la sinagoga, por lo que nos preguntábamos si no serían éstos los restos de la sinagoga de Teruel. No obstante, advertíamos que su situación por debajo del nivel actual del suelo de la plaza se nos antojaba una importante dificultad. Nada nuevo podemos añadir hoy, salvo advertir que todo ello se halla otra vez tapado por el suelo de la plaza.

[18]   J. L. Lacave, "Restos arqueológicos judaicos de Teruel. ¿La sinagoga de Teruel?", *Sefarad* XXXIX (1979), pp. 109-11.

JEWISH MONEYLENDERS IN MEDIEVAL SANTA COLOMA DE QUERALT*

Yom Tov Assis

The Jews of Santa Coloma de Queralt[1]
In thirteenth century Catalonia important Jewish communities existed in major cities like Barcelona, Gerona and Lérida and smaller towns such as Tarragona, Montblanch, Villafranca, Besalú, Cervera and Tortosa. There is documentary evidence that very small colonies of Jews were scattered in many Catalan villages.[2]

The great historian of Spanish Jewry, Baer writes: "Of particular importance are the small rural communities in Catalonia, whose number increased throughout the fourteenth century".[3] How right he was we are now in a position to show with respect to Santa Coloma de Queralt.

Santa Coloma de Queralt with a population today of less than 3,000 compared to the 150 houses of the XIVth century,[4] lies some 60

* I wish to express my thanks to Miss Josefina Cubells, Director of the Archivo Histórico Provincial de Tarragona, Spain, and Dr. Daniel J. Cohen and Mr. A. Segal, respectively Director and Vice-Director of the Central Archives for the History of the Jewish People, Jerusalem for their kind permission to use the archival material.

1 See also my previous and shorter article: "The Financial Activities of the Jews of Catalonia: Santa Coloma de Queralt (1293-1294)", *Proceedings of the Eighth World Congress of Jewish Studies*. Division B. History of the Jewish People, Jerusalem 1982, pp. 33-38 (Hebrew).

2 See J. Régné, *History of the Jews in Aragon, Regesta and Documents 1213-1327*, ed. Yom Tov Assis, Jerusalem, 1978, Index of Communities, pp. 657-666, (henceforth: Régné); F. Baer, *Die Juden im christlichen Spanien*. I; *Aragonien und Navarra*, Berlin, 1929, Index, (henceforth: Baer I). In both collections it is easy to see the scarcity of information in Jews in small settlements based on documents deriving from central Archives such as the Archivo de la Corona de Aragon, Barcelona. See also *Responsa of R. Solomon ibn Adret* (henceforth: Adret) VIII, 185 "...a town in which there are not ten men for the wedding benedictions..."; Adret I, 1167.

3 Y. Baer, *A History of the Jews in Christian Spain*, Philadelphia, 1966, vol. I, p. 194 (henceforth: Baer, *History*).

4 J. N. Hillgarth. *The Spanish Kingdoms 1250-1516*, Oxford, 1976, vol. II, p. 100.

km to the north of Tarragona and 27 km north west of Montblanch.
In 1192 the village was included in the Templars' estate. Later on it
fell under the feudal jurisdiction of the lords of Queralt who granted
it a charter of privileges in 1241. In the XIIIth century a weekly
market was held in Santa Coloma and from 1312 onwards an annual
fair was organized there. During the Middle Ages Santa Coloma de
Queralt was an important center of safran which was exported to
distant places. In the XIVth century Santa Coloma was a village of
150 houses administered by an 18 member council.[5]

Our knowledge about the Jews of Santa Coloma de Queralt is very
limited. Out of 3,456 sources contained in Régné, only three refer to
Jews of Santa Coloma engaged in moneylending.[6] In Baer's monumental source book there is only one brief reference to *Floreta, juhia
metgessa del loch de Santa Coloma de Queralt* who was consulted by
the Queen Sibilia in 1381.[7] The only serious study on the Jews of
Santa Coloma de Queralt until recent times is Segura's book and
articles written in the past century.[8] Two or three articles published
recently on the Jews from Santa Coloma have provided some valua-
ble additional information about two or three Jews but left our
knowledge of the local Jewish Community basically unchanged.[9] The

[5] *Gran Enciclopedia Catalana*, Vol. XIII, s.v. Santa Coloma de Queralt, pp. 157-158.
[6] Régné, nos 3175, 3206, 3420.
[7] Baer I, p. 340. This information is taken from ACA, Archivo del Real Patrimomo,
t. 510, fol. 612. Elsewhere he mentions Jews from Santa Coloma quoting Segura's
history; Baer I, pp. 722, 1069.
[8] J. Segura i Valls, *Historia de Santa Coloma de Queralt*, Santa Coloma de Queralt,
1879 (Second impression 1953; Second edition 1971). All references in this paper
are from the second edition; idem, "Aplech de documents curiosos è inedits fahents
per la historia de las costums de Catalunya", *Jochs florals de Barcelona*, 1885, pp.
148 ff.; idem, "Documentos para las costumbres de Cataluña durante la Edad
Media", *Revista de Ciencias Historicas* V (1887), pp. 216 ff.; idem, "Los Juheus de
Santa Coloma de Queralt", *La Illustració Catalana* (1890), X, pp. 9-11, XI, pp.
234-235; 238.
[9] A. J. Soberanas y Lleó, "La Biblioteca de Salomó Samuel Atzarell, jueu de Santa
Coloma de Queralt (1373)", *Boletín de la Real Sociedad Arqueológica Tarraconense*
LXVII-LXVIII (1967-1968), pp. 191-204; J. Riera i Sans, "Astruch Bonafeu, Poeta
jueu de Santa Coloma de Queralt (segles XIV-XV)", *XVIII Assemblea Intercomarcal
d'Estudiosos, Aplec de les Ponències i Comunicacions*, Santa Coloma de Queralt,
1979, pp. 103-107.

available sources enable us to reconstruct a detailed and more complete picture of Jewish life there. This paper particularly illustrates this possibility as far as Jewish moneylenders in the last decade of the XIIIth century are concerned.

The Sources

The sources utilized in this paper are somewhat different from those that have usually been used by scholars who have written on the Jews of Christian Spain. They are notarial registers. Our notarial registers belong to the *Protocolos de Santa Coloma* that include 527 registers dating from 1293 until almost the end of the XVIIIth century. The *Protocolos* are now housed in the *Archivo Histórico Provincial de Tarragona* (= AHPT).

Five registers belonging to the years 1293-1299 have been thoroughly studied for the preparation of this work.[10] No register is extant for March 1295-March 1296 and therefore there is a lapse of one whole year. Here is the list of the five registers with some pertinent information.

Register	Date	Folios	N° of acts on Jews
1. Caja 1, libro 3804	29 June 1293-22 March 1294	184	427
2. Caja 1, libro 3805	25 March 1294-21 March 1295	215	648
3. Caja 2, libro 3806	16 April 1296-21 March 1297	198	586
4. Caja 2, libro 3807	25 March 1297-24 March 1298	275	819
5. Caja 3, libro 3808	21 April 1298-17 March 1299	232	736

The five notarial registers contain 3112 acts in which Jews are mentioned. The information contained in these acts is related to a

---

[10] The five registers from the AHPT on which this paper is based are designated as follows: The Roman numbers indicate the *caja*, i.e. case, the Arabic numericals followed by a dash, show the number of the libro, i.e. register, and after the second dash come the folio and followed by a stroke, the number of the act in the same folio when indicated: Thus I-3804-40/3 stands for AHPT, Caja, libro 3804, folio 4 verso/act N° 3; the designation of the archive AHPT, is omitted throughout. A more detailed work on the Jews of Santa Coloma de Queralt at the end of the Thirteenth Century is in press.

period of 58 months spread over 5 years and 9 months. The notary public of Santa Coloma during this period was Bernardo Botín.[11] There are no overlapping registers extant from this period and it seems highly unlikely (though not impossible) that a place like Santa Coloma should have had more than one notary public at a time. Although it is admitted that notarial registers extant from the XIIIth or XIVth centuries can often represent only a fraction of the original number, it is nevertheless submitted that in our case the wealth of material at our disposal is not at all a negligible portion of the notarial protocols emanating from a small village such as Santa Coloma was. Furthermore, we hold that irrespective of the percentage that these sources represent of the original total, they reflect more than an adequate picture of Jewish involvement in the local medieval society. It is reasonable to assume that from the point of view of our theme, these notarial registers offer a sufficient basis for valid conclusions to be drawn. The light they throw on certain aspects cannot be ignored unless one prefers to remain in complete darkness.

Although five registers have been studied for the preparation of this paper, only the first two registers, that is, *caja 1, libro 3804* for the period extending from 29th June 1293 to 22nd March 1294 and *caja 1, libro 3805* for the period 25th March 1294-21st March 1295 have been included in the day to day calculation. They include 1076 notarial acts concerning the Jews. This has proven to be sufficient since basically no different picture or conclusions emerge between the first two registers and the three that came after the lapse of the one whole year of March 1295 to March 1296. Wherever it was necessary, full information from the last three registers has been added. Every detail that was considered of importance for the subject has been integrated into our study.

The Jewish creditors in Santa Coloma

The five notarial registers from 1293 until 1299 that have been studied, provide ample data on the Jews' participation in the eco-

---

[11] This is clearly indicated in register 3805 and mentioned in the following acts: I-3804-53; II-3807-183/3; III/3808/f 37v-4; III/3808/f 138-2; III-3808-170-171v; III-3808-232v. He was therefore the notary throughout the period under discussion. It isn't clear whether another notary Raimundo d'Alteró acted as such in the earlier part of this period, see I-3804-53v.

nomic life of the region in general and in moneylending in particular. First and foremost the Jews of Santa Coloma acted as moneylenders. Considering the nature of our documentation, it stands to reason that the most detailed information offered is on moneylenders, whereas Jews who were not involved in such activities, and there were such Jews, have almost completely been neglected.

In the 5 registers we find 64 Jews, residents of Santa Coloma, engaged in some sort of moneylending, ranging from one single loan to several hundreds. It is noteworthy that a significant part of the moneylenders only appear during part of the period between 1293-1299. Apart from the obvious cases where this is the result of emigration, death or takeover of the family business after death or retirement, this limited mention suggests that only a few of those lenders can barely be categorized as moneylenders. One or two loans in a period of over 5 years were more likely to have been occasional activities that deviated from the habitual source of livelihood. This remains true even though our sources very probably contain only part of these Jews' activities, due to the absence of the complete data and the possible practice of pawnbroking, in which more often than not, no record whatsoever was left. Thus in the last 3 registers covering the period from 16th April 1296 till 16th February 1299, we find 25 Jewish moneylenders from Santa Coloma who were not mentioned in the first two registers belonging to 29th June 1293 till 21st March 1295.[12] Out of these 25 moneylenders, only thirteen gave 5 or more loans during the years 1296-1299.[13] The thirteen included Suilla

---

[12] Astruch Abraam is mentioned only once before 1296 but as a guarantor, see below end of n. 17.

[13] Here are the names of the 12 Jews who have less than 5 loans, to be exact 1 to 2 loans during the years 1296-1299: Astruch Fol...Miguel (mentioned only once, maybe not from Santa Coloma. II-3806-43v); Iucef Abraam (mentioned only once: II-3806-163); Samuel Vidal (mentioned only once: II-3807-16); Abraam Astruch (he gave loans on two occasions: II-3807-148v/5 and II-3807-223v/3); his wife Regina (Regmo) (gave one loan II-3807-160/3); Salomón Marroquí (gave one loan: II-3807-153/3); Vidal Muntaner (one loan in partnership with another Jew; it is not certain that he was from Santa Coloma. II-3807-234v/4); Abraam Gento (lent only once; III-3808-136/4); Abramo son of Vidal (one loan only; possibly son of Na Luna. III-3808-167/3); Abraam son of Miguel (one loan; III-3808-176v/3); Salamon de Carcassona (one loan only in partnership with Mosse de Carcasona

Isaac who took over his late father's business,[14] a widow who probably continued her husband's activities,[15] a wife of a very prominent Jew whose moneylending extended over the whole period,[16] some emigrants and others, who for one reason or another entered moneylending, unless they too were newcomers.[17] The most important moneylender who appeared as such after 1296 was Jasia Vidal.[18] His father Vidal de Compredó began his activities as creditor in 1297.[19]

In the years 1293-1299 there occurred some conspicuous changes in the intensity of some lenders' activities. Side by side with the emerging money lenders after 1296, there were some whose activities, after this date, somewhat relaxed, if not altogether ceased, compared to the years 1293-1295.

who was probably his father, III-3808-13v/5) and Vives de Carcassona (one loan; III-3808-177v/3).

[14] He appears for the first time as a moneylender after the death of his father on 15th February 1297, II-3806-173v. His activities in this field, however, were not as extensive as his father's. On his father see below n. 33. They were originally from Villafranca. It is interesting that Suilla's brother Salamon did not engage in moneylending.

[15] She is Na Luna widow of Vidal who is mentioned for the first time on 30th July 1296, II-3806-62v. Whoever her husband was (there are two or three possibilities) she surpassed him in her financial enterprises.

[16] She is Astero (Astera) wife of Mosse de Carcassona who appears for the first time besides her husband on 25th June 1296 while her independent financial activities started on 2nd September 1297, II-3807-77. On her husband see below.

[17] One of the lenders whose prominence date to 26th August 1297 (II-3807-70v) was Abraam de Compredó, father of Jasia Vidal. Here is the list of the other Jewish moneylenders from Santa Coloma whose activities began after 16th April 1296 and extended more than a casual loan. Isaac Llop, Samuel Abraam, Iucef Abnazai, Astruguet son of Miguel, Ferran Latorre and Boniuda Abraam. Astruch Abraam who appeared once only as a guarantor on 13th October 1294 (I-3805-97v), entered moneylending business on 26th August 1296 (II-3806-26v).

[18] Jasia Vidal who began his moneylending on 16th April 1296 (II-3806-1v) was originally from Barcelona. He was the son of Vidal de Compredó. From this date he joined the list of important Jewish moneylenders.

[19] Vidal de Compredó, of Barcelona, father of Jasia joined the list of important Jewish local creditors on 10th November 1297 (II-3807-137v/1). By that time he apparently joined his son who had married a Jewess of Santa Coloma (see I-3804-48, 48v, 49). From 14th February 1298 he is mentioned as a Jew of Santa Coloma (II-3807-228v/1).

Among the moneylenders from Santa Coloma de Queralt we find some Jewish women. No doubt, the most important of all was Astrugona, wife of Boniuda Astruch who conducted her independent business throughout this period. She lent numerous loans and established partnerships with several Jews but especially with a Jew from Montblanch, Iafuda Avenasagra, as we shall see later. Between 1296-1299 her credits increased.[20] Apart from her there are records of seven more women from Santa Coloma who lent money, but none who did so on a large scale. They were NaMira,[21] Astrugona,[22] Issacha,[23] Regina daughter of Cresques,[24] Astero (Astera) wife of Mosse de Carassona,[25] Luna wife of Vidal[26] and Regina (Regmo) wife of Abraham Astruch.[27]

Of the 64 lenders living in Santa Coloma there were only five whose moneylending was performed on a large scale and for whom it was certainly a major source of income. The five were Abraam de Carcassona, Astruch Vives, Issacono de Montblanch, Iucer Franch and Mosse de Carcassona. On a lower level but still of certain importance came four Jews, Astrugona wife of Boniuda Astruch, Isaac Suilla Saporta, Jasia Vidal and Vidal Franch. The five prominent moneylenders represent less than 5% of all Jews of Santa Coloma whose names appear in the notarial acts. Together with the second group they form 8%.

Jewish lenders from outside Santa Coloma

The activities of Jewish moneylenders from outside Santa Coloma de Queralt as registered in the notarial protocols are naturally very limited and in no way do they reflect the extent of their actual transactions. These moneylenders mostly came from towns such as Cer-

---

[20] On her later transactions reference should be made to registers II-3806, II-3807, III-3808 where there is ample documentation. Her partnership with Jafuda Avensavega dates back to 7th December 1296 (II-3806-1250) and was on and off.

[21] I-3805-85; Anamira (?).

[22] I-3804-167; I-3805-11v, 40v, 43v; we have no details as to her full identity.

[23] I-3804-147. Note the name: Issacha (!)

[24] I-3805-12, 44, 86v.

[25] See above n. 16.

[26] See above n. 15.

[27] See above n. 13.

vera and Montblanch in the vicinity or not too distant towns such as Tarragona, Villafranca, Lérida and Barcelona. The only exception is the Aragonese town of Huesca.

There must have been various reasons and circumstances that led Jews from different places to lend money in Santa Coloma and register their loans with the local notary. The most obvious reason was their partnerhip with resident Jews. This partnership might have necessitated their occasional visits during which the notarial acts were drawn, although the local partner acted sometimes on his behalf and occasionally the act was prepared in the absence of the non-resident Jewish lender.[28] Loans in partnership with Santa Coloma Jews were the most widespread of those involving Jews from neighbouring localities. Others were drawn to such activities through their relatives living in Santa Coloma de Queralt. Several others finally moved there. Occasionally the loan was given elsewhere to an inhabitant of Santa Coloma and a confirmation of the act appears in the sources of Santa Coloma.[29]

Between the years 1293-1295, 15 out of 52 lenders, mentioned in the registers, did not reside in Santa Coloma. By far the most important were Mair Santo,[30] of Cervera and Mosse Argenter,[31] of Tarragona. Both continued their financial activities in Santa Coloma after 1296. During the same period a Jew from Villafranca,[32] Isaac Seylam Saporta engaged in extensive moneylending in Santa Coloma where he finally settled.[33] In the period between 1296-1299, Jafuda Avensa-

[28] See for example III-3808-151/3. In some cases the Jewish lender is simply mentioned as absent. See III-3808-53/3.
[29] See for example on a confirmation in the notary of Santa Coloma of a 200 s. loan that had originally been registered at the Cervera notary II-3806-58v.
[30] His thirteen loans during this period obviously represented a fraction of his financial activities. Occasionally he gave loans in partnership with Jews from Santa Coloma, like Mosse de Carcassona (I-3804-92v), Issacono de Montblanch (I-3804-120), but mostly he acted alone.
[31] During the same period 18 loans were registered in his name in addition to 2 loans in kind. He acted without any local partners. He seemed to have had some business connections with Mosse de Carcassona. The two acted as each other's power of attorney (I-3804-72 and I-3805-30v).
[32] On his origin from Villafranca see for example I-3805-30 (6th May 1294).
[33] See for example I-3805-185 (21st February 1295) where he is mentioned as resident in Santa Coloma. Most of his 41 loans were lent while he was still in Villafranca.

vega, of Montblanch, emerged as a prominent creditor in Santa Coloma.[34] His sudden rise was certainly due to his partnerhsip with Astrugona wife of Boniuda Astruch who had already been among the active moneylenders in Santa Coloma. Iafuda appears for the first time as Astrugona's partner on 25th April 1296[35] and remained so throughout the period while he stayed a resident of Montblanch. All the remaining non-resident moneylenders' activities, as reflected in Santa Coloma's notarial registers, were relatively insignificant and consisted of very few loans. They came from Cervera,[36] Montblanch,[37] Villafranca,[38] Tarragona,[39] Barcelona,[40] Lérida[41] and even as far as Huesca.[42]

---

[34] He is apparently identical with Iafuda Avenasagra. Between 1293-1295, only 3 loans were given by him. I-3804-36v, 64v, 65v.

[35] See II-3805-13.

[36] Abraam Astruch, I-3804-153v & 155; Suilla Isaac, II-3806-58v (this is a confirmation of a debt of 200 s.b. owed to him by a Christian of Santa Coloma according to a document signed at the notary of Cervera). Suilla Isaac of Cervera might have been a relative of Isaac Suilla Saporta and in any case the latter's family entertained business relations with him. II-3807-268/2. See Régné 967.

[37] Juda Benvenist of Montblanch lent together with Mosse de Carcassona a sum of 18 s.b. to a Christian of Pontils in October 1297 II-3807-121; Vidal Benavit was also Mosse de Carcassona's partner in a loan of 45 s.b. in December 1298. III-3808-151/3; also from Montblanch Astrugona, wife of Jafuda Avensavega, lent a sum of 200 s.b. to a couple of Bellprat in February 1298 — II-3807-232v/2. Finally Acim Zait who is mentioned as a co-lender with Jafuda Avensavega of Montblanch and Astrugona wife of Boniuda, of Santa Coloma, of a sum of 275 s.b. should be added. III-3808-178/1.

[38] Isaac Biona I-4-117 r & v; I-3805-70v, 156v. On him see Régné 1850, 2149, 2251, 2292, 2295, 2334, 2345, 2346; Isaac Caravida, I-3804-117v; on him see Régné 2423; Mosse Saporta, I-3804-104, 115. See Régné 2242, 2243, 2244; Suilla Astruch, III-3808-78v/3; Mosse Biona too was apparently from Villafranca. I-3804-117r & v. See Régné 2251, 2292, 2346.

[39] Mosse Saporta I-3804-76, 113. He was a partner of Mosse de Carcassona. On him see Régné 2404, 2412; Isaac Salomón Latorre III-3808-53/3; Vidal Argenter I-3804-155v; I-3805-108. He was the brother-in-law of one of the biggest Jewish moneylenders of Santa Coloma: Iucer Franch. See I-3804-143v.

[40] Rosel Asser of Barcelona is mentioned in connection with one loan he gave to a couple of Santa Coloma in partnership with Issacono de Montblanch I-3805-142.

[41] The two Jews from Lérida mentioned in our sources are involved in transactions with Jews of Santa Coloma and their partners. Jafuda Abraona III-3808-66v/2, 99v/2, 118v/3; Anazac Josa III-3808-66v/1.

[42] The only Jewish moneylender from Huesca in our records, Baruch Cogombrel, is

The non-Jewish Moneylenders

Although the activities of Christian moneylenders are outside the scope of this study, it is nevertheless proper to devote a few lines to those whose debtors included Jews.

The debts of Jews from Santa Coloma to Christians are due mainly to two kinds of financial transactions. On one hand, there were loans taken from Christians apparently in order to be used as part of a lending capital. On the other there were debts that Jews owed as a result of commercial activity. Jews owed money to Christians for goods they bought on credit or hire purchase. The only exception out of 25 or 26 Jews indebted to Christians was Mosse Acim who must have been a poor Jew who borrowed money for his livelihood.[43] The rest are all moneylenders, including the most active ones, or well-to-do Jews. Compared to the loans Christians took from Jews, Jews' debts constitute no more than a small fraction.

Twenty or twenty one Christian moneylenders lent money to Jews according to registers 3804 and 3805 from the years 1293-1295.[44] Although they are 38% of the 52 Jewish moneylenders, their total credit amounts to approximately 2.5% of the total sum lent by the Jewish moneylenders to Christians. Almost the same proportion exists in the number of loans that each side lent to the other. The dependance of Christians on Jewish money is conspicuously greater than that of Jews on Christian loans despite the small number of the Jews. It is beyond the scope of this paper to explain the accumulation of capital in Jewish hands but a partial explanation lies paradoxically in money that Christians lent to, or deposited with Jews.

An eloquent illustration of this is a series of promissory notes signed by the most prominent Jewish moneylenders of Santa Coloma de Queralt in favour of the noble Arnaldo de Beniure on 2nd June 1298. Astruch Vives and his wife Regina, Abraam de Carcassona and

mentioned in connection with a loan of 100 s.b. to a Jew of Santa Coloma: Abraam de Carcassona I-3804-113.

[43] In December 1293, he borrowed 14 s. from Pedro Niger, of Santa Coloma, promising to pay on Santa María de Agosto I-3804-92v. He is most probably identical with Mosse Nissim, referred to above.

[44] II-3806-89v, 129v, 187v; II-3807-41, 209v/4, 218/1, 240v/2, 241/2; III-3808-76v/4, 103/3, 103/4, 103/5.

his wife Dulce, and Issacono de Montblanch and his wife Regina borrowed 840 s. from Arnaldo de Biure promising to pay him a year after the festival of San Lucas.[45] Mosse de Carcassona, who signed as a witness to the above document, and his wife Astero borrowed 280 s. from the same nobleman for the same period while the three Jews of the previous transaction were guarantors.[46] Issacono de Montblanch and Vidal de Campredó signed a promissory note for 80 s. which they borrowed from Arnaldo.[47] Vidal Franch and his wife Astero borrowed 140 s. from Arnaldo which they too undertook to pay a year from the festival of San Lucas. Their guarantors were Issacono de Montblanch and Mosse de Carcassona.[48] The appearance of the wives besides their husbands is noteworthy. It is possible that the wife's signature added a further guarantee since in the event of the husband's death, payment is thus assured irrespective of the widow's conjugal rights as formulated in the *Ketubah*. This was clearly the concern of Dulce, wife of Abraam de Carcassona, who had signed a promissory note of 280 s. in favour of Arnaldo de Beniure. Her husband gave her an assurance, legalized notarially and guaranteed by Astruch Vives and Issacono de Montblanch, that her dowry and other rights would not be prejudiced.[49]

Additional proof to the possible provenance of cash in Jewish hands used as loans to Christians, we find in Iucer Franch's debts to Christians. This most prominent moneylender received in deposit substantial sums from Pedro Gil, of Miralles. On 14th February 1295, Pedro Gil acknowledges receipt of 300 s. out of 600 s. deposited with Iucer Franch.[50] On 23rd December 1298 the latter admits having received in deposit 500 s. from Pedro which he promised to return within a month upon request.[51] Iucer Franch and his wife Mira, their son Vidal and daughter-in-law Astero, together with Mosse de Car-

[45] III-3808-39/2.
[46] III-3808-39v/1; Iucef Abnai (?) was among the witnesses.
[47] III-3808-40/4; Mosse de Carcassona was among the witnesses.
[48] III-3808-40v/2.
[49] III-3808-40/2; the loan in question is apparently their share of the collective loan of 840 s. that the three couples took on 2nd June 1298, see above n. 45.
[50] I-3805-179.
[51] III-3808-156/4.

cassona and his wife Astero held the sum of 200 gold maravedis i.e.
2800 s. which apparently belonged to Berenguer de Vilafranca. On
25th June 1296 the three Jewish couples signed an agreement with
Berenguer's wife Sancha and the noble Galcerando de Vilafranca,
according to which the former would be the beneficiary of the whole
interest due until her death when the total sum would revert to the
latter. The six Jews were to hold the 2800 s. until 2 months after the
following festival Todos los Santos when they would deposit the
money at the monastery of Santa Creus. In other words the money
would be left in their hands for 6 months.[52] The records of these six
months show the extent of credit Iucer and Vidal Franch and Mosse
de Carcassona advanced to numerous Christians. Is there any doubt
that the 200 gold maravedis were found quite conveniently in their
hands?

Issacono de Montblanch, Mosse de Carcassona, Iucer Franch,
Abraam de Carcassona, Astruch Vives who were the busiest Jewish
creditors of Santa Coloma are themselves most prominent among
those who turned to Christian credit.[53] In the three registers belonging to the years 1296-1299, they were involved in half of all the
transactions and of the total sum owed by Jews during the same
period, their debt amounted to more than 70%.[54] Other Jews
indebted to Christians included Boniuda Astruch and his wife
Astrugona, Vidal Franch, Samuel Franch, Vidal de Campredó and
Jasia Vidal who also lent money to Christians.[55] The other Jews
indebted to Christians were poor or otherwise unknown Jews like

---

[52] II-3806-50v, 51r & v.
[53] Issacono de Montblanch: I-3804-5v; III-3808-40/4; Mosse de Carcassona: II-3807-251v/1, see above n. 46. Iucer Franch: see previous note. III-3808-156/4; Abraam de Carcassona: I-3805-43v, 55v; II-3807-4v; see above n. 45; Astruch Vives: I-3805-43v; II-3807-73.
[54] This is excluding their children's debts to Christians. The total sum owed during the three years was 5338 s. 3 d. and 200 golden maravedis. The sum owed by the five biggest Jewish moneylenders was 3639 s.9 d. and 200 golden maravedis.
[55] Boniuda Astruch and his wife Astrugona: I-3804-85; I-3805-34v; III-3808-74/3, 112/1; Vidal Franch: I-3805-141v, 208v; III-3808-40v/2; Samuel Franch: III-3807-75v; Vidal de Campredó: III-3808-40/4; He and Jasia Vidal: III-3808-121/1.

32

Mosse Acim, Simon Sartre, Abraam Samuel, Boniuda Jasia or Iasit.[56]

A second category of Jewish debts owed to Christians is due to commercial activities in which both sides were engaged. Several Jews owed money to Christians for wheat they had bought. Mosse de Carcassona owed Arnaldo Moxó, of Cervera, 18 s. for wheat purchased in May 1294.[57] Astruch Vives and Issacono de Montblanch owed Juan Piquer the sums of 50 s. and 60 s. for wheat purchased in June 1294.[58] Cresques owed the same Juan Piquer in the same month 50 s. for the same reason and in January 1295 he bought on credit from Romeo Giner of Albió, 150 s. worth of wheat.[59] Among the customers of Juan Piquer were Boniuda Astruch and his wife Astrugona who owed him, in February 1297, 140 s. again for wheat they had bought.[60]

No less frequent were the debts Jews owed to Christians for French cloth purchased. Among the Christian cloth merchants, creditors of Jews, we find Mateo Benencasa, father and son, Pedro Colom, Perico or Pedro Giner, Guillermo Giner, Berenguer Arnaldo, Berenguer Vaga... from Montblanch, Nicolas de Vergós, Guillermo del Vall, Bernardo de Moxó, Raimundo de Vergós, from Cervera and Simón Coloma from Sarreal.[61] Among the Jewish clients of these clothmerchants we can note several Jews, otherwise unknown to us, apparently merchants who did not act as moneylenders at all. These were Astruch Abraam, Vidal Simó and the widow of Vidal, Na Luna.[62] Of particular interest was the purchase of merchandise by the Franch family in partnership with local Christians.[63] As we can see, the

---

[56] Mosse Acim or Nissim: I-3804-92v; Simon Sartre (with Cresques): I-3805-110v; Abraam Samuel: II-3806-60; Boniuda Iasit (apparently identical with Boniuda Jasia); I-3804-12v; III-3808-125/4.

[57] I-3805-25.

[58] I-3805-55r & v.

[59] I-3805-55v (11th June 1294); I-3805-149v (10th January 1295).

[60] II-3807-222/1

[61] 12 Jews from Santa Coloma, of whom 9 men and 3 women, were indebted to Christian clothmerchants between January 1294 and October 1298.

[62] On Jewish merchants of Santa Coloma see my work mentioned above in n. 10.

[63] On partnerships between Jews and Christians see below.

33

Christian clothmerchants came almost exclusively from Cervera and Montblanch. Pedro Gil, from Miralles, sold in March 1294, 400 s. worth of safran on credit to Iucer Franch.[64]

Finally Jews owed money to Christians for mules and donkeys they bought for their transportation. Vidal Franch bought a mule from Guillermo de Pontils in December 1296,[65] Abraam de Carcassona bought one from Boras Senailla and Perico Porcel in May 1297.[66] Iucer Franch was satisfied with a donkey he bought on credit from Bernardo Soler of Santa Coloma, in February 1298.[67]

Very rarely did Jews borrow in kind from Christians. In March 1298, Astruch Vives, Abraam de Carcassona and Mosse de Carcassona borrowed 6 "mitgeras" of wheat from Fernando de Sobirats, an inhabitant of Santa Coloma, to be paid within five months.[68] The difference between such a debt and debts due to sale of wheat or any other merchandise was in the stipulation that the price in time of repayment would be binding. A loan worthwhile noting is that of Bernardo (...) who was a clergyman. Astruch Vives owed him 90 s. and 10 s. interest per month.[69]

The 40 Christians who were creditors of 26 Jews from Santa Coloma came from 10 different localities.[70]

Partnerships

Some Jewish moneylenders were partners and their partnership sometimes extended to other transactions too. As we come closer to the end of the thirteenth century we note a drastic change in this field. In the first two registers, 3804 and 3805, for the years 1293-1295, we come across very sporadic partnerships. In one case only, do we have reason to believe that the partnership was on a more formal basis.

---

[64] I-3804-167v.
[65] II-3806-130v.
[66] II-3807-31v.
[67] II-3807-235v/2.
[68] II-3807-251v/1.
[69] II-3807-73. Unfortunately the document is damaged and we know neither the full name of the clergyman nor the cause of the debt.
[70] The 10 localities are: Albió, Barcelona, Beniure, Cervera, Conesa, El Bordell, Montblanch, Pontils, Santa Coloma and Sarreal.

34

This was the association between Astruch Vives and Mosse de Carcassona, each a prominent moneylender in his own right. It is very possible that they formed some sort of a company that lasted from 3rd November 1293[71] until 21st March 1295.[72] On the latter date their partnership was finally dissolved. It is interesting to note that this unique serious partnership handled a little more than 890 s. 6 d. which is a fraction, to be exact 7.4%, of the total amount lent by both during the said period.[73] The 24 joint loans formed 7.1% of the 335 loans lent separately by both of them.[74]

Apart from this association the abovementioned registers contain 22 different combinations of joint loans involving 26 Jews, one of whom was a woman. In none of these cases can we speak of anything but an occasional joint transaction. In only three of the 22 partnerships, do we have three or more loans lent by the same partners. The three couples of associates were Issacono de Montblanch and Astruch Vives, Issacono de Montblanch and Astruch Cresques and Mayr Samuel and Simón of Huesca. We are therefore entitled to conclude that among Jewish moneylenders no need was felt to form a company or even an occasional association.

Turning to the three registers 3806, 3807 and 3808 belonging to the period extending from 16th April 1296 to 16th February 1299, we find a completely different picture. 33 different associations appear in these registers. 27 of them are of no apparent importance since they involve no more than three transactions. In fact in 17 of them there is only one joint loan. The remaining 6 associations are enough to indicate the transformation that occurred in the last four years of the century. We are not in a position to offer a satisfactory explanation for the sudden necessity that Jews saw in the establishment of more enduring partnerships or more solid companies that sometimes involved more than mere moneylending activities. It is certain, however, that for some reason or another, Jews found it more convenient,

---

[71] I-3804-61v.

[72] I-3805-211.

[73] The sum lent by Astruch Vives was 6416 s. while that of Mosse de Carcassona was 5553 s. 6 d., altogether 11969 s. 6 d.

[74] Excluding the 24 joint loans, Astruch Vives lent 162 loans whereas Mosse de Carcassona lent 173 loans during 1293-1295.

beneficial and secure to lend money in partnership. Such associations must have offered some kind of insurance to the lenders in addition to any other steps already taken, and certainly provided more easily ready cash for the apparently growing need for credit among their clients.

The six associations that were of certain economic significance, can be divided into two groups. The first group contains three pairs. The partnership of Issacono de Montblanch and Mosse de Carcassona seems to have been loose and occasional. All in all 8 transactions appear in the three registers.[75] The transactions constituted a negligible fraction of the numerous loans each of the famous two moneylenders lent. The other partnership that Issacono de Montblanch established with Vidal de Campredó was more important. The 9 notarial acts in which both appear as partners belong to a more limited period, namely from 25th December 1297[76] to 26th January 1299.[77] Vidal de Campredó, originally of Barcelona, was a newcomer to Santa Coloma and his association with the most prominent local Jew indicates his prompt integration into the community. Their partnership may have lasted beyond the period studied in this paper. The partnership of Astruch Vives, known as one of the major Jewish moneylenders in the locality, with Samuel Franch, the son of the wealthiest Jewish moneylender Iucer Franch, is certainly interesting. Unlike his brother Vidal who worked with their father, Samuel had very little to do with the family business. He was certainly a junior partner of Astruch Vives and again his activities were not limited to this association which was shortlived and consisted of 12 loans registered in the period between 21st May 1296[78] and 2nd September 1297.[79]

The second group consisted of three firms formally established for the purpose of moneylending. The most important and powerful of the three was the company of the father and son, Iucer and Vidal

---

[75] The first transaction dates from 25th April 1295 (II-3806-14) and the last one from 12th January 1299 (II-3808-166v/5).

[76] II-3807-170/1.

[77] III-3808-183v/3.

[78] II-3806-39v.

[79] II-3807-78v.

Franch. Their flourishing family business started operating around January 1297[80] and records of its 80 transactions are spread throughout the period under study. This partnership, though between father and son, was entirely a financial association. Iucer Franch was the wealthiest Jew of Santa Coloma and his son Vidal was a moneylender in his own right before the establishment of the company i.e. from 1293 until the end of 1296. On average they lent between 3 and 4 loans per month during the 24 months of the company's activities recorded in the notarial registers. The enterprise of the Franch family must have strengthened even more the already prominent place that Iucer Franch occupied among the five biggest Jewish moneylenders.

It is probable that the company that was established by the three wealthy moneylenders Abraham de Carcassona, Astruch Vives and Issacono de Montblanch around the beginning of June 1298[81] came in response to a challenge that the Franch company presented to their position. The three partners controlled half the capital lent in the years 1293-1295 compared to Iucer Franch's 34%. The combination of both father and son's capitals must have certainly endangered the others' position. The tripartite company, however, did not last very long and its last transaction recorded in our sources dates from 7th July 1298.[82] The company barely managed to operate for just over a month during which time twenty loans were given. This is less than the total average number of loans per month lent separately by the three partners in the period between 1293-1295.[83] We do not know the reason for the dissolution of the company which had such great potential, and lacking the information we find it impossible to determine why one month of activity was sufficient to take such a decision.

The third company is noteworthy from two aspects. One of the partners was a Jewess whose husband conducted his own independent business and the other partner was a Jew, resident of Mont-

---

[80] The first loan was registered on 22nd January 1297 (II-3806-160v).
[81] The first transaction of the company is from 3rd June 1298 (III-3808-40/3).
[82] III-3808-56v/1.
[83] During this period the average number of loans per month lent by the three Jews was as follows: Abraam de Carcassona 6; Astruch Vives 8.28; Issacono de Montblanch 7.76; Total 22 loans.

37

blanch. Astrugona, wife of Boniuda Astruch, and Iafuda Avensavega appear as co-lenders on 25th April 1296[84] but only from December 1296 do we have evidence of a formal and lasting partnership.[85] According to our records they jointly made 32 loans, but it is reasonable to assume that in the notary public of Montblanch one could have found simultaneous records of joint loans.

More interesting still were Jewish and Christian partners. As to be expected this was not a widespread practice but is found in 17 notarial acts from February 1298 to January 1299. The first record reveals that Iucer and Vidal Franch and their respective wives with two Christians Bernardo Soler and Donato de Montserrat, both of Santa Coloma, owed Pedro Colom of Montblanch £66.5 4 s. 9 d. for French cloth they bought from them. It is evident that here we have an association for commercial enterprise.[86] From then on we have records of a long association between Iucer Franch and Bernardo Soler who lent money on several occasions.[87]

The Jewish community of Santa Coloma de Queralt, which was well integrated in the economic life of the region, played an important role far beyond its numerical strength. The Jewish moneylenders, members of this community, fulfilled a vital task in the entire district and the attitude of the local lords and population towards them reflected an appreciation of their roles. The sources totally contradict the evaluation of the historian of Santa Coloma, Segura i Valls, who described the Jews as a destructive element in society and claimed that had they not been expelled, they would have brought disaster to Spain.[88]

[84]   II-3806-13.
[85]   II-3806-125v.
[86]   II-3807-218/1 (5th February 1298).
[87] · The first loan was given on 10th February 1298 (II-3807-225v/2).
[88]   Segura i Valls, *op. cit.*, p. 214.

LA VIE ECONOMIQUE DES JUIFS DE NAVARRE AU XIVe SIECLE

Béatrice Leroy

Le royaume de Navarre fut sans doute à l'époque médiévale le plus petit Etat de l'Occident, couvrant un peu plus de 10.000 km.[2] Mais il avait vu le jour dès le IXe siècle, s'était agrandi au rythme de la "Reconquête" et de ses phases glorieuses (le roi Sanche le Grand de l'an Mil; la reconquête de Tudela comme du val de l'Ebre en 1119 ou 1121 par le roi Alfonse I° "le Batailleur" d'Aragon "et de Pampelune"). Les Navarrais étaient fiers de leur indépendance, chèrement disputée aux royaumes voisins, la Castille, l'Aragon et la France.[1]

En effet, l'une des originalités de cet Etat était sa situation géographique. Il tenait les deux versants des Pyrénées, ayant la souveraineté de la province-châtellenie de Saint-Jean-Pied-de-Port, comme le contrôle d'un tronçon du cours de l'Ebre. Etiré du bassin de l'Adour au fleuve ibérique, il gardait le col de Roncevaux, et l'un des débouchés du col du Somport, les deux voies de communication les plus essentielles aux hommes et aux marchandises, aux soldats, aux pèlerins de

---

[1] Principales Abréviations Utilisées:

A.C.P.	: Archivo Catedral de Pamplona
Arch. Nav.	: Archivo General de Navarra. Diputación Foral de Navarra. Pamplona
Comptes	: Documentos de Comptos
caj.	: Cajón
R.C.	: Registros de Comptos
P.M.D.C.	: Tudela. Archivo Notarial. Protocolos de Martín Don Costal

Sans entrer dans les détails d'une bibliographie exhaustive à propos de la Navarra, il convient de signaler: J.M. Lacarra, *Historia política del Reino de Navarra. Desde sus orígenes hasta su incorporación a Castilla*, vols. I-III, Pamplona, 1973; J. Goni Gaztambide, *Historia de los obispos de Pamplona, S. VI a XV*, vols. I-II, Pamplona, 1979.

Santiago de Compostelle. Dans ce petit royaume, aux paysages divers, aux frontières hérissées de châteaux, dans la majorité des cités et des agglomérations moyennes (sauf au Nord, "Outre-Ports"), vivaient des Juifs. A Tudela, fondée en 800 par les Musulmans de Saragosse, à Pampelune ou à Sanguesa, à Estella, ailleurs encore, des communautés vivaces existaient dès le XIIᵉ siècle, très enrichies par l'apport des Juifs andalous chassés par les Almohades vers 1150, puis aux XIIIᵉ-XIVᵉ siècles par celui des Juifs de France.[2]

Une autre originalité de la Navarre en ce XIVᵉ siècle, était d'être gouvernée par des rois de dynastie française. En 1234, Sanche le Fort étant mort sans fils héritier, le royaume passa à son neveu Thibaut de Champagne. Les Navarre-Champagne régnèrent de 1234 à 1274; puis leur héritière Jeanne épousa Philippe IV le Bel et les rois de France y régnèrent de 1285 à 1328. Enfin le royaume fut dévolu en 1328 à Jeanne, fille de Louis X le Hutin, épouse du comte Philippe d'Evreux; les Evreux-Navarre régnèrent de 1329 à 1425. Ces princes Capétiens ne suivirent jamais en Navarre la politique vis-à-vis des Juifs, qu'ils adoptaient en France. Les Juifs de Navarre vivaient libres et sans contrainte officielle. Alors qu'en 1306 les rois les chassaient de France, ils leur ouvraient leur Navarre. Alors qu'au XIIIᵉ s. Louis IX leur interdisait le Talmud en France, son gendre Thibaut II de Navarre laissait se propager librement toute vie intellectuelle et spirituelle israélites.[3]

[2] A. Neuman, *The Jews in Spain. Their Social, Political and Cultural Life during the Middle Ages,* vols. I-II, Philadelphia, 1948; Y. Baer, *A History of the Jews in Christian Spain*, vols. I-II, Philadelphia, 1961-66 (ouvrage reédité en Espagnol par les soins de J.L. Lacave, *Los Judíos en la España Cristiana*, vols. I-II, Madrid, 1981); se référer avant tout à son recueil de publication de textes: *Die Juden im Christlichen Spanien. I. Aragonien und Navarra,* Berlin, 1929.

[3] B. Leroy, "Le royaume de Navarre et les Juifs aux XIVᵉ-XVᵉ siècles; entre l'accueil et la tolérance", *Sefarad* XXXVIII (1978), pp. 263-292; à titre de comparaison on peut rappeler, R. Chazan, *Medieval Jewry in Northern France. A Political and Social History*, Baltimore-London, 1973; G. Nahon, "Les Juifs dans les domaines d'Alphonse de Poitiers, 1241-1271", *REJ* CXXV(1966), pp. 167-211; idem, "Les Ordonnances de Saint Louis sur les Juifs", *Les Nouveaux Cahiers* 23 (1970), pp. 18-35; idem, "Pour une géographie administrative des Juifs dans la France de Saint Louis", *Revue Historique* 516 (1975), pp. 305-343; B. Blumenkranz, "Chemins d'un exil, 1306", *Evidences* XIII (1962), n° 92, pp. 17-23.

Sans contrainte, ces Juifs sont connus par des sources nombreuses. Archives de l'Etat, archives ecclésiastiques et municipales, toutes gardent des documents concernant les Juifs de Navarre. Ceux-ci ont également laissé leurs documents personnels, des Takkanot, des Ketubot, des fragments de Torah. Beaucoup d'entre eux ont su écrire leurs noms, leurs reconnaissances de paiement, leurs avis, au bas ou au verso des papiers officiels, parfois en navarrais, souvent en espagnol transcrit en caractères hébraïques, parfois encore en hébreu.

Le droit à la propriété; le droit de participation à toutes les activités

N'ayant jamais été frappés d'un quelconque statut servile, tout en étant qualifiés dans le "Fuero General" de Navarre "d'hommes du roi", les Juifs du royaume ont toute faculté d'accéder à la propriété, comme ils ont toute liberté d'allée et venue. En ville, ils peuvent résider où ils veulent, mais ils se groupent en quartiers formés spontanément autour de leurs synagogues et de leurs bâtiments communautaires. Cependant en 1336, l'un des gouverneurs français de Navarre, Saladin d'Anglure, fonde à Pampelune le premier quartier de résidence obligatoire. Il assure qu'il veut ainsi protéger ses Juifs, mais qu'il leur défend en même temps l'habitation au milieu des Chrétiens, scandale aux yeux de la Chrétienté.[4] Il faut attendre l'extrême fin du XVe siècle, pour que ce genre de "ghetto" soit propagé dans les autres cités navarraises. Ainsi dans Tudela, on repère trois

---

[4] Arch. Nav., Comptes, caj. 9, n° 8: "Como . . . fuesse ordenado e mandado e cierto logar assignado en la Navarreria de Pamplona, do los Judios de Pamplona fuessen a fragoar e hedificar casas pora lures moradas, e les oviesse fecho cerrar el dicho logar que es clamado Juderia, en manera que ninguno non les oviesse enojo, mal nin daynno en los cuerpos ni en los bienes, a fazer, e fincassen salvos e seguros en la dicha Juderia. E muyto de los dichos Judios ayan fecho casas e moren hy, e algunos otros ayan priso plazas, e non queran fazer ent con grant malicia, finquen fuera de la dicha Juderia, e logando casas de los Christianos e morando entre eillos, la quoal cosa es a grant daynno de la seynnoria e a grant vituperio e deshonra de los Christianos, por muytos errores, scandalos e periglos que se podrian dizir e fazer entre los Christianos e eillos, dent Dios ent seria deservido . . . ".

synagogues et autant de "Juderías"; les Juifs de la ville sont également recensés dans les paroisses, au milieu de la société chrétienne avec laquelle le bon accord semble naturel.[5]

On compte cependant quelques mauvaises années d'affrontements, de heurts d'une maison à l'autre, preuves certaines de la coexistence habituelle des Juifs et des Chrétiens dans les mêmes quartiers; quelques faits témoignent de cette vie si proche des uns et des autres. En 1361, la famille d'Abraham "de Niort" a été tuée dans Sanguesa, pendant la nuit, chez elle, par des gens de la ville. La même année, Juce Carsalom a trouvé sa maison de Tudela pillée par ses voisins chrétiens, au retour d'un voyage d'affaires.[6] En 1382, quand le Rabbin Abraham d'Olite a confié sa petite fille à une nourrice chrétienne, il doit payer une forte amende à l'Etat, 150 Livres.[7] En 1358, la nuit de la Pâque juive, des Chrétiens de Tudela entrent dans la Grande Synagogue et on en vient aux mains.[8] Mais en 1385, le roi vend pour 22 L. 12s. à la communauté de Sanguesa l'un de ses anciens greniers, pour agrandir la synagogue limitrophe. De même en 1388-1392, le roi fait dédommager la communauté de Tudela et ses ressortissants, en collectivité et en particulier, car les travaux d'agrandissement du château provoquent la démolition de l'une des synagogues et de plusieurs demeures.[9]

Propriétaires ou locataires de leurs maisons, les Juifs de Navarre le sont également de leurs terrains. Au XIVe siècle, c'est une richesse déjà ancienne, car dès les années 1150-1170, à Tudela notamment, on

---

[5]   B. Leroy, "Tudela, une ville de la vallée de l'Ebre, aux XIIIe-XIVe siècles", *Le paysage urbain au Moyen-Age. XI° congrès des historiens médiévistes de l'enseignement supérieur*, Lyon, 1981, pp. 187-211; idem, "La Juiverie de Tudela aux XIIIe et XIVe siècles sous les souverains français de Navarre", *Archives Juives* IX (1972-1973), n° 1, pp. 1-10.

[6]   Arch. Nav., Comptes, caj. 14, n° 155: a) Abraham de Niort: fol. 12; b) Juce Carsalom: fol. 19; publ. B. Leroy, *El cartulario del Infante Luís de Navarra del año 1361*, Pamplona, 1981, pp. 61, n° 46 et 79, n° 71. On assiste parfois à des meurtres en Navarre: en 1381, Abraham ben Menir, d'Arguedas dans la Ribera, est tué par son voisin Ferrant Cavaillero; *ibid.*, Comptes, caj. 44, n° 46, VII et R.C., tome 166, fol. 8 v°.

[7]   Arch. Nav., R.C., tome 173, fol. 4v°.

[8]   *Ibid.*, tome 86, fols. 22-23.

[9]   *Ibid.*, Sanguesa: Comptes, caj. 49, n° 75, II; Tudela: R.C., tome 197, fol. 12 v°.

repère leurs propriétés foncières dans les transactions et les inventaires. Les Juifs de Navarre ont au XIVe siècle des terres céréalières, des oliveraies, des vignes; ils ont des chevaux et des mules, qu'ils vendent à la Cour au besoin, tels Juce Orabuena, Nathan Del Gabbaï, Judas ben Menir de Tudela, et Judas Levi d'Estella, tous noms qui se signalent constamment, dans les deux dernières décennies du XIVe siècle, auprès des rois Charles II et Charles III.[10]

Ils savent irriguer, car l'essentiel d'une propriété foncière, à Tudela du moins, tient dans sa disponibilité d'une ou plusieurs "journées d'eau" par semaine. En 1340-1342, le roi fait conduire des travaux d'irrigation par le Rabbin Itzhak ben Menir de Tudela; le Rabbin fait dévier de l'eau de l'Aragon jusque sous le grand pont sur l'Ebre, pour arroser toute la plaine du Nord de Tudela, devenue une immense Huerta. L'un de ses descendants, Itzhak ben Menir "Poca Amora", en 1376, est le porte-parole des riverains utilisateurs de l'eau du canal, comme des eaux de l'Aragon et de l'Ebre.[11] La plupart des familles de l'Aljama de Tudela, sont connues grâce à leur disponibilité de journées d'utilisation de ces cours d'eau, pour lesquelles elles paient la taxe au Trésor. Il s'agit d'une vraie richesse, que cette eau canalisée, pour la ville et pour tous ses habitants. La municipalité elle-même de Tudela veille à l'alimentation en eau de sa ville; le Conseil s'entend avec les localités périphériques, pour partager l'eau dans toute la province de la Ribera. Il sait en remontrer au souverain lui-même, quand celui-ci en 1350, fait détourner une canalisation devant aller en ville, vers ses propres moulins. Le porte-parole des Juifs de la ville (parmi les premiers lésés), est Ezmel d'Ablitas, petit-fils d'un Juif du même nom, qui jusque vers 1340 avait été l'un des principaux propriétaires de Tudela, de ses canaux, et même de moulins accrochés sur les piles du grand pont sur l'Ebre.[12]

---

[10] Ainsi en 1392, la Cour achète des chavaux et des mules, à Juce Alborge de Pampelune (20 L.), Nathan del Gabbaï (56 L.), Juce Orabuena (113 L. puis 23 L.), Samuel Çaçon (35 L.), Jeuda ben Menir (89 L.), Samuel Amarillo (76 L. puis 25 L.), Jeuda Levi (63 L. puis 91 L.) et Ezmel Evendavid (58 L.); *ibid.*, R.C., tome 216, fols. 100 à 105 v°.

[11] B. Leroy, "Une famille de la Juderia de Tudela aux XIIIe-XIVe siècles, les Menir", *REJ* CXXVI (1977), pp. 277-295.

[12] Idem, *op. cit.* ("Tudela, une ville de la vallée de l'Ebre . . . ").

Maîtres du sol et de l'eau dans leurs villes, (ils peuvent être propriétaires à la fois dans Tudela et dans six ou sept villages des alentours;
ou dans Estella et dans toutes les vallées environnantes), les Juifs
savent s'entendre dans des contrats d'exploitation. Certes, la vie
rurale est leur occupation personnelle; ils ont charrue, boeufs, outils...
Mais ils peuvent (et ils le font, de façon générale), confier l'exploitation de leurs terres à des associés. Eux-mêmes n'hésitent pas à
devenir locataires de Chrétiens; à Tudela en 1380-1383, certains Juifs
exploitent les jardins du val de l'Ebre appartenant à l'Alcalde Johan
Renalt d'Ujué.[13] Ils travaillent des terrains du fisc, et paient tous les
ans au Trésor le loyer de leurs vignes, leurs landes, leurs pièces de
blé.[14] Ils s'emploient surtout mutuellement; les Juifs de Pampelune
logent dans les maisons de quelques uns de leurs coreligionnaires (les
familles Alborge, Abolfaçan, Encave); ceux de Tudela travaillent les
terres de leurs frères de la communauté. Ils peuvent enfin employer
des Musulmans, car une "Aljama des Maures" existe toujours à Tudela et dans toute la Ribera, au long du XIVe siècle.

La propriété foncière juive peut être librement élargie; en 1383,
Mosse ben Menir de Tudela achète un domaine à Cadreita, saisi chez
un débiteur insolvable; avant 1350, la famille ben Abbas dite "d'Ablitas", en avait ainsi acheté dans toute la Ribera à des nobles en diffi-

[13] P.M.D.C., fols. 57-58, n° 89: "Que Yo, Johan Renalt de Uxue, cavaillero, alcalde de
Tudela, hotorgo que como Vos, Abraham Tulli, Judio de Tudela, ayades tenido de
mi a tributo, dos huertos mios que Yo he en el termino dallent la puent mayor del
Rio d'Ebro, de la villa de Tudela . . . "; *ibid.*, fol. 30, n° 53: le bourgeois Semen Just
de Tudela loue sa maison de la paroisse San Salvador au Juif de la ville "Todo
Sudo", pour 2 ans, pour 80 sous par an; *ibid.*, fols. 45-46, n° 75: Pascoa de Villanueva, habitante de Tudela, donne en loyer sa maison de la paroisse Santa-María,
avec quatre cuves de vin, au Juif de Tudela, Azach El Malach, pour 4 ans, pour 100
sous par an; *ibid.*, fol. 89, n° 129: Gonzalo Funes de Tudela a été le locataire du Juif
David Abenabez (: ben Abbas), qui lui avait confié une lande, à condition de la
planter en vigne et de lui donner la moitié des fruits chaque année.
[14] Entre autres exemples: en 1366, Nathan del Gabbaï et sa femme Mira ben Menir,
ont en location du fisc une vigne du lieu-dit "Alcolea" de Tudela: Arch. Nav., R.C.,
tome 119, fol. 48; en 1368, le couple achète ce terrain à la Couronne, pour 28 L. 2s.
6 d.: *ibid.*, tome 128, fol. 54; en 1388, le Rabbin Azach ben Menir associé à Nathan
del Gabbaï, paie son loyer de 25 sous pour son terrain de "Campillo de Raçaf":
ibid., tome 198, fol. 42.

culté.[15] Lorsque Charles II, entre 1366 et 1370, à court de revenus, décide de vendre des terres et des rentes du fisc à Tudela, il trouve parmi ses premiers acquéreurs, ses Juifs de sa "Bonne Ville", au même titre que ses bourgeois, ses nobles et ses ecclésiastiques.[16] Lorsqu'on saisit les biens de quelques Israélites, dont il conviendra de dessiner la carrière, à la fin du XIVe s. et au début du XVe s., on voit ces Judas Levi et Abraham ben Shuaib d'Estella, à la tête de domaines complets qu'ils ont acquis tout au long de la seconde moitié du XIVe s. D'autre part, les Juifs vendent leurs biens à tous les Navarrais. En 1389, Itzhak Medellin d'Estella vend l'une de ses maisons de la place du marché aux chanoines de la cathédrale de Pampelune.[17] Enfin la collectivité possède ses terres. A Tudela existent des propriétés "de l'Aumône des Juifs", jardins et champs ou vignes; Mosse de Margelina, son administrateur délégué de l'Aljama, vers 1380, se préoccupe de les mettre en exploitation, par des contrats d'accensement et de parts de fruits.[18]

Le souverain comprend que l'aisance de ses Juifs dépend de leurs propriétés et de leurs ressources rurales, à la base de tout autre revenu. Lorsque la "Judería" de Tudela est frappée, comme tout le royaume, par la crise économique des années 1360-1380, le souverain est averti, par ses officiers comme par les procureurs juifs eux-mêmes, d'un danger de déséquilibre dans les fortunes. Les Juifs ont beaucoup

---

[15] Mosse ben Menir en 1380, achète des terrains dans le village voisin de Cintruenigo, ayant appartenu à des Chrétiens endettés envers Abraham Gamiz: *ibid.*, Comptes, caj. 37, n° 21, VI, fol. 3. En 1381, on vend une vigne dans Tudela, du Receveur Guillem d'Agreda, qui doit 110 sous à Salomon d'Ablitas; l'acheteur est Gento Arrueti, tondeur de laine dans Tudela et garant de Salomon, pour 110 sous: P.M.D.C., fol. 24, n° 39.

[16] En 1367, le souverain vend le cens de 8 sous sur une vigne, jusque là accensée à Mosse Savi, Juif de Tudela; l'acheteur est le gendre de celui-ci, Azath Levi, pour 12 L. 10 s.: Arch. Nav., Comptes, caj. 22, n° 69. En 1368, le roi vend deux de ses terrains de Tudela, à Salomon d'Ablitas, pour 22 L. 10 s.: *ibid.*, caj. 22, n° 3.

[17] La vente se monte à 120 Florins: A.C.P. "Eguiarte" 5.

[18] P.M.D.C., fol. 165, n° 235, le 9 mars 1383: "Que Yo, Don Mosse de Margelina, Judio de la villa de Tudela, ministrador de los bienes e heredamientos de la almosna de los Judios de la dicta villa, hotorgo — etc. — que dono a tributo una pieça que es de la dicta almosna sitiada en el termino de Mosquera, termino de Tudela . . . a Vos, Johan Ortiz, fijo de Sancho Ortiz qui fue, vezino de Tudela, . . . por precio de Sixanta sueldos karlines prietos por cada un aynno . . . ".

vendu, trop rapidement, à perte; déjà certains (qui avaient été de bons contribuables) sont ruinés et partis. Le roi, qui tient à garder tout son monde, qui en 1370 a appelé chez lui les Juifs de Castille inquiets de la nouvelle dynastie Trastamar, ce roi Charles II ne recule devant aucune levée d'impôts supplémentaires. Mais il a été lui-même contraint de vendre, et il connait les difficultés de ses sujets; il fait procéder à une enquête à Tudela, en 1380. Judas Levi et Itzhak Medellin d'Estella, écoutent sur place les Tudelans Samuel Amarillo et le Rabbin Haïm ben Menir, et essaient de pourchasser les profiteurs de la crise. Une liste est soigneusement dressée des terrains vendus depuis une vingtaine d'années, de leur prix réel et de leur prix de vente, et des noms des acquéreurs. On fait payer à ceux-ci une amende calculée d'après la valeur du terrain acquis. On s'aperçoit ainsi que les plus hautes personnalités de la ville, l'Alcalde, les Jurats, les clercs, les notables, se sont largement servis; le roi remet, par faveur, quelques amendes, mais il parvient à faire payer la plupart de ceux qui avaient abusé de la fortune juive évanouie. Mais ce ne sont pas les Israélites qui sont dédommagés; c'est le Trésor qui garde les amendes.[19]

Les Juifs vendent de tout, dans leurs marchés d'Estella, de Pampelune, de Tudela, dont on garde les relevés des "Alcabalas", (en hébreu et en judéo-espagnol), de 1360-1370 environ; ils vendent et achètent les chaussures de cuir, la volaille, la soie, les habits.[20] Car ils peuvent participer à tous les métiers d'une cité. A Pampelune, où réside volontiers la Cour, dans la seconde moitié du XIVe siècle, ils sont couturiers et pelletiers.[21] Certains sont relieurs de livres, brodeurs de fils de soie. Dueña Encave de Pampelune et Nathan Del Gabbaï de

---

[19] Arch. Nav., Comptes, caj. 46, n° 1, pour l'ensemble de l'enquête; à propos de quelques remises d'amendes, ex. *ibid.*, caj. 47, n° 7, I, ou caj. 48, n° 42, I, II, III. En 1385, Judas Levi et Samuel Amarillo apportent aux Comptes le total de ces amendes, 2221 Livres (défalqués 273 L. 12 s. 6 d. de "rémissions" et diverses dépenses): *ibid.*, caj. 48, n° 51.

[20] *Ibid.*, caj. 192, n°s 47, 48, 49, et 38, 40, 51.

[21] Tels les couturiers de la Cour en 1385, Jacob d'Estella, Samuel, Mosse Chico, "Torreo" d'Estella, Jacobin: *ibid.*, R.C., tome 184, 88-89; ou ceux de 1360-1370: "Bertran" Juif comme Abrahamet Cayat; *ibid.*, R.C., tome 113, fols. 75, 76, 83.

Tudela sont "argentiers", fournisseurs de la Cour en orfèvrerie, pièces de beau métal, bourses de soie ornées de perles.[22] Les Juifs de Tudela sont cardeurs de laine, tisserands, teinturiers; les Juifs d'Estella sont plutôt spécialisés en 1382 dans l'entretien des moulins à blé, dont le souverain leur concède l'exploitation, après la remise en état.[23]

Ceux de Tudela savent réparer les puits et les canalisations des châteaux de la province, en piteux état après le passage des Grandes Compagnies vers 1366-1369. Ils travaillent également dans les chantiers de rénovation urbaine, dans l'édification des murs et des portes du château et des remparts en 1385-1395. Les maîtres-piqueurs et les maîtres-maçons juifs sont enrôlés dans les équipes de salariés chrétiens et musulmans. Les adolescents et les femmes de l'Aljama travaillent avec eux, dans les charrois et l'entretien des fours, et touchent la moitié des salaires quotidiens donnés aux hommes.[24]

Quelques métiers tranchent par leur originalité, prouvant combien les Juifs de Navarre font partie intégrante de la vie quotidienne du peuple et de la Cour. Les deux crieurs publics de Tudela, vers 1370-1385, sont deux Juifs de la ville, Abraham Tulli et Abraham ben Luengo dit "Bollico" (le petit boeuf). Le jongleur préféré de Charles II en 1365-1370 est Bonafos, Juif de Saragosse, appelé par le roi qui l'installe confortablement dans plusieurs maisons de Pampelune. Le gardien du lion et de la ménagerie de Charles III, en 1387, est Josef Ensayet, venu aussi de Saragosse.[25]

Enfin de nombreux Juifs de Navarre sont médecins. La tradition médiévale, particulièrement l'ibérique, les reconnaît bien dans cette occupation. Mais on ne peut savoir où ces "physiciens" israélites ont été formés: à Montpellier comme les Languedociens, ou entre eux, chaque maître s'entourant de disciples, très tôt en contact avec les malades? Quoi qu'il en soit, ces médecins juifs sont présents, à toutes les générations et dans tous les milieux. David ben El Rap est chirurgien à Tudela vers 1360; Jacob Aljaen dit "Don Bueno" est médecin à

---

[22] Entre autres documents: Nathan del Gabbaï: *ibid.*, Comptes, caj. 20, n° 126, XXXIX; Dueña Encave: *ibid.*, R.C., tome 113, fol. 82.

[23] *Ibid.*, Comptes, caj. 47, n° 8.

[24] *Ibid.*, R.C., tome 205 tout entier.

[25] Entre autres documents, à propos de Bonafos: *ibid.*, el "Cartulario" de Carlos II: folio 37; et de Josef Ensayet: Comptes, caj. 52, n° 16.

Pampelune vers 1350-1360 et part en Normandie avec les armées de Charles II au cours des deux décennies suivantes. Charles II confie ses blessés, ses Navarrais et ses alliés Anglais, après 1366-1369, à Sento (Shem Tov) Falaquera de Tudela, puis en 1379 à Samuel Alfaqui de Pampelune. En 1350, Josef Ezquerra, fils du médecin Abraham et lui-même médecin à Estella, obtient à titre de remerciement pour ses très bons services, une réduction d'impôts pour lui, sa famille et "tous les gens qui vivent dans son hôtel". Auprès de Charles II, puis de son fils Charles III, s'affirme leur médecin privé, Josef Orabuena qui devient en 1390 le premier Grand-Rabbin de Navarre. Mais Charles II dans son agonie, en fin 1386, fait venir auprès de lui Samuel Trigo de Saragosse, qui fait son autopsie. Et Charles III ainsi que son épouse Eleonor de Castille, eurent à leurs côtés vers 1400 le médecin Josef ben Nassar de Castille.[26]

L'exemple royal est suivi par le peuple navarrais; tous ces "physiciens" israélites sont appelés par toute la société chrétienne autant que dans leur communauté. On ne peu rien dire quant à leur rémunération, à peine peut-on affirmer qu'ils sont connus, propriétaires, souvent honorés de rentes et de grâces royales, donc à la tête de leurs communautés respectives.

---

[26] On ne saurait multiplier les références: David ben El Rap: R.C., tome 166, fol. 31; Don Bueno: Comptes, caj. 13, n° 61; Shem Tov Falaquera: Comptes, caj. 29, n° I, A, fol.3; Samuel Alfaqui: Comptes, caj. 39, n° 31; Josef Ezquerra: Comptes, caj. 38, n° 21, fol. II v°; Josef Orabuena: R.C., tome 216, fol. 46 v°; Samuel Trigo: Comptes, caj. 60, n° 8; Josef ben Nassar: Comptes, caj. 85, n° II. Dans Pampelune, le médecin Samuel de Seres (Xeres) est constamment appelé chez les chanoines comme dans la ville: A.C.P. R. II. Mais en 1387, Jeuda Embolat, Juif de Los Arcos, est condamné à verser 120 Florins, car, sans être médecin, il s'est mêlé de donner des potions à un villageois qui en est mort: Arch. Nav., R.C., tome 194, fol. 278. Le nom d'"Alfaqui" porté comme un patronyme signifierait "médecin" ou encore "secrétaire", en arabe. Cet appellatif semble généralisé dans les pays de la Couronne d'Aragon, tel ce Samuel Alphaquim, médecin et notable de la communauté de Perpignan, au début du XVᵉ s. ou les divers "Alphaquim", médecins et traducteurs pour la Cour de Saragosse et de Barcelone; R. Emery, "The Wealth of Perpignan Jewry in the Early Fifteenth Century", in M. Yardeni (ed.), *Les Juifs dans l'Histoire de France*. Premier colloque international de Haïfa, Leiden, 1980, pp. 78-85; D. Romano, "Judíos escribanos y trujamanes de árabe en la corona de Aragón (Reinados de Jaime I a Jaime II)", *Sefarad* XXXVIII (1978), pp. 71-105.

L'Argent et son administration

Les Juifs de Navarre n'échappent pas à la tradition; ils prêtent des sommes d'argent ou des céréales, ils prêtent à intérêt et sur gage. Les souverains de la fin du XIIIe siècle ont essayé d'interdire l'usure, mais la coutume a très vite pris le pas sur l'interdit. Charles III, à la fin du XIVe siècle, toujours impécunieux, fait préciser officiellement par ses trésoriers la somme empruntée d'une part, la nouvelle somme d'intérêts usuraires d'une autre. Ce prêt à intérêt est loin d'être le seul attribut des Juifs; en Navarre, les bourgeois, les nobles, les clercs eux-mêmes, ont la coutume de prêter et de réclamer les mêmes intérêts annuels de "5 pour 6" (25%), le taux légal.[27]

Mais, à la différence des officiers ou des bourgeois qui avancent de très fortes sommes et exigent des remboursements quasi immédiats, les Juifs de Navarre savent prêter, et sont donc sollicités plus souvent que leurs contemporains d'autres sociétés. Grâce aux "Livres de Sceau" du souverain, on peut connaître de près les engagements, entre 1350 et 1400 environ, car toute créance doit être enregistrée et scellée, doit donc laisser une trace officielle. On peut lire aussi quelques originaux de chartes de créance. De façon générale, les Juifs prêtent entre 5 et 20 Livres, alors que, couramment, les Chrétiens engagent aux alentours de 200 L. Ils donnent également quelques mesures de grain, ou de vin et d'huile plus rarement. Leurs emprunteurs sont en effet de toutes sociétés, mais pour la plupart ce sont des paysans des villages environnants, chez qui se rendent les créanciers périodiquement ou que ces derniers reçoivent chez eux dans la ville; ce sont aussi des artisans et même des bourgeois, des voisins de leur cité. Pour l'essentiel, surtout dans ces mauvaises années de crises du milieu du XIVe siècle, il s'agit de prêts à la consommation, de prêts de soudure, les uns et les autres comprenant bien qu'une lourde somme n'aurait jamais pu être remboursée. Parmi les emprunteurs, on trouve fréquemment des Musulmans, du moins à Tudela. On trouve aussi des Juifs; l'emprunt entre coreligionnaires est passé dans les moeurs, et le souverain fait tenir dans ses Registres de Comptes une page

---

[27] P. López Elum, "Datos sobre la usura en Navarra en los comienzos del siglo XV", *Príncipe de Viana* XXXII (1971), n° 124-125, pp. 257-262.

spéciale, chaque année, détaillant les "Quenazes" (un mot hébreu passé dans le navarrais), les amendes levées sur les Juifs endettés entre eux et qui ont laissé traîner leurs dettes.[28]

Le créancier et le débiteur s'entendent toujours sur un terme et sur les modalités du remboursement. De façon générale, le prêt est établi pour une année, avec les intérêts de "5 pour 6". Puis, à partir du jour fixé pour la rentrée des fonds, on se donne le droit de faire payer en plus 2 sous par journée dépassée, la moitié pour le Trésor ("pour la Seigneurie de Navarre"), l'autre pour le créancier. Il est courant de voir des laps de temps de cinq à six ans prévus pour ces remboursements; on donne même le détail des paiements selon les années.[29]

C'est pourquoi les Juifs, pouvant prêter souvent car modestement, peuvent être souvent sollicités. Les membres des Aljamas de Viana, Los Arcos, Estella, Olite, Pampelune, Tudela naturellement, sont demandés au moins 5 à 10 fois dans une année, parfois beaucoup plus, 13, 15, 20 fois . . . [30] Très rarement, on trouve la trace oficielle

---

[28] Entre autres fréquents exemples, Arch. Nav., R.C., tome 81, fol. 43: . . . "It. de Abraham Even Minir, dicto El Torotu, por razon de la pena duna carta Judienca que contra el presento en juyzio Juce Del Gabbay, Judio, de quoantia de XXXVII L. V s. de principal arbitrada la dicta pena, vista su probreza, en VII L. Karlines **negros, Valen a Blancos, LXXVI s. III d.**"; *ibid.*, Comptes, caj. 46, n° 14, fol. I: en novembre 1382, le "Maure" de Tudela Isa, fils de Yusuf El Cervero, emprunte 7 L. à Yom Tov Cardeniel de Tudela.

[29] A titre de comparaison: G. Nahon, "Le crédit et les Juifs dans la France du XIIIe siècle", *Annales E.S.C.* XXIV (1969), pp. 1121-1148; R. Emery, *The Jews of Perpignan in the Thirteenth Century. An Economic Study Based on Notarial Records*, New York, 1959.

[30] En 1382, à Tudela, Abraham ben Menir "Caparra", en 12 prêts, se défait de 74 L. et 44 "roves" de céréales. Bueno ben Abbas, en 17 fois, prête 3 kafizes et 72 roves de blé, 8 Fl. or et 121 L. 4 s. 4 d. Josef Orabuena, en 17 fois, peut prêter 141 roves de blé, 15 Fl. or, et 156 L. 15 s. Vitas Francès, en 19 prêts, engage 27 roves de blé, 13 Fl. et demi, et 213 L. 15 sous. Enfin, Abraham Gamiz, sollicité 32 fois, prête 300 roves d'huile, 23 kafizes et demi, 41 roves et 40 "quartales" de blé, et 205 L. 7 s.: P.M.D.C. tout entier et Arch. Nav., Comptes, caj. 46, n° 14 (Livre du Sceau de Tudela en 1381-1384).

d'un gage; mais lors des inventaires des biens des notables, lors de leurs testaments, on relève leur souci de faire dégager leur tasse d'argent, leur armure, leur drap, de chez leur créancier.[31]

Quelques exemples précis éclairent cette mise au point. Au début du XIVe siècle, Ezmel d'Ablitas, l'un des plus riches de sa ville de Tudela, des plus malhabiles peut-être (car arrive un jour où ses biens sont saisis), prête souvent à la famille noble Martínez de Medrano, les seigneurs de Sartaguda, entre 50 et 100 L. Une fois parmi tant d'autres, en mars 1335, il donne 47 L. à Johan Martínez de Medrano, et les exige avec "5 pour 6" à la Noël suivante.[32] Au contraire, en 1354, en mars, deux artisans de Pampelune s'adressent à Salomon Alborge "dit Heder", qui va jusqu'à 33 Livres et 36 "kafizes" de blé (le kafiz, un demi-hectolitre de grains, vaut aux alentours de 40 sous). Cette forte créance sera remboursée peu à peu, pendant six ans, les deux hommes donnant à chaque Saint-Michel de septembre 110 sous et 6 kafizes.[33] En mai 1384, quatre villageois de Cintruenigo prennent ensemble à Yom Tov Badian de Corella (à l'Ouest de Tudela), 15 L. et 28 "roves" de blé (à 20 sous le "rove" ou "arrobo", la moitié du kafiz). Ils ont une année complète pour le rendre.[34] Pero López de Murillo, un village des alentours de Tudela, prend en novembre 1383, 13 L. 10 s. à Mosse ben Menir, qui attend le remboursement le 1° mai de l'année suivante, avec les habituels "5 pour 6".[35] D'eux-mêmes, les créanciers se rendent compte des difficultés de leurs interlocuteurs. En juillet 1381, Vitas Françès révèle que le couple de Tudela Pascual

---

[31] *Ibid.*, R.C., tome 184 (1385), fol. 87 v°:... "A Açat Medelin, por un paynno doro imperial que eill tenia empeynnos del seynnor de Castelnau, dado a la Infanta Dona Johanna . . . " (50 L.).

[32] *Ibid.*, Comptes, caj. 28, n° 5.

[33] *Ibid.*, caj. 38, n° 21, fol. II.

[34] *Ibid.*, Livre du Sceau de Tudela, fol. 26.

[35] P.M.D.C., fol. 256, n° 365: . . . "Que Yo, Pero Lopez de Muriello, vezino de Tudela, hotorgo que devo a Vos Mosse Even Menir, Judio de Tudela, assaber es XIII L. X s. karlines prietos buena moneda. Los quoales dictos dineros vos a mi en plana amor emprestastes, e so ende manifiesto. Termino a pagar al primero dia de mayo primero — etc. — e diavant, tanto quanto Yo los tenrre al vuestro plazer, que ganen en cada un aynno arrazon de cinco por seys . . . ".

et María de Villava, lui a emprunté 14 Livres en 1377; il demande maintenant le remboursement, mais accepte de ne compter les intérêts que depuis le mois de mai écoulé.[36]

Le roi proclame parfois des moratoires de dettes, lors des années de crise. Mais il arrive toujours une période où l'attente n'est plus possible. Les Juifs ont d'ailleurs besoin de retrouver l'argent découvert, pour payer les impositions au Trésor. Ils réclament, et le souverain envoie son huissier saisir des biens du mauvais payeur, les mettre en vente aux enchères, et faire rembourser le créancier trop patient jusque là. A Tudela, Abraham Gamiz avait prêté 11 Livres à Pero de Rosach, en 1372, un villageois des alentours. En 1380 seulement, l'huissier alerté par Gamiz, met en vente les biens de Pero de Rosach, dans Tudela et dans deux villages voisins. En septembre 1383 enfin, on donne 40 L. à Abraham Gamiz, le prix des terrains rachetés par un Tudelan.[37] Parfois les Juifs eux-mêmes sont les acquéreurs des terres confisquées à leurs débiteurs, y voyant une façon de placer leurs capitaux dans cette propriété foncière qui est ouverte. En mai 1383, Azach (Itzhak) Shaprut fait saisir des terrains dans Tudela, de son débiteur Pascal Falcon, endetté de 8 L. depuis 1376. Shaprut les rachète personnellement, avec leur droit d'usage de l'eau, pour 20 L. Mais très vite, en juin suivant, il les revend 22 L. 10 s. à un autre Tudelan, Miguel Almoravid.[38]

Ezmel d'Ablitas fut sans doute le seul Navarrais, au début du XIVe siècle, à tenir une banque. Il prêta à tous les seigneurs de Navarre, et d'Aragon où le roi Jacques II lui avait accordé la licence de se déplacer à son gré et où il avait des facteurs à Huesca et à Lérida; il prêta à l'évêque de Pampelune et au roi de Navarre, et sa maison de Tudela servait de caisse de dépôt pour les collecteurs du fisc de la

---

[36] *Ibid.*, fols. 29-30, n° 51.
[37] *Ibid.*, fol. 227, n° 321.
[38] *Ibid.*, fols. 181 et 184, n° 271 et 275: . . . "Fiz pregonar publicament por toda la dicta villa de Tudela por Martin d'Estella, pregonero, por un dia de mercado, et por Azach Funes Judio pregonero, por todas las sinagogas por un dia de Sabado. Asaber es las dictas pieças que son IIII Tablas . . . E dentro de los dictos pregones noy fue puesta mala voz en la propriedat de las dictas pieças e agoa del dicto pozo, nin quien tanto nin mas y dies quanto Miguel Almoravi, vezino de Tudela, que y prometio dar XXII l. X s. prietos . . . ".

région. Il avait racheté, tout autour de Tudela, les propriétés foncières de la plupart des nobles en difficulté. Il possédait des moulins, sur le pont de l'Ebre de Tudela. Il était depuis 1309 porte-parole de sa communauté, pour tous les intérêts à défendre devant le roi, qui lui avait donné la faculté de verser au Trésor 100 L. par an et de ne rien payer d'autre, pour se racheter de ses impôts communautaires et de diverses taxes personnelles (il était parmi les plus gros imposables, et de l'Aljama, et du Trésor). Ezmel avait un associé dans Tudela, l'un des notables de la ville, Pero de Ujué; il avait des fils et des petits-fils. En 1343, à la mort d'Ezmel, ceux-ci voulurent faire sortir leurs sommes d'argent en Aragon, et se firent prendre. Le souverain saisit tous les biens d'Ezmel l'Ancien, hérita de ses créances, et imposa à ses enfants une amende de 30.000 L. à verser en 6 ans. Ses petits fils, Ezmel et Salomon, parvinrent à partir de 1360, à se rétablir peu à peu dans l'aisance et les responsabilités, lentement mais sûrement, sans parvenir toutefois à la réussite ancestrale.[39]

Mais depuis les années 1350-1360, les Juifs de Navarre ont une autre source de revenus: la collecte et l'administration des impositions de l'Etat. En 1365-1366, demandant une "Aide exceptionnelle" à ses communautés, Charles II en confie la perception aux Juifs eux-mêmes, Juce (Josef) Alborge à Pampelune, Judas Levi à Estella, Salomon d'Ablitas à Tudela, Judas Cardeniel et Abraham de Niort à Sanguesa. Le souverain sait qu'il n'y a qu'une trentaine d'Israélites contribuables à Sanguesa, et enjoint à ceux de Tudela de les aider; il confie la bonne gestion de l'ensemble à Judas Levi d'Estella, commissaire avec pleins pouvoirs.[40]

Par la suite, la plupart des taxes locales sont prises à ferme, notamment par des Juifs, au fur et à mesure qu'on s'avance dans le XIVᵉ siècle. Les Alborge et Gento (Yom Tov) Cami de Pampelune, les Levi et les Ezquerra d'Estella, assument ces rentrées d'impositions. A Tudela en 1368, la "Tafureria" (la maison de jeu) est confiée à Gento Gamiz;[41] désormais la plupart des revenus urbains sont administrés

---

[39] B. Leroy, *op. cit.* ("La Juiverie de Tudela . . . ".), le petit-fils d'Ezmel d'Ablitas en 1360: Arch. Nav., Comptes, caj. 24, n° 38, XII et XIII.
[40] B. Leroy, "Le royaume de Navarre en 1365-1366", *Revue de Pau et du Béarn* VIII (1980), pp. 5-29.
[41] Arch. Nav., Comptes, caj. 23, n° 54.

par des Juifs. Entre 1370 et 1390 environ, avec des fermes de 8 L. à 46 L. par an selon les offices et les denrées, la tannerie est gérée par Samuel Tulli, les péages levés sur le gros bétail et les volailles, par Abraham Orabuena, celui levé sur les fromages et les légumes, par Salomon Orabuena, Itzhak Orabuena, et Itzhak ben Shuaib, celui concernant les cuirs et les sandales, par Itzhak Laquef, la "Tafureria" et la "Modalafia" (le bureau des poids et mesures) par Mosse Cornago. En 1388-1392, pendant les 4 ans, la tannerie est affermée à deux associés, Abraham Orabuena et Mosse ben Menir, pour la très forte somme annuelle de 250 L.[42]

A partir des années 1380, l'administration fiscale est ouverte aux Juifs de Navarre. Le premier nommé à la tête d'une recette locale est Judas Levi d'Estella, receveur-collecteur de la Merindad (la province) d'Estella, de 1380 à 1388. Il faut pouvoir garantir une collecte locale de ses biens personnels, et Judas Levi est certainement alors l'un des plus fortunés de sa communauté. Il transmet les recettes au Trésor, mais il doit constamment payer à la place de celui-ci, des achats de terrains, des travaux dans la ville, des commandes de tissus et d'orfèvrerie. En 1388, il ne peut plus rien verser de sa caisse provinciale et, comme c'est la coutume en Navarre, le souverain fait saisir ses biens personnels jusqu'à concurrence d'une somme due, environ 2000 L. On vend — ou on saisit pour le Trésor — des terrains dans toute la région d'Estella, plusieurs demeures en ville, beaucoup de meubles, de draperies, de livres hébreux (vendus dans la communauté de Pampelune), d'objets liturgiques, et de pièces d'orfèvrerie. Le Trésor hé-

[42] *Ibid.*, 1379-1380: R.C., tome 164, fol. 31; 1390-1392: tome 211, fol. 52. Les Juifs ne semblent pas toujours aimer cet office de levée de leur Pecha, qui leur est "confié". Le 9 mai 1387, Josef Alcarahuy, Juif de Pampelune, avoue qu'il s'est trompé dans ses comptes, ce qu'il craignait dès sa prise en charge:*ibid.*, "Papeles Sueltos de Comptos", 2ª Serie, Legajo 2, nº 104: "A los honrrados e discreptos los maestros oydores de los Comptos Reales, el vuestro humil Juce Alcarahuy Judio de Pamplona, con devida reverencia, suplico. Plegue Vos saber que, agora puede aver dos aynnos, poco mas o menos, si fue Yo ordenador e cuyllidor de la peyta de la Aljama, con otros compaynneros . . . Et Yo, temiendo me de jerror de comptos con eillos, fiziemos escrivir al Rabi, en el libro de compto, que si error de compto avia entre los contadores que saccaron e Nos otros, que Nos emendassemos unos a otros...".

rite aussi de ses créances; on se rend compte alors qu'il a beaucoup
prêté à toute la société d'Estella, aux Juifs comme aux Chrétiens, et
même à gage. Il avait plusieurs associés, Saül d'Olite, Rahel de Lerin...
Mais à la fin de l'année 1388, toutes dettes réglées, Judas Levi a
encore des biens personnels, et ses disponibilités se reconstituent peu
à peu; il est vite capable de faire partie d'une équipe d'"Arrendadores" des impositions du royaume.[43]

En effet, la première équipe de ces "fermiers des impôts" est de
1388. Elle compte des Chrétiens et des Juifs qui s'entendent avec le
gouvernement; en 1392-1394, à part le Navarrais Guillem de Rosas,
ce sont en majorité des Juifs. En apportant au Trésor 60.000 L. en un
an ou la douzième partie à chaque mois, ils lèvent tous les impôts du
royaume. Ce sont Judas Levi et Itzhak Medellin d'Estella, Ezmel ben
David d'Olite, Josef Orabuena, Samuel Amarillo et Judas ben Menir
de Tudela.[44] Les versements se font si correctement, que le roi Charles
III décide à plusieurs reprises de remettre certaines sommes, lorsqu'il
se rend compte que la collecte des impôts est délicate, et qu'il ne veut
pas que ses Juifs perdent de leurs finances au lieu de gagner des
bénéfices.[45] Puis la coutume est prise; au XVe siècle la majorité des
impositions sont levées par des Arrendadores israélites.

Les Juifs de Navarre et la vie publique

Les Israélites sont d'excellents contribuables. Dès la rédaction des
Fueros au XIIe siècle, il a été précisé que la liberté des Juifs se paierait
d'une redevance particulière, la "Pecha des Juifs", distincte de celle
des "Maures" et de celle des roturiers du royaume. Au XIVe siècle, les
communautés de Pampelune et de Monreal paient ensemble 1500 L.,
celle d'Estella 1200 L., celles de Sanguesa et des petites aggloméra-

---

[43] B. Leroy, "De l'activité d'un Juif de Navarre, fin du XIVe siècle", *Archives Juives* XVII(1981), n° 1, pp. 1-6.

[44] Arch. Nav., Comptes, caj. 63, n° 18.

[45] Ainsi en 1393, le roi offre 100 L. à Jeuda ben Menir . . . "pour maintenir son état". Le souverain offre à Jeuda Levi et à Jeuda ben Menir 600 L. pour essayer de les dédommager de leurs débours personnels: *ibid.*, R.C., tome 219, fols. 56 v° et 83.

tions du centre et de l'Ouest du royaume, un total de 1000 L. environ, celle de Tudela 2000 L.[46] Il est précisé que "le fort porte le faible"; en effet, lorsqu'en 1366 un "Monedage", un impôt par "feu", frappe les roturiers et tous les contribuables, on repère dans l'Aljama de Tudela 210 foyers imposables et 70 *"non podientes"*.[47]

Ces Juifs de Navarre qui peuvent payer, pour eux et pour leurs frères démunis, sont taxés de plus belle au XIVe siècle. Il leur faut racheter le droit d'user du sceau de la communauté, d'un notaire expert "en lettres hébraïques", et encore le droit d'avoir une boucherie, une boulangerie, des bains communautaires . . . On évalue de 300 à 800 L. au moins ces taxes supplémentaires qui se surajoutent aux Pechas pesant sur les Aljamas.[48] Les obligations ne s'arrêtent pas à ces sommes fixes. Car dans la seconde moitié du XIVe siècle, de façon constante, le souverain réclame à ses Juifs (mais parfois aux autres sujets, aux Prélats et aux nobles d'habitude privilégiés), des "dons extraordinaires" et des "aides exceptionnelles", qui se renou-

---

[46] Ainsi en 1345, *ibid.*, R.C., tome 52, fol. 140.

[47] Libro de Fuegos del año 1366: Archives de Navarre, sans autre référence; publ. J. Carrasco Pérez, *La Población de Navarra en el Siglo XIV*, Pamplona, 1973.

[48] Dès 1318, voici ce que doit l'Aljama de Tudela: *ibid.*, R.C. tome 17, fol. 9: "Titulus per cui quos aliama Judeorum Tutele recepit supra se: In primis, de locatione correturarum intra villam Xristianorum. De macello Judeorum. De tendis Alcacerie. De tendis argentariorum et çapateriorum Judeorum, et domorum Judeorum dirruptarum et ereptarum contiguatum dictis tendis; et de locationibus ac censibus domorum quae sunt extra muros ad Judeos pertinencium. De stabulis Regis qui sunt ante Alcaceriam. De platea cisterne quam tenet Haym. De locationibus et censibus omnium domorum qui sunt intra castrum Judarie et Almuniene, exceptis cameris in quibus consuetum est sernare bladum Regis. Totum perpetuo, II[c] LXV l. Sanchetes". En 1381-1382, les Juifs du royaume rachètent tous ensemble 2000 Fl. le "privilège" de figurer personnellement dans les procès qui les concernent: *ibid.*, tome 173, fol. 5. Dès le milieu du XIV[e] siècle, le Trésor fait payer l'usage des poids et mesures dans Tudela, dans le bureau de la "Modalafia" et en afferme l'administration: en 1354, *ibid.*, R.C., tome 76, I°, fol. 14: . . . "De la modalafia de la Aljama de los Judios, que es goarda de las mesuras e de los pesos falsos, con la meatat de las calonias, tributada a Jento Gamiz, Abram Goalit, e a Juce Evendavit, Judios, a III aynnos, por el primero anno finido, al primero dia de Jenero, anno ut supra:VII l . . . ".

vellent à chaque départ des armées royales, mariage des princesses, ou encore lors des travaux de fortification.[49]

Ces derniers en particulier pèsent sur les Juifs. Dès 1365-1366, le roi Charles II fait remanier les murs de Pampelune; ses officiers contraignent à l'impôt supplémentaire si maladroitement les habitants de la Judería, que le roi prend leur défense, et fait rouvrir la synagogue que son délégué Pero de Oilloqui avait cru bon de faire fermer jusqu'au versement de l'imposition.[50] A Monreal en 1382, le Trésor impose doublement la petite communauté qui s'est constituée dans cette "ville neuve" d'un siècle. La Judería occupant un angle des murailles, et tous les gens des alentours devant pouvoir s'y réfugier, les Juifs sont les premiers intéressés à la défense, donc aux frais d'édification des hauts murs.[51]

En 1391, Charles III agit de même à Tudela, où depuis deux ou trois ans, le château et les remparts sont en cours de remaniement. Le souverain fait taxer les Juifs de la ville, de 6 sous par Livre payée d'habitude pour la Pecha. De ce fait, dans l'année 1391-1392, les membres de l'Aljama sont surimposés trois fois de suite de ces 2 sous par Livre; les plus grands contribuables sont naturellement les premiers touchés. Mais le roi profite de cette occasion pour surtaxer toutes les communautés du royaume, à titre de solidarité avec l'Aljama de Tudela. Les sommes sont collectées et transmises par deux hautes silhouettes de cette ville, Nathan Del Gabbaï et Josef Orabuena qui lèvent ainsi 3130 L. dans le royaume. A Tudela, 110 Juifs sont surtaxés, de 5 à 15 Florins en moyenne, le Florin d'Aragon étant la monnaie utilisée pour la majorité des comptes, dans ces dernières années du siècle. Dans l'Aljama, quelques uns versent beaucoup plus, Abraham Bendanon 24 Fl., Itzhak Benjamin 35 Fl., Vitas Francès 40 Fl. A Pampelune, on surimpose de même 58 Juifs, dont les Alborge, Alfazan, Heder, un Itzhak Lumbroso, et la veuve de Salomon

---

[49] Dès 1329, les Juifs doivent offrir aux souverains plus du double de leur Pecha, en don de "joyeux avènement": *ibid.*, R.C., tome 24, fol. 67. En 1385, on demande aux Juifs une "Aide extraordinaire" de 2000 Fl.; à 31 sous pièce, la somme se monte à 3100 L.:*ibid.*, tome 184, fol. 14 v°.

[50] *Ibid.*, "El cartulario del Rey Don Carlos II", fols. 268, 348, 349, 381 et 382; B. Leroy, *op. cit.*, ("Le royaume de Navarre. 1365-1366").

[51] *Ibid.*, Comptes, caj. 37, n° 19.

Alborge, l'"argentière" Dueña Encave, qui verse 50 Fl. L'Aljama d'Estella est très réduite, mais très imposée; ses 14 contribuables versent 290 Fl., dont Samuel Alfaqui paie 100 Fl., Itzhak Bonisac 40, Yento Benzoher 35, Abraham Levi 50 . . . [52]

Le roi prend l'argent de ses Juifs, hérite de ceux qu'il condamne, (Ezmel d'Ablitas, Judas Levi), ou de ceux qui meurent sans héritier. En 1328, la "Matanza", une tuerie perpétrée en temps d'absence du gouvernement, a dispersé et éliminé la majorité des Juifs d'Estella; le roi hérite de leurs biens et fait inventorier propriétés et créances encore vers 1331-1335.[53]

Cependant le roi sait combien la vie quotidienne est difficile, dans ces décennies. Il l'éprouve lui-même puisqu'il vend ses terres, et qu'il est contraint de vivre sur le crédit. Il sait accorder des remises d'impositions à ses Juifs et sait écouter toutes leurs plaintes. Dès 1350, la Grande Peste ayant frappé le royaume, la Judería de Tudela est très amenuisée, et le souverain accorde une remise de la moitié de la Pecha pour les deux années 1349 et 1350.[54] En 1351 il généralise cette mesure à toutes les Aljamas du royaume.[55] La même mansuétude se retrouve,

[52] *Ibid.*, R.C., tome 212, fols. I à II: . . . "Compto de Juce Orabuena fisico del seynnor Rey et de Nathan del Gabbay, Judios, de ciertas receptas e expensas por eillos fectas por commissiones e mandamientos del dicto seynnor Rey . . . . Karlos, por la gracia de Dios Rey de Navarra . . . Como por ciertas obras e hedeficios que Nos avemos fecto fazer en nuestro castillo de Tudela en algunas partidas e logares, los muros de la fortaleza e Juderia del dicto logar sian derribados y en otras partidas esten en estado de cayer, si por Nos non fuere proveido de bien remedio. Et lo que agora se podria reparar et fazer con Mil o Dos Mil L., depues costaria mas de Diez Mil . . . Primo queremos e Nos plaze que todas las Aljamas de los Judios de nuestro Regno, paguen ultra la Pecha que a Nos pagan dos sueldos por libra amontamiento de toda la dicta Pecha procurata, segunt que cada uno es tacxado, y esto durant el tiempo de la dicta obra . . . ".

[53] *Ibid.*, Comptes, caj. 6, nº 26, IV et V; J. Goni Gaztambide, "La Matanza de Judíos en Navarra en 1328", *Hispania Sacra* XII (1959), pp. 5-33.

[54] *Ibid.*, Comptes, caj. 11, nº 15, II. Les procureurs de l'Aljama sont le Rabbin Jeuda Orabuena, Vitas Benjamin, Bueno Evenambre, Mosse de Guerta, Mosse de Marge-lina, Bueno ben Menir . . . "Et el Seynnor Governador avia feyto gracia a los deudores, que ningun Judio non pudiesse tollir cosa de lures deudas de lures encreedores; et durando el tiempo de la dicta gracia, son muertos los deudores encreedores, las cartas obligatorias son perdidas, e las heredades fincan yermas, e non se aproveytan deyllas, que solia ser una de las mayores sumas de la peyta . . . ".

[55] *Ibid.*, Comptes, caj. 11, nº 138, IX.

après les "retours de peste", les mauvaises années de disettes et de guerres, en 1362, 1373, 1381, 1387, 1393. Le roi proclame toujours un moratoire des dettes, et recommande à ses officiers d'user de clémence vis-à-vis de ses Juifs appauvris et diminués (à Tudela, les procureurs de l'Aljama savent bien dire en 1387 qu'ils ne sont plus que 200 chefs de famille, au lieu de 500 en 1340).[56] Lorsqu'une levée d'imposition se révèle impossible, sur une société très atteinte dans son ensemble, le souverain remet des arriérés de sommes. On l'a vu à propos des Arrendadores de 1392. En 1387, Charles III remet 50 L. à deux collecteurs de taxes locales, à Estella, Gento Mizdron et Abraham Medellin, incapables d'accomplir leur contrat.[57]

Cependant, dans ces années de la fin du XIVe siècle, émergent quelques rayonnantes personnalités, au-dessus des foules besogneuses des Aljamas. Parmi les plus actifs hommes d'affaires, se font connaître des Juifs tels que Juce Alborge de Pampelune, sans cesse occupé, entre 1370 et 1390, à des "compagnies" avec des Chrétiens comme avec des Juifs.[58] Parmi les plus sollicités des ambassadeurs, ou des agents du roi, chargés de direction de travaux, autant que de missions dans les pays périphériques,[59] le souverain distingue les deux

---

[56] *Ibid.*, 1362: caj. 15, n° 70, VI; 1381: caj. 42, n° 7, II; 1387: caj. 52, n° 10, II; 1393: caj. 69, n° 8; 1373: R.C., tome 148, fol. 54: l'Aljama est si appauvrie, qu'au lieu de 2904 L. 9 s. de Pechas et de diverses taxes, le Trésor ne lui demande pour cette année que 900 L.

[57] *Ibid.*, Comptes: Gento Mizdron: caj. 56, n° 52, II; Abraham Medellin:caj. 56, n° 47, I; Le roi Charles III s'adresse à Judas Levi, receveur de la Merindad d'Estella: "Por partes de Abraam Medelin Judio d'Estella, suplicando humilment, Nos es dado a entender que . . . del quoal dicto tributo del dicto aynno passado, dize que li resta por pagar de un mes la dicta summa de Cient Trenta e Una libra, por non poder pagar aqueilla en ninguna manera, por la grant perdida que segunt dize, fezo en el dicto tributo. Et que agora Vos lo costreynnedes muyt rigorosament a pagar aqueilla . . . Nos, inclinando a su suplicacion, queriendo usar de gracia e benignidat, al dicto Abraam suplicant avemos remetido e quitado e por las presentes le remetemos e quitamos de la sobredicta resta, la summa de Cinquanta libras de la dicta moneda...".

[58] *Ibid.*, Comptes, caj. 29, n° 1, A, fol. 78; ou encore Samuel de Xeres, de Pampelune, associé pour 100 L. à la "Compagnie" de Samuel Alborge et de trois officiers chrétiens du Trésor, en 1390: *ibid.*, R.C., tome 208, fol. 263.

[59] A propos de ces traducteurs et ambassadeurs juifs en péninsule ibérique, cf. D. Romano, *op. cit.*; J. Vernet, "Un embajador Judío de Jaime II: Selomo b. Menasse", *Sefarad* XII (1952), pp. 125-154.

Judas ben Menir, le collecteur des impôts de Navarre, de Tudela, et son parent et homonyme, Grand-Rabbin du Portugal, Trésorier général de son pays, puis agent secret de Charles II et de Charles III au Portugal et en Castille.[60] Comme eux, oeuvrent les Tudelans Josef Orabuena le médecin et Grand Rabbin, et Nathan Del Gabbaï, qui vendent souvent à la Cour des chevaux, des denrées, des objets précieux, et qui, pour l'ensemble de leurs services, reçoivent du Trésor dons, rentes, pensions.[61]

Les Grands de Navarre vivent parfois en France; s'ils demeurent à la Cour à Pampelune, ils doivent avoir des administrateurs dans leurs domaines. Dans ces mêmes décennies, certains prennent l'habitude de confier leurs pleins pouvoirs pour cette gestion, à des procureurs israélites. Ezmel ben David d'Olite, l'est de Johan de Béarn, sénéchal de Bigorre et capitaine de Lourdes, très attiré par Charles II et Charles III et nanti par eux de rentes foncières en Navarre.[62] De même, Samuel Amarillo de Tudela l'est depuis 1380 du seigneur de Luxe (en Outre-Ports), Arnalt-Guillem de Tardets.[63]

Itzhak Medellin, installé à Estella, est venu — son nom l'indique —, avec des parents et des compatriotes, de cette ville d'Estramadure, et se rend indispensable en Navarre après 1385. Jusque là, il a soutenu de ses finances une expédition navarro-castillane menée au Portugal. Puis Itzhak continue à prêter, avec constance, au souverain de Navarre; il est parfois remboursé.[64]

Samuel Amarillo est le fournisseur de la Cour. Ce Tudelan, très en vue dans sa cité et dans le royaume, s'installe à plusieurs reprises à Saragosse en Aragon, d'où il achète et envoie régulièrement à la Cour

---

[60] B. Leroy, *op. cit.* ("Les Menir" . . . et "Le royaume de Navarre et les Juifs . . . "). En 1386, Charles II fait offrir 90 L. et deux tasses d'argent à Doña Reyna, la femme de Don Jeuda b. Menir du Portugal, qui est venue "travailler" en Navarre au nom de son mari: Arch. Nav., R.C., tome 189, fol. 67.

[61] Parmi de fréquentes mentions, ex.: 1392, idem, R.C., tome 216, fols. 15, 17, 89, 100...; et fol. 46 v°: le roi Charles III confirme les dons à vie offerts par Charles II à son médecin le Grand Rabbin Josef Orabuena.

[62] *Ibid.*, Comptes, caj. 49, n° 65, II. Ezmel Evendavid souscrit ses reconnaissances de paiement en Navarrais; ou encore *ibid*, caj. 49, n° 6, VIII.

[63] *Ibid.*, caj. 42, n° 52; la charte de procuration est du 20 septembre 1380: *ibid.*, caj. 42, n° 50.

[64] Ainsi en 1387: *ibid.*, caj. 52, n° 8.

les armes, les draps, les épices. Il dispose des services de deux valets et de trois mulets, pour effectuer les voyages Saragosse-Tudela-Pampelune et retour, à la demande du roi.[65]

Ces Levi, Medellin, Alborge, Orabuena, Menir, Del Gabbaï, Amarillo . . . sont vers 1380-1390, les représentants des familles juives les mieux connues de Navarre, installées dans la propriété foncière, le contrôle des moulins et des canalisations, les relations internationales, la vie intellectuelle et spirituelle, autant que dans les activités financières et marchandes.

Au XVe siècle, la population juive navarraise est sans doute affectée dans sa démographie, mais il est impossible de la chiffrer avec précision, d'autant plus que le royaume de Navarre est devenu pays d'accueil. Mais pour l'essentiel, la vie économique des Juifs de Navarre demeure — et le demeurera jusqu'à l'expulsion de 1498 — ce qu'elle a été au siècle précédent. Les Juifs, comme les autres sujets du roi, ont certainement du mal à vivre, dans un royaume exigu et trop souvent en guerre, frappé périodiquement par les "mortalités" et les calamités naturelles. Mais une élite de Juifs a su réussir, en toutes occupations. Ceux qui peuvent écrire leur nom et qui possèdent des livres, sont aussi ceux qui gèrent les affaires publiques et qui possèdent la terre. Il y aurait plusieurs silhouettes caractérisant les Juifs du royaume au XIVe siècle. Les pelletiers et les couturiers de Pampelune, les financiers d'Estella, les responsables de chantiers et les gestionnaires de Tudela, ou les viticulteurs de cette cité, ou les plus modestes artisans du textile, tous ces Juifs de Navarre ne paraissent guère différents, dans leur vie quotidienne, de leurs voisins des autres religions. Aucun signe sur leurs vêtements ne les en distingue. Mais, avant toute mesure de mise à l'écart puis d'expulsion, la fiscalité de l'Etat qui pèse sur eux est déjà un moyen de pression, bientôt un moyen d'oppression.

---

[65] Le personnage est constamment cité. En 1387, Charles III fait rembourser à Tudela Samuel Amarillo qui, depuis Saragosse, a fourni de la cire, du drap d'or et de la soie, pour l'enterrement de Charles II et a prêté 415 Fl. pour la cérémonie. Samuel Amarillo contresigne toujours en caractères hébraïques, et possède son sceau personnel: *ibid.*, caj. 54, n° 40, XVII. Cette même année 1387, Samuel Amarillo, avec ses deux valets et leurs trois montures, a fait envoyer de Saragosse à la Cour de Charles III de la vaisselle plate, du taffetas, de la soie de Lucques et de la soie de Mallorca. Le souverain lui fait verser 1089 Fl., *ibid.*, caj. 54, n° 45, XII.

MOVIMENTOS SOCIAIS ANTI-JUDAICOS EM PORTUGAL NO SÉCULO XV

Humberto Baquero Moreno

A idéia de que as relações entre as comunidades cristã e judaica em Portugal no século XV se teriam processado duma forma relativamente pacífica, suscita em meu entender algumas dúvidas passíveis duma interpretação nem sempre linear e ausente de controvérsia.

Existe, na realidade, a propensão em afirmar-se ser diametralmente oposta a situação dos judeus em Portugal e nos restantes reinos da Península Ibérica, tomando-se como base desta asserção a circunstância dos "pogroms" de 1391, que apenas deixaram de fora o nosso país, terem sido um fenômeno de natureza histórica cujas repercussões não se manifestaram entre nós.

Dum modo assaz curioso Angus Mackay coloca o problema das manifestações de anti-semitismo que se verificam nos reinos de Castela e de Aragão, afirmando não haver a mínima dúvida de que Henrique de Trastamara montara uma campanha de propaganda contra a política pró-judaica de Pedro I e que por isso mesmo durante a guerra civil as comunas dos judeus se viram gravemente afetadas; mas no fundo a casa de Trastamara, incluindo o próprio Henrique II, confiaram na capacidade realizadora dos judeus tanto quanto já o demonstrara o vencido Pedro o Cruel. Esta contraditória atuação dos Trastamaras teve como consequência um enfraquecimento da proteção real dispensada aos judeus, a quem o povo cristão, por motivos religiosos e econômicos, manifestava ódio e ressentimento. As matanças que tiveram o seu início em Sevilha, em 6 de Junho de 1391, propagaram-se nas mais diversas direcções. Atingiram Toledo em 18 de Junho, Valencia em 9 de Julho e Malhorca, Barcelona, Gerona, Logroño e Lérida na primeira quinzena de Agosto.[1]

---

[1] A. Mackay, *La España de la Edad Media*, Madrid, ed. Cátedra, 1980, p. 200.

Que reflexos teriam tido estas vagas de anti-semitismo em Portugal? Como explicar que o nosso país tivesse ficado imunizado desta grave situação conjuntural se tivermos em apreço que o nosso passado dificilmente poderá ser interpretado fora do contexto peninsular? Creio que esta complexa problemática deverá merecer ao historiador um interesse cada vez mais expectante de modo a encontrar-se uma interpretação adequada à caracterização desta questão de inquestionável importância.

Conforme já tivemos ensejo de afirmar,[2] faltam nos nossos arquivos fundos documentais que nos possam esclarecer dum modo satisfatório acerca das implicações observadas em Portugal na sequência dos gravíssimos acontecimentos ocorridos no reino vizinho. Ao estudar os judeus em Portugal no século XIV e após um minucioso exame da documentação encontrada, a Professora Maria José Pimenta Ferro inferiu da proteção que lhes foi dispensada pelos nossos reis, sendo mesmo da opinião que a "animosidade de tipo religioso é rara, no nosso país, durante o período estudado", se excetuarmos alguns atritos que se verificam durante o reinado de D. Fernando.[3] Em meu entender a ausência de provas documentais talvez não seja suficiente para explicar os laivos de mal-estar latente existente entre os cristãos, contra os judeus detentores duma situação material que por certo despertaria invejas e fortes ressentimentos.

Não deixa de ser curioso observar-se que apenas as *Ordenações Afonsinas* exprimem a ansiedade manifestada pela importante comunidade dos judeus de Lisboa ao rei D. João I, a respeito das perseguições que lhes eram movidas nos reinos de Castela e de Aragão. Exprimiam a propósito que nesses países "foram feitos muitos roubos e males aos judeus e judias estantes à aquella sazom nos ditos Regnos, matando-os e roubando-os e fazendo-lhes grandes premas, e costrangimentos em tal guisa, que algũus delles se faziam christãos contra suas vontades, e outros se punham nomes de christãaos nom seendo bautizados com padrinhos e madrinhas, segundo o direito quer; e isto faziam por escapar da morte ataa que se podessem poer em salvo; e que algũus desses judeos e judias se vierom aos ditos nossos

[2] H. Baquero Moreno, "As pregações de Mestre Paulo contra os judeus bracarenses nos fins do século XV", separata da *Bracara Augusta*, tomo XXX, Braga, 1976, pp. 3-4.
[3] M.J. Pimenta Ferro, *Os Judeus em Portugal no século XIV*, Lisboa, 1970, pp. 75-76.

Regnos, e trouuerom suas molheres e se filhos e fazendas, dos quaes moram e vivem algũus delles em esta cidade e algũus em outras cidades e villas e lugares de nosso Senhorio".[4]

Tão depressa chegavam a Portugal, muitos desses judeus-conversos renunciavam de imediato à fé cristã, que em Castela e Aragão se tinham visto obrigados a abraçar para salvar a vida e a fazenda. Tanto bastava para que surgissem os denunciantes, que os acusavam de abjurar a crença no cristianismo. De acordo com as leis que vigoravam entre nós esses judeus eram presos, perdendo os bens a favor daqueles que para o fim em vista alcançavam alvarás régios. O clamor da comunidade judaica de Lisboa contra esta situação oprobiante foi de tal ordem, que D. João I não teve o menor pejo em determinar "que nom prendaaes, nem mandees prender nenhũu judeu nem judia destes taaes semelhantes; nem lhes mandedes nem consentaaes a outros nenhũus que lhes tomem, nem mandem tomar seos bẽes em nenhũa guisa, posto que contra elles seja dito, ou querellado, que forom chrisptãaos e que se vierom aos ditos nossos Regnos e vivem em elles por judeos, e como judeos".[5]

A vinda de judeus para Portugal, cujo quantitativo, por certo reduzido, se torna impossível determinar, provocou reflexos de diversa índole no nosso território. Tal como nos aparece revelado gera-se o sentimento entre os cristãos de se apropriar dos bens pertencentes a esses judeus. Presente-se, com efeito, a existência dum movimento generalizado, de cunho anti-judaico, que visa na essência a expoliação e o roubo dessas vítimas do clima de intolerância que se instalara nos reinos nossos vizinhos da Peninsula Ibérica. Quantos judeus teriam sido vítimas da ausência de escrúpulos dos cristãos portugueses? É provável que poucos, restando mesmo averiguar até que ponto a proteção régia teria contido esta escalada anti-judaica.

Outro aspecto importante que resulta deste afluxo de judeus de origem castelhana já foi bem assinalado pela Professora Maria José Pimenta Ferro. A instalação em Portugal, e sobretudo em Lisboa, de importantes famílias, como os Abravanel e provávelmente os Latam e os Palaçano, ligados à finança peninsular, veio a provocar uma

---

[4] *Ordenaçoens do Senhor Rey D. Affonso V*, livro II, Coimbra, 1972, título LXXVII, pp. 457-458.
[5] *Ibid.*, pp. 458-459.

ruptura nas relações existentes entre as comunidades que residiam no nosso país. Até aqui os judeus portugueses apenas exerciam no reino as funções de rendeiros e cobradores de impostos, a partir de agora ligam-se à finança e ao comércio internacional, dispostos a concorrer com os mercadores cristãos sediados nas principais cidades portuárias portuguesas, a quem inclusivamente ultrapassavam em poderio econômico.[6]

Esta situação que se apresenta nova, teria forçosamente que provocar o aparecimento de tensões que levariam a encarar esses homens vindos do exterior como um perigo em potência. Protegidos pela realeza que os encara como um elemento importante nos monopólios da coroa, começam a ser vistos pela burguesia nacional, e pela nobreza apostada no comércio, como temíveis concorrentes. A título de exemplo poderá referir-se a participação de judeus portugueses no comércio de Valencia cuja presença se detecta nos derradeiros anos do século XIV e na primeira metade do século XV.[7]

A proteção dispensada pelos monarcas portugueses aos judeus durante os reinados de D. João I, D. Duarte e D. Afonso V constitui uma realidade incontroversa. A afirmação da monarquia em termos de absolutismo político representa uma garantia que joga a favor das comunidades constituídas pelos hebreus. É neste contexto que se deve situar a problemática de Alfarrobeira, que com a derrota do Infante D. Pedro significa uma quebra de prestígio num projeto consubstanciado na existência dum estado forte e centralizador.

O desenlace de Alfarrobeira deu-se em 20 de Maio de 1449.[8] Com o trágico desaparecimento do Infante D. Pedro seguem-se as retaliações contra os seus partidários. Não temos quaisquer provas que a comunidade judaica tivesse apoiado o antigo regente contra D. Afonso V. Em contrapartida alguns judeus aparecem-nos incorporados nas hostes régias,[9] sem que tal fato signifique um

[6] M.J. Pimenta Ferro, *Os Judeus em Portugal no século XV*, dissertação de doutoramento policopiada, Lisboa, 1980, p. 259.
[7] R. Ferrer Navarro, *La exportación valenciana en el siglo XV*, Zaragoza, 1977, pp. 79 ss., e L. Piles Ros, "Judíos extranjeros en la Valencia del siglo XV", *Sefarad* VII (1947), pp. 357-358.
[8] H. Baquero Moreno, *A Batalha de Alfarrobeira. Antecedentes e Significado Histórico*, Lourenço Marques, 1973, pp. 427 ss.
[9] *Ibid.*, pp. 373 ss.

comprometimento de natureza política. Importa, contudo, significar, que o clima de agitação que se vive nos meses que se seguem a Alfarrobeira, com a crise da autoridade real, favorece naturalmente o desencadear de alterações sociais.

Em Lisboa, por altura da festividade do Natal de 1449, deram-se graves desacatos que culminaram com um assalto popular à Judiaria Grande. A turba aos gritos de "matallos e rouballos" preparou-se para o pior. Coube-nos descrever o assalto num artigo há anos publicado.[10] Cumpre-nos frisar que a intervenção régia no sentido de salvar os judeus, obrigou o próprio rei a deslocar-se de Évora, dada a incapacidade das autoridades. D. Afonso V no alvará enviado, em 24 de Novembro de 1450, ao regedor da Casa do Civil em Lisboa, manifesta o seu desapontamento pelo mal causado aos judeus, que atribui essencialmente à "negrigencia dos que entom em a dicta cidade forom presentes, que o bem poderam tolher e em todo arredar" se acaso houvessem sido mais diligentes e perspicazes.[11]

A prova de que existia instaurado um forte clima anti-judaico resulta de que quando o rei decidiu atuar para castigar os culpados, se começaram a gerar "oniões tão irosas", que obrigam o próprio monarca a refrear seus intentos de aplicar a justiça devida aos faltosos. Posta em causa a autoridade de D. Afonso V, apenas restava ao rei retirar-se prudentemente para Évora e evitar que se generalizasse uma guerra civil. O alvará, atrás mencionado, de proteção aos judeus, apenas se tornava viável decorridos onze meses sobre os acontecimentos.[12]

A que atribuir a ira popular contra os judeus? Fundamentalmente ao propósito de roubar e saquear a Judiaria Grande, a mais rica de Lisboa, dado que os hebreus gozavam da fama de serem prósperos, o que causava naturais ressentimentos entre o povo miudo.

Apesar de não se verificarem em Portugal confrontações graves no período situado entre 1450 e 1480, torna-se possível observar, através das queixas formuladas em cortes contra os judeus, a existência dum mal-estar latente.

---

[10] H. Baquero Moreno, "O assalto à Judiaria Grande de Lisboa em Dezembro de 1449", separata da *Revista de Ciências do Homem*, vol. III, Lourenço Marques, 1970.
[11] *Ibid.*, pp. 41-42.
[12] *Ibid.*, pp. 16 ss.

Assim, nas cortes de Santarém de 1451, os procuradores dos concelhos insurgem-se contra a humilhação de que eram vítimas os elementos pertencentes às classes populares, pelo fato dos judeus usarem vestuário de seda. Outro motivo de descontentamento, reflete-se expressamente nas cortes de Santarém de 1468, ao apontar-se o desuso em que tinha caído o uso da estrela vermelha de seis pontas aplicada à indumentária dos hebreus, de acordo com a legislação em vigor.[13] Outro fator ainda de tensão aparece claramente referido na acusação efetuada nas cortes de Lisboa de 1455, em que se diz "que os almocrreues dos vossos rregnos uam allugados per muytas partes com os dictos judeus e se lhes aqueçe o ssabado em despouorado ou em outro qualquer lugar alli stam ssem mais andarem. E tanto que o domjngo vem logo carregam e andam sseu camjnho a qual cousa he grrande mall e pouco seruiço de Deus".[14]

É neste ambiente de desconfiança permanente que vivem as duas comunidades. Nada comparável porém com a situação vivida em Castela com os ataques aos judeus de Medina del Campo em 1461 e o seu massacre em Sepúlveda no ano de 1468. Outras perseguições, desta feita aos cristãos-novos, dão-se em 1473 nas localidades de Córdova, Montoro, Bujalance, Écija, Ubeda e Jaen, e em 1474 nas cidades de Segóvia e de Valhadolid.[15]

Conhecemos em Portugal, ou mais própriamente em Braga, pelo ano de 1480, sinais de mal-estar entre a comunidade judaica e Mestre Paulo, cristão novo que se convertera à fé cristã e dicidira sectáriamente perseguir os seus irmãos de raça. Este pregador, conforme nos testemunha a carta régia de 16 de Janeiro de 1481, obrigava os judeus a assistir às suas homilias, lançando inclusive a excomunhão sobre os cristãos que conversassem com os hebreus que se recusassem a assistir às suas pregações. O comportamento de Mestre Paulo era de molde a que o povo bracarense realizasse "leuamtos e

[13] J. Leite de Vasconcelos, *Etnografia Portuguesa*, vol. IV, Lisboa, 1958, pp. 89-90.
[14] Arquivo Municipal de Torre de Moncorvo, *pergaminho*, n° 17.
[15] J. Valdeón Baruque, "Crisis económicas y enfrentamientos sociales en la España de la Baja Edad Media", separata do II Simposio sobre *Historia del Señorío de Vizcaya*, Bilbao, 1973, pp. 23 ss.

67

onyoees contra os judeus desa comarqua e que per força os fazees hir a vosas pregações".[16]

Desconhecemos o alcançe e o significado dos levantamentos praticados contra os judeus. É possível, em parte devido à intervenção régia, que não tivessem assumido gravidade maior. Em todo o caso devemos registar a existência de "leuamtos" e "onyooes" cuja amplitude se ignora, mas que quando muito se devem ter apenas circunscrito à esfera local.

Haverá alguma relação entre a atitude assumida por Mestre Paulo e as perseguições contra os conversos castelhanos a que atrás aludimos? Pensamos que será demasiado forçado apresentar uma relação deste tipo, muito embora não ignoremos o peso do contexto histórico peninsular.

A onda de anti-semitismo que começa a pairar sobre Portugal relaciona-se directamente com a vinda de inúmeras famílias de cristãos novos para o nosso país.[17] Uma prova bem eloquente do clima que se vive aparece-nos evidenciado nas cortes de Évora de 1481. Ao sentimento popular generalizado de xenofobia, junta-se a reação coletiva contra os judeus.[18]

O receio em relação a este afluxo de judeus não deverá atribuir-se exclusivamente a fatores econômicos, mas sobretudo ao receio de serem portadores do virus epidêmico que varria a Peninsula Ibérica. Com efeito, a vereação do município de Lisboa, por carta de 12 de Agosto de 1484, culpava os conversos oriundos de Castela de serem os introdutores da peste que assolava a capital. Em antecipação a qualquer outra atitude que pudesse vir a ser assumida por D. João II, deliberaram no sentido de proceder à sua expulsão.[19]

---

[16] H. Baquero Moreno, "As pregações de Mestre Paulo . . . ", pp. 8-10. Vejase, ainda, o nosso artigo "Novos elementos relativos a Mestre Paulo, pregador do século XV contra os judeus bracarenses", *Bracara Augusta*, Braga, 1978.

[17] J. Amador de los Ríos, *Historia Social, Política y Religiosa de los Judíos de España y Portugal*, Madrid, 1973, p. 733.

[18] Visconde de Santarém, *Alguns documentos para a história e theoria das cortes gerais*, Lisboa, 1829, p. 185.

[19] J. Amador de los Ríos, *op. cit.*, p. 734. Cf. o nosso estudo "Reflexos na cidade do Porto da entrada dos conversos em Portugal nos fins do século XV", *Revista de História* I (1978), p. 16.

O espírito de retaliação da população de Lisboa contra os conversos, provocou manifestações de receio dos judeus sediados na capital, que se dirigiram ao rei dizendo-lhe que "por o tempo sseer tall como se en eessa çidade auer algũus aluoroços de lamçarem os confessos fora, elles se temiam lhes seer feicto algũu dano e sem rrezam e em especiall agora que hy nom esta a nosa Casa Çiuel nem o Corregedor". O Príncipe Perfeito, por carta de 20 de Novembro de 1484, dispensava-lhe o seu amparo e proteção, de maneira a que "nom reçebam desagisado algũu".[20]

Muito tenso também se apresenta o ambiente vivido no Porto contra os conversos. Na vereação de 27 de Julho de 1485 é tomada a deliberação de não permitir que entrassem na cidade. Os que estivessem no burgo deviam ser expulsos. Argumentavam os vereadores em defesa do seu ponto de vista, que os mesmos haviam sido lançados fora de Castela, que ninguém em Portugal os queria acolher e que além do mais pertenciam a uma "casta de que hy ha sospeiçam".[21]

Dois anos mais tarde, na vereação de 14 de Março de 1487, o problema torna a ser debatido. Não obstante as decisões anteriormente tomadas, continuavam a permanecer no Porto alguns conversos vindos de Castela. Novamente abordada a questão da sua presença, agora com a participação de todos os habitantes da urbe, foi tomada a decisão de "que os acordos pasados se compríssem e que os ditos estrangeiros fossem logo lançados da dita cidade e termos". Para tal dispunham do prazo máximo de três dias.[22] Chegam-nos ecos de que as medidas preconizadas deram origem a muitos abusos e violencias.[23]

D. João II reagiu mal ao comportamento da vereação portuense. A carta régia de 8 de Abril de 1487 condena a atitude assumida por aqueles, exprimindo que em relação à expulsão dos conversos "nos ho

---

[20] Arquivo Histórico da Câmara Municipal de Lisboa, *Livro 2º de D. João II*, doc. 32, fol. 40. Publicado por H. Baquero Moreno, *op. cit.*, p. 29.

[21] Arquivo Municipal do Porto, *Livro 5 de Vereações*, fols. 9v-10. Publicado por H. Baquero Moreno, *op. cit.*, pp. 29-30.

[22] Arquivo Municipal do Porto, *Livro 4 de Vereações*, fols. 98v-100. Publicado por H. Baquero Moreno, *op. cit.*, pp. 30-32.

[23] H. Baquero Moreno, *op. cit.*, p. 19.

avemos per muy mall feito". Precisava o seu pensamento ao ordenar que não os expulsassem "sem primeiro se saber que o deuem de ser".[24] Na sequência da sua atuação, o rei escreveu em 10 de Abril de 1487 ao seu corregedor, na comarca de Entre-Douro-e-Minho, no sentido de "que nom façam majs ennouaçam contra os ssobredictos castelhanos do que dantes faziam. Em nenhũa maneira antes os leixem vijr e hir e entrar e andar liuremente como se senpre fez".[25]

Entretanto na capital a situação apresenta-se confusa. Muitas deveriam ser as pressões exercidas sobre o rei. Este por alvará de 2 de Outubro de 1488 determina "que em nossos rregnos nom sejam acolhidos nhũus castelhanos confessos que dos regnos de Castella a estes nossos regnos vijerem viueer".[26] Poucos dias depois, precisamente em 29 de Outubro, o Príncipe Perfeito altera substancialmente as suas posições. Dando o dito por não dito, determina "que nenhũus confesos que eram vijmdos ou viesem a nosos regnos nom partisem nem se fosem pera fora deles por mar per outras allgũas partes sem nosa licemça".[27]

As relações entre judeus e cristãos agravam-se conforme se comprova pelas cortes de Évora de 1490. Queixavam-se os procuradores dos concelhos pelo fato dos hebreus gozarem de amplas prerrogativas como exactores fiscais. Reclamavam no sentido de que o monarca os retirasse da sujeição dos judeus, os quais em sua opinião "tem em vossos regnos tamto Senhorio sobre os Christãaos por causa de serem remdeiros e, acolhedores de vossas remdas". Criticavam-nos asperamente ao dizerem que "nom amdem baldios como andam a mayor parte delles em estes regnos sem fazerem nem teerem outra occupaçam soomente sotilizarem bulrras e moodos por omde leuem aos christãaos suas fazeemdas e os metem em sua sogecçam".[28]

---

24 Arquivo Municipal do Porto, *Livro 5 de Vereações*, fol. 107v. Publicado por H. Baquero Moreno, *op. cit.*, pp. 33-34.

25 Arquivo Municipal do Porto, *Livro 5 de Vereações*, fols. 111-111v. Publicado por H. Baquero Moreno, *op. cit.*, pp. 34-35.

26 Arquivo Histórico da Câmara Municipal de Lisboa, *Livro das Posturas Antigas*, fols. 62v-63. Publicado por M.T. Campos Rodrigues, *Livro das Posturas Antigas*, Lisboa, 1974, pp. 172-173.

27 *Ibid.*, fols. 63-63v; *Ibid.*, pp. 173-175.

28 A. de Sousa Silva Costa Lobo, *História da Sociedade em Portugal no Século XV*, Lisboa, 1903, pp. 589-590.

Os movimentos anti-judaicos que se observam em 1490 apresentam características de extrema gravidade. D. João II por carta de 15 de Julho do mencionado ano, enviada às autoridades da capital, dava a conhecer haver sido "certeficado como neessa çidade fazem mujtos aluoroços e onyõoes contra a comuna dos judeus della e assy por uos lhes som fectos ora nouamente mujtas enouaçõoes taaes quaaes em nenhũu tempo nunca lhes forom fectas de que se causam os dictos aluoroços e onyõoes". O rei ia mais longe, aludindo por certo aos mesteirais, ao dizer que "per jndustrya dalgũas pessoas que neessa çidade tem hoffiçios se mouem contra elles cousas nouas que dam azo a sse fazerem as dictas onyõoes e auer escamdallo comtra elles e o poboo, o que certo todo auemos por muy mal ffecto". Recordava, ainda, o rei, aos lisboetas, ter de lhes lembrar, o que aliás eles já sabiam, que "os judeus som nossos e quamto sempre folgamos os guardar e emparar e viuerem sob nossa espeçiall guarda".[29]

D. João II com o objetivo de proteger a comuna judaica de Lisboa providencia no sentido de se constituirem corpos de quadrilheiros encarregados de proteger a Judiaria. Interdita aos hebreus residirem no exterior, bem como aos cristãos de comerciarem no interior daquela. Criavam-se condições para que "toda cousa donyam se deue darredar".[30]

Com a expulsão dos judeus pelos Reis Católicos em Março de 1492 assiste-se a um aumento do surto emigratório em direção ao nosso país. A entrada desta gente aparece-nos ligada a uma maior difusão da peste.[31] D. João II em nítida oposição aos seus conselheiros favorece a vinda de judeus castelhanos, o que provoca novos atritos. É o que sucede com o município de Évora, que em Novembro-Dezembro de 1492 se opõe à sua entrada, o que suscita a reação régia ao deliberar que esses judeus não sendo provenientes "dos luguares domde morrem nem morremdo amtre elles, leixees emtrar e estar em esa çidade".[32]

---

[29] Arquivo Histórico da Câmara Municipal de Lisboa, *Livro das Posturas Antigas*, fols. 70-70v. Publicado por M.T. Campos Rodrigues, *Livro das Posturas Antigas*, pp. 193-195.

[30] Arquivo Histórico da Câmara Municipal de Lisboa, *Livro 3º de D. João II*, fol. 21.

[31] Arquivo Histórico da Câmara Municipal de Lisboa, *Livro 1º de Provimento da Saude*, fol. 12.

[32] Arquivo Distrital de Évora, *Livro 3º dos Originais*, fol. 212.

No termo do reinado de D. João II as relações entre cristãos e judeus vão-se tornando cada vez mais periclitantes. É neste contexto que se deve interpretar a carta de D. Manuel, de 27 de Outubro de 1495, dirigida ao municipio do Porto, em que se afirma que por "falecimento del Rey meu Sennhor que Deus aja podera aver allguum alluoroço contra os judeus desa çidade o que seria cousa de gramde mall e de muito noso deseruiço".[33] Temia-se, assim, que o recente desaparecimento de D. João II, que dispensara proteção aos judeus durante o seu breve reinado, criasse condições para a prática de retaliações e de vinganças.

A situação dos judeus em Portugal durante o reinado de D. Manuel foi minuciosamente descrita por Fortunato de Almeida.[34] Um dos primeiros atos do rei consistiu em restituir à liberdade os judeus castelhanos, que não haviam saído do reino no prazo consignado pelo seu antecessor. A posição assumida pelo Venturoso agravou ainda mais as tensas relações existentes entre as duas comunidades. Resultou, porém, em sol de pouca dura. D. Manuel ao negociar o seu casamento com D. Isabel, filha dos Reis Católicos, acabaria por aceder às exigências da noiva, que se traduziam na expulsão dos judeus.[35]

O mês previsto para a saída dos hebreus de Portugal situava-se em fins de Outubro de 1497. Antes, porém, da sua concretização, assistiu-se em Abril a cenas de inusitada violência sobre jovens judeus menores de vinte anos. Mas o pior estava para acontecer. Em 18 de Abril de 1506, quando os ânimos estavam exaltados devido à peste que grassava em Lisboa, um jovem cristão novo manifestou a sua incredulidade perante um milagre anunciado na igreja de São Domingos. Tanto bastou para que a população se levantasse em tropel contra os cristãos novos.[36] Um apontamento lançado num livro religioso descreve assim este terrível acontecimento: — "Aleuantaronsse em Lixboa o pouoo e matarom quasi dos mjl

---

[33] *Livro Antigo de Cartas e Provisões dos Senhores Reis D. Afonso V, D. João II e D. Manuel I*, Porto, 1940, p. 121.
[34] Fortunato de Almeida, *História da Igreja em Portugal*, tomo III, parte II, Coimbra, 1915, pp. 104 ss.
[35] *Ibid.*, p. 105.
[36] F. Portugal, "O problema judaico no reinado de D. Manuel", separata de *Armas e Troféus*, Braga, 1975, pp. 15-16.

chrisptaaos nouos antre homens e molheres e mjninos cruelmente dizendo que eram judeus e hereies e piores e roubarom mujto que foy mal". Acrescenta, ainda, o escriba, à guisa de conclusão: — "No qual tempo era gram pestilencia em Lixboa e per muitos lugares de Portugal e dali auante mujto mais o foe em dobro na cidade e os fedores e maaos aares corrutos",[37] dando assim a entender que após a matança dos conversos o castigo divino redobrara sobre os pecadores cristãos.

Com o massacre de 1506 termina a série de violências consubstanciadas nos movimentos sociais anti-judaicos. Assistimos, com efeito, ao longo de mais duma centuria, ao desenrolar de convulsões, que ora em estado latente, ora dum modo violento, se abateram sobre os judeus. Parece-nos justo poder sublinhar que a ação protetora dos monarcas portugueses impediu o aparecimento de maiores surtos de violência. Pressente-se, contudo, a existência dum ambiente de animosidade, que contrariando as normas de boa convivência entre as comunidades, era suscetível de provocar reações de ódio e de intolerância. Não nos parecendo comparável a situação portuguesa com a dos restantes estados peninsulares, julgamos que mesmo assim se viveu no nosso país em ambiente de sobressalto, cujo agravamento se tornou mais acentuado no período situado entre 1481 e 1506, se exceptuarmos naturalmente a erupção anti-judaica verificada em 1449.

[37] Arquivo Distrital do Porto, *Convento de Nossa Senhora da Conceição (Matosinhos)*, nº 3.

LOS CANCIONEROS CASTELLANOS DEL SIGLO XV COMO FUENTE PARA LA HISTORIA DE LOS JUDÍOS ESPAÑOLES

Cristina Arbós

Los textos literarios pueden ofrecernos datos de gran importancia, para una Historia basada no sólo en los archivos históricos, en los legajos de las Cortes, o en las crónicas de la época, sino también en la obra del escritor, del poeta, del "artista consciente"[1] que junto con su subjetividad manifestará las opiniones colectivas de la sociedad en la que se mueve o al menos de parte de ella.

En una de estas fuentes, los Cancioneros castellanos del siglo XV, vamos a apoyarnos para la obtención, o corroboración, de algunos aspectos históricos sobre los judíos españoles partiendo de la opinión de que la literatura es un vehículo expresivo de las preocupaciones socio-históricas de cada época.

La producción satírica de los Cancioneros es sumamente importante, desde el punto de vista histórico, porque en ella se refleja la vida de Castilla y su compleja sociedad y, además, porque la sátira político-social es una "literatura de ataque a figuras gubernativas o acontecimientos de la vida política"[2] y de crítica a unas clases o costumbres determinadas. El siglo XV ofrece una producción fecunda en obras de este tipo: la debilidad de los monarcas, el poder de los nobles y privados, la creciente importancia de la clase burguesa se refleja en muchas de las composiciones de la época. A todo esto se unirá un nuevo elemento que añadirá a la sociedad hispánica un aspecto más de

---

[1] J. Rodríguez-Puértolas, *Poesía de protesta en la E.M. castellana*, Madrid, 1968, p. 21.

[2] K. Scholberg, *Sátira e invectiva en la España medieval*, Madrid, 1971. Para lo relacionado con la literatura satírica y Cancioneros es imprescindible consultar este libro.

intranquilidad: la presencia de los conversos en el cuerpo social peninsular. Es en el siglo XV cuando se agudiza el "problema judío" precisamente a causa de las conversiones, forzadas o voluntarias, de grandes masas de población, primero en 1391 como resultado de la actuación del Arcediano de Ecija, Ferrand Martínez, y de los motines antijudíos de aquel año ("eran tornados christianos los más Judíos que y eran"[3]); y las motivadas años mas tarde por las predicaciones de Vicente Ferrer.[4] Esta figura, tan estrechamente vinculada con el tema de las conversiones judías, aparece en dos poemas de Alvarez de Villasandino,[5] poeta sobre el que se especula su origen judío, que estando en Ayllón al amparo de la corte, dice: "que yo vine aquí Ayllón, / por oyr algunt sermón / del maestro fray Vyçente".

Las conversiones continuaron durante todo el siglo y las revueltas tuvieron un carácter anticonverso más que antijudío. Este hecho se refleja en la literatura: el paso de judío a converso en los temas literarios nos prueba la presencia de una clase nueva cuya existencia creará situaciones y problemas que no se habían planteado con anterioridad y que los autores habrán de manifestar en sus obras.

Los conversos se encontraron muy pronto en el primer plano de la vida pública. El pueblo los veía medrar y emparentarse con la aristocracia: "en quanto podían adquirir honra, oficios reales, favores de Reyes e señores, algunos se mezclaron con fijos é fijas de caballeros christianos viejos".[6] El poeta Gómez Manrique escribió unas "Coplas para el señor Diego Arias de Avila",[7] en las que el autor ataca directamente los abusos de poder representados en Diego Arias y le advierte sobre lo que será su futuro: "que este mundo falaguero es syn dubda / pero mas presto se muda / que febrero". Diego Arias, comerciante y especiero bajo el reinado de Juan II y más tarde secretario y contador de Enrique IV, figura como uno de los personajes conversos de la corte ferozmente atacados en las "Coplas del Provincial", obra anónima que

---

[3] P. López de Ayala, *Crónica de Enrique III*, BAE, vol. LXVIII, cap. XX, p. 177.
[4] Andrés Bernáldez, *Crónica de los Reyes Católicos*, BAE, vol. LXX, cap. XLIII, pp. 598-599.
[5] *Cancionero castellano del siglo XV*, ed. Foulché-Delbosc, Madrid, 1912-1915, poemas n° 658 y 719, pp. 345 y 394-395.
[6] A. Bernáldez, *op. cit.*, cap. XLIII, p. 599.
[7] *Cancionero castellano...*, vol. II, poema n° 377, pp. 85-91.

refleja los últimos años del reinado de Enrique IV: "A ti, fray Diego Arias, puto / que eres y fuiste judío, / contigo no me disputo, / que tienes gran señorío: / águila, castillo y cruz / dime de dónde te viene, / pues que tu pija capuz / nunca la tuvo ni tiene".[8] En las "Coplas de la Panadera" aparece un "segundo contador" que ha sido identificado como Diego Arias de Avila. Las coplas ofrecen una crítica sarcástica contra los dos bandos participantes en la batalla de Olmedo: "Vi sentado en una estera / al segundo contador, / hablando como doctor, / vestido como partera".[9]

En estas mismas coplas figura también Fernán López de Saldaña, nombrado contador mayor de Juan II "a suplicación de su Condestable", don Alvaro de Luna, en el año 1429 y que, según consta en la "Crónica de Don Alvaro de Luna" de Gonzalo Chacón, el rey "lo mandó prender" nueve años más tarde "e fue brevemente suelto; porque no se falló non ser verdad lo que de él se avía dicho".[10] Esto dicen de él las coplas: "tomando yegua ligera / con mayor miedo que saña, / Fernán López de Saldaña, / más negro que una caldera".[11] También tomaba parte en la batalla "maguer amarillo y seco, / el gran hidalgo Pacheco".[12]

Pero volvamos a las "Coplas del Provincial". El pretexto argumental — la llegada de un provincial a un convento (la corte) para castigar a monjas y frailes (la nobleza) — le sirve al autor para atacar y difamar ferozmente a las personas influyentes de la corte. Los insultos van desde las aberraciones sexuales, la cobardía y la afición al juego hasta el uso excesivo de afeites. Pero uno de los temas básicos es el de la estirpe judía de los cortesanos, el deseo de desacreditar a todos aquellos miembros de la clase dirigente que tuvieran antepasados hebreos: Juan de Rojas, señor de Cabra y Monzón, "el de Rojas / cuya es Cabra, / . . . el rabí de boticario, / denuesto de castellanos"; Alvaro Pérez de Orozco, "por ser de los de Faraón / en la nariz te conozco, / y es tan grande que me asombra, / y a los diablos del infierno"; Juan de

---

[8] Rodríguez-Puértolas, *op. cit.*, copla n° 31, p. 219.
[9] *Ibid.*, copla n° 31, p. 219.
[10] *Crónica de Don Alvaro de Luna* de Gonzalo Chacón, ed. J. de Mata Carriazo, Madrid, 1940, p. 148.
[11] Rodríguez-Puértolas, *op. cit.*, p. 200.
[12] *Ibid.*, p. 204.

Estúñiga, "que no niega ser converso"; Pedro Girón, acusado de sodomía; Juan de Valenzuela, prior de San Juan: "a Jesú en cruz de metal / yo le raí las entrañas", presentándole como deicida acusa su condición de converso, hecho muy frecuente como veremos después; Alvar Gómez de Castro "que da de continuo a logro"; Juan Gómez de Zamora, fiscal del Consejo Real, "ha mandado el Provincial / que vos salgáis con la ley"; Hernando de Tovar, "que su padre era confeso / el Provincial le decía"; Diego de Llanos, "de linaje de marranos"; Pedro Méndez "que el un cuarto es de marrano / y los tres de sodomía" son algunos de los personajes que desfilan por las "Coplas del Provincial".[13]

Estas coplas tuvieron un efecto funesto pues las numerosas copias que al parecer circulaban sirvieron de testimonio para los tribunales inquisitoriales. Incluso hubo un "Provincial Segundo" en el siglo XVI que añadió referencias a personajes de esta época.

Y en el capítulo de notables no podemos dejar de mencionar las coplas que escribió el funcionario converso y poeta, Juan Alvarez Gato, con motivo de la prisión ordenada por el rey de Pedro Arias, contador mayor — como su padre Diego Arias — en la corte de Enrique IV. Por este suceso, ampliamente relatado en la "Crónica de Enrique IV", de Alonso de Palencia, junto con sus consecuencias,[14] la familia Arias retiró su favor al rey apoyando entonces el bando del príncipe Alfonso. Alvarez Gato critica la actuación del rey "porque era muy notorio" que Pedrarias "le fue gran seruidor": "No me culpes en que parto / de tu parte, / . . . Que cossa pareçe fuerte / de seguir, / quien remunera servir / dando muerte; / . . . Lo que siembras hallaras / no lo dudes".[15] Es este un caso de apoyo a un converso de la vida pública que no suele ser frecuente en los textos literarios del momento, a excepción de la familia de los Santa María.

Muy contraria es la postura de Juan de Dueñas, poeta en la corte de Juan II, que veía en los conversos encumbrados en la corte un peligro para su propia clase, la de los hidalgos y nobles menores. Dueñas

---

[13] *Ibid.*, pp. 216-224.
[14] Alonso de Palencia, *Crónica de Enrique IV de Castilla*, Madrid, 1973, BAE, vols. 257-278, tom. I, pp. 189 ss.
[15] *Cancionero castellano* . . . , vol. I, poema n° 93, p. 243.

77

aconseja al rey que no otorgue "merced ni bienes en suerte, / quanto mas a los conversos, / de los buenos mas adversos / que la vida de la muerte".[16] Un consejo viejo a nuestros oídos, ya que en el siglo XIV, el autor del "Libro del Cavallero Zifar" dedica un capítulo entero a prevenir "De commo se deuen guardar los reys de poner sus fechos en poder de judíos" y dice: "por el mío consejo nunca vos meteredes en su poder nin los creeredes de consejo, por dones que vos den nin enprestido que a vos fagan, ca non vos fallaran lealmente, ca non les viene de natura".[17]

Veamos ahora que dicen los Cancioneros del converso como clase inmersa en la sociedad española.

A otro Diego Arias, nieto del ya mencionado, dirigió Rodrigo Cota su famoso epitalamio burlesco. El autor, miembro de la familia conversa de los Cota de Toledo, al parecer resentido porque sus parientes no le habían invitado a una boda, hace una burla — a través de los personajes del poema — sobre sus orígenes judíos, acusándoles al mismo tiempo de judaizar. El poema nos ofrece una amplia visión del mundo de los criptojudíos o marranos: los antepasados del novio, "de un agüelo Avenzuzén / y del otro Abenamías, / de la madre Sophomías, / del padre todo Cohén"; el padre de la novia, personaje más violentamente atacado del poema, es "un huerco baratero / que vende fongos y salsa; / del lodo haze dineros, / vende jerapliega falsa", "negro arrendador de çiençia"; el novio era también "arrendador de cohecho", oficio, como se ve y veremos más adelante, muy común entre judíos y conversos; la descripción de la boda alude a las prescripciones del kashrut y a las comidas típicamente judías: "En la boda de esta aljama / no se comió peliagudo, / ni pescado sin escama, / ... sino mucha berengena, / y açafrán con acelguilla".[18]

Las alusiones a usos y costumbres judías son en esta época más frecuentes que en la poesía de los siglos anteriores quizá debido, por un lado a que la presencia de judíos y conversos en los diferentes círculos de la sociedad es ya un hecho corriente con el paso del tiempo y sus

[16] F. Vendrell Gallostra, "La posición del poeta Juan de Dueñas respecto a los judíos españoles de su época", *Sefarad* XVIII (1958), p. 110.
[17] *Libro del Cavallero Zifar*, ed. Univ. Michigan (1929), cap. 155, pp. 329-334.
[18] *Cancionero castellano . . .*, vol. II, poema n° 967, pp. 588-591.

usanzas serían generalmente conocidas entre los cristianos viejos, por otro el hecho de que un número importante de los poetas del siglo XV eran ellos mismos conversos y por último que la finalidad de muchos de los poemas es el ataque a conversos o entre conversos y por tanto los temas más utilizados serían precisamente sus actividades cotidianas. *Comidas*: "que comiendo una adafina / entró a su casa el odrero"[19]; "se dize que la tornaste / caçuela con berenjena"[20]; "os haré comer de boda, / . . . adafina de ansarón, / que cozió la noche toda, sin tocino". *Circuncisión*: "os dó esta doble quebrada / que es razón que al retajado / que ge la den retajada. / Y no os espantés, grossero, / poeta Juan taraví / pues que le hizo el platero / lo que a vos hizo el rabí". El acusado de circunciso es Juan Poeta o Juan de Valladolid, converso, a cuyo nombre — junto con el de Antón de Montoro — van asociadas gran parte de las contiendas poéticas de la segunda mitad del siglo XV. *Sábado y otras fiestas judías*: "el sábado no vos vi / que estovistes encerrado / en oración ocupado"; "y el sábado os açotaron, / sabiendo que lo guardastes". En ambos se alude al mismo Juan Poeta. También se mencionan el sábado, el Yom Kippur y la fiesta de Cabañuelas en unas coplas de Román contra el ropero Antón de Montoro, coplas que revelan una gran familiaridad del Comendador con los hábitos judíos: "trobar también en guardar / el sabad con vuestros tíos", "trobar en comer cenceño / la fiesta de cabañuelas", "trobar estar encerrado / el buen ayuno mayor / con lágrimas y dolor".[21] *Léxico*: es este un tema que por su importancia requiere un trabajo aparte pero no quiero pasar por alto su mención por breve que sea. Si bien las citas acerca del sábado fueron igualmente numerosas en épocas anteriores, la utilización de términos hebreos es más frecuente en los Cancioneros del siglo XV. Un poema de fray Diego de Valencia "contra un converso de León que se llamaba Juan de España" reúne, por poner un ejemplo, gran número de palabras hebreas: "adonay", "cohenim", "sofar", "milá" son algunos de los vocablos, estudiados minuciosamente por el profesor Cantera Burgos.[22] El poeta Villasandino también se muestra fami-

---

[19] *Ibid.*, vol. II, poema n° 967, p. 589.
[20] *Cancionero de Obras de Burlas provocantes a risa*. Madrid, 1974, p. 72.
[21] *Ibid.*, pp. 238, 158, 74, 89, 105 y 107 respectivamente.
[22] F. Cantero Burgos, "El Cancionero de Baena: judíos y conversos en él", *Sefarad* XXVI (1967), pp. 97-101.

liarizado con el léxico hebreo en alguno de sus poemas de claro tinte antijudío, como los que dirigió a "Alfonso Ferrandes Semuel": "mesumad", "ssamaz", "homaz", "çedaqua", "tefyla", son términos por él utilizados.[23] En cuanto a su *aspecto físico*, "tienes el cuerpo de taco / la presencia de judío/... la nariz de maestre yuça";[24] hay unos versos que aluden a la condición de converso del Duque de Medinasidonia, "essotro de Gibraltar", por "su tartamudear".[25]

Pero lo que más llama la atención a los poetas son las ropas usadas generalmente por los judíos: "gramaya", "capirote", "tavardo", "chía", etc. Aquí habría que señalar un hecho que se repite con alguna frecuencia: al tiempo que el autor describe lo que según él sería característico en el aspecto exterior de un converso, sus ropas, refuerza la imagen con la alusión a las señales coloradas que debían llevar los judíos para ser distinguidos: "una chapa en el sombrero / muy redonda bien cosida. /. . . ella se tornó de paño / colorado, muy estraño";[26] "destas señales nombradas / no declaró su blasón, / por quanto por la razón, / sacareys ser coloradas".[27]

Las acusaciones de explotación económica lanzadas antes contra los judíos[28] no hicieron sino trasladarse a hombros de conversos apoyándose en el hecho de que los cristianos nuevos seguían dados a las usuras y a los logros ("judío, çafio, logrero"),[29] seguían administrando el fisco y practicando los oficios relacionados generalmente con la economía ("que vuestro predeçesor / trobador / era de fynos cohechos, / y de las rentas y pechos / y derechos / un alto pregonador").[30] Otros oficios frecuentemente desempeñados por judíos y conversos eran los de sastre, ropero, pregonero, especiero, etc., como es bien conocido. De ello se hace eco en los Cancioneros: "yo hallé en la costanilla / vuestro

---

[23] *Cancionero castellano. . .* , vol. II, poemas n° 702-704, pp. 384-385.
[24] *Ibid.*, vol. II, poema n° 386, pp. 98-99.
[25] *Cancionero de Burlas...*, p. 31, nota n° 4.
[26] *Ibid.*, pp. 74-75.
[27] *Cancionero castellano . . .* , vol. II, poema n° 414, p. 130.
[28] C. Arbós, "Los judíos en la literatura medieval española (ss. XIII-XIV): los judíos y la economía; protecciones y privilegios", *Actas de las Jornadas de Estudios Sefardíes*, Cáceres, 1980.
[29] *Cancionero de Burlas . . .* , pp. 110-112.
[30] *Cancionero castellano . . .* , vol. II, poema n° 414, p. 130.

padre pregonando, / . . . muy cargado de jubones, / calças viejas y calçones",[31] "o a lo menos, pregonero, / que me viene de linaje".[32]

Estos argumentos de explotación económica, que a decir verdad suelen ser más explícitos en las obras en prosa y que en poesía utilizó de modo insuperable Pero López de Ayala en el siglo anterior,[33] se mezclan con otros puramente religiosos. Uno de ellos, repetido hasta la saciedad, es el de ser el pueblo "deicida". Los ejemplos son numerosísimos y sólo citaré un par de ellos: "porque el linaje que es visto / . . . que pudo con Jesuchristo";[34] "aquel que vosotros así deshonrastes, / aquel azotado, que crucificastes".[35]

Algunos de los acontecimientos políticos de importancia para la Historia de los judíos aparecen en los Cancioneros mezclados a veces con las críticas a personajes de la corte, como vimos en las coplas dedicadas a la familia Arias o en la alusión a los conversos refugiados en Gibraltar tras las revueltas en Andalucía a través de la mención del Duque de Medinasidonia. Estos tristes sucesos que azotaron Andalucía provocaron una protesta de Antón de Montoro ante el rey en la que describe la situación de Carmona en el año 1474: "¡Si vierais el sacomano / De la villa de Carmona, / . . . Si vuestra Alteza mirara / El corazón vos manara / Lágrimas de gran piedad!".[36] Montoro, que había gozado de la protección de Alonso de Aguilar le dirige una serie de alabanzas y le compara con Moisés, "no ficiera más Moisén / cuando por el mal Rubén / los sacó del captiverio", aunque, según Scholberg, estas alabanzas son tan excesivas como ambiguas y por lo tanto irónicas.[37] El mismo Montoro — ya en su vejez — dirigió un poema a la reina Isabel sobre las malas condiciones y las dificultades que atravesaban los conversos: "setenta años que naciste / . . . oir misas y rezar / . . . y nunca pude matar este rastro de confeso / . . . esta muerte sin sosiego, / cese ya por tu piedad / y bondad . . . / hasta allá

[31] *Cancionero de Burlas* . . . , p. 120.
[32] *Ibid.*, p. 92.
[33] P. López de Ayala, *Rimado de Palacio*, BAE, vol. LVII, pp. 433 ss.
[34] *Cancionero de Burlas* . . . , p. 99.
[35] *Cancionero castellano* . . . , vol. I, p. 446.
[36] *Cancionero de Antón de Montoro (el Ropero de Córdoba), poeta del s. XV*, ed. Cotarelo y Mori, Madrid, 1900, n° 33.
[37] Scholberg, *op. cit.*, pp. 314-315.

por Navidad, / cuando sabe bien el fuego".[38] Insiste Montoro en su comportamiento externo de cristiano y protesta contra una sociedad que no lo acepta a pesar de ello. Pasa después a pedir a la reina su compasión, pero no puede evitar — en los dos últimos versos — un rasgo de humorismo amargo en el que parece mostrar su desconfianza en otra solución que no sea el fuego de la Inquisición. La idea de fuego va íntimamente ligada con la Inquisición en los Cancioneros: "parad mientes lo que hablo: / que vos reconcilieis luego / no vos emprenda este fuego", le aconseja Ribera a Juan Poeta;[39] o en este otro de Román al Ropero: "que mis trobas llevan fuego / que es peor que de alquitrán, / con que luego os quemarán".[40]

El hecho histórico definitivo para la Historia de los judíos medievales españoles, la expulsión decretada por los Reyes Católicos, también aparece en los textos poéticos de la época: "Estos hicieron con su providencia / salir de sus reynos la gran Judería; / quebraron las manos de la tiranía / de tiempo de marras, con sana conciencia, / y más sobre todo la gran Heregía".[41]

A partir de la expulsión y tras las actividades constantes de los tribunales inquisitoriales el tratamiento del tema judío-converso en la literatura habrá de cambiar forzosamente. No parece lógico que nadie se atreva a mencionar su linaje judío, como era frecuente entre los poetas de este siglo, ni siquiera creo abunden las alusiones de este tipo referidas a otras personas, pero lo que si se puede afirmar es que no desaparecieron como puede deducirse de la lectura de nuestros clásicos.

[38] *Cancionero de Montoro* . . . , n° 36.
[39] *Cancionero de Burlas* . . . , pp. 120-121.
[40] *Ibid.*, p. 104.
[41] *Cancionero castellano* . . . , p. 355.

ELEMENTOS ÉTNICOS E HISTÓRICOS EN LAS RELACIONES JUDEO-CONVERSAS EN SEGOVIA

Eleazar Gutwirth

El tema de las relaciones entre judíos y conversos viene atrayendo cierta atención ya desde el siglo xv. Poetas como Juan de Dueñas, Pedro Manrique, Antón de Montoro, Rodrigo Cota, insistieron a menudo sobre el tema del judaísmo y la proximidad a los judíos de los conversos que eran blanco de su invectiva satírica.[1] Los cronistas, al describir las luchas civiles de los años 60 y 70 o al justificar el establecimiento de la Inquisición, también se refieren al judaísmo de los conversos.[2] Los inquisidores mismos, por supuesto, se interesaron por el tema y la orden de expulsión mencionó la proximidad de judíos

[1]   F. Vendrell, "El poeta Juan de Dueñas y los judíos españoles", *Sefarad* XVIII (1958), pp. 108-113; idem, "Retrato irónico de un funcionario converso", *Sefarad* XXVIII (1968), pp. 40-44; A. Augusto Cortina (ed.), *Jorge Manrique, Cancionero*, Apéndice Tercero: versos de Pedro Manrique, Madrid, 1975, pp. 121-135; F. Cantera Burgos, *El poeta Rodrigo Cota y su familia de judíos conversos*, Madrid, 1970, Apéndice I, Edición del Epitalamio burlesco, pp. 111-129; Apéndice II, Antón de Montoro a unas coplas que hizo Rodrigo Cota de Maguaque, pp. 131-141; cf. también K. Scholberg, *Sátira e invectiva en la España medieval*, Madrid, 1971. Para paralelos portugueses se puede consultar P. Teyssier, *La langue de Gil San Vicente*, París, 1959, especialmente pp. 219 ss. Cf. también F. Cantera, "El cancionero de Baena: Judíos y conversos en la poesía cortesana del s.xv", *Hispanic Review* XLIV (1976), pp. 371 ss.

[2]   Cf. e.g. las observaciones de Baer sobre la actitud de los cronistas en *A History of the Jews in Christian Spain*, vol. 2, Philadelphia, 1966, pp. 303, 490, n.6; cf. también F. Cantera, "Fernando del Pulgar y los Conversos", *Sefarad* IV (1944), pp. 295-348; J. B. Avalle Arce, *El Cronista Pedro de Escavias*, Chapel Hill, 1972, cap. 37 puede servir para demostrar que las luchas civiles podían ser descritas sin mucha mención de las relaciones judeo-conversas. Cf. en cambio el *Memorial de Diversas Hazañas* de Diego de Valera, *BAE* 70, Madrid, 1953, cap. 83, p. 78. Una posible explicación de los determinantes de las actitudes de los cronistas en mi "Jews in xvth c. Castilian Chronicles", (en prensa, *JQR*).

y cristianos nuevos como su justificación principal.[3] El problema es de interés también para la historiografía moderna donde sigue el debate acerca del judaísmo o grado de judaísmo de los conversos y de lo amigable o no de sus relaciones. En Amador de los Ríos, por ejemplo, se nota una tendencia a atribuir corrientes anti-judaicas en la España del siglo xv a los conversos.[4] Ch. Lea creía que los conversos abrigaban una animosidad especial hacia aquéllos de sus antiguos correligionarios que se habían mantenido firmes en su fe, animosidad que caracterizaba tales relaciones aun antes del siglo xv.[5] Otros, en cambio, han tratado de subrayar la medida en que la mentalidad conversa se sustentaba de actitudes tradicionales judías. Esto a tal punto, que se ha tratado de ver obras literarias castellanas dentro del marco de antecedentes judíos tales como el Talmud, la 'Obligación de los corazones', o las obras de Maimónides.[6] Estudios más recientes sin embargo, han tratado de evitar generalizaciones de tan amplia escala y han tratado de concentrarse en áreas más locales y precisas. A título de ejemplo se pueden mencionar los de Beinart sobre Ciudad Real y Trujillo,[7] o los de Carrete acerca de Huete,

---

[3] Para el texto del edicto cf. P. León Tello, *Judíos de Avila*, Avila, 1963, pp. 91-95; otros edictos en H. Beinart, "The expulsion of the Jews of Valmaseda", *Zion* XLVI (1981), pp. 39-51 (Hebreo). Para la importancia de las relaciones judeo-conversas en el pensamiento del círculo del cual emana el edicto cf. M. Kriegel, "La prise d'une décision: L'expulsion des Juifs d'Espagne en 1492", *Revue Historique* CCCXLI (1978), pp. 49-90, 80 n.125.

[4] J. Amador de los Ríos, *Historia Social, Política y Religiosa de los Judíos de España y Portugal*, (reimpresión Aguilar) Madrid, 1960.

[5] Ch. Lea, *A History of the Inquisition of Spain*, New York, 1906/7, vol. 1, pp. 113-115. Otros ejemplos de historiadores que subrayan la animosidad entre los dos grupos: B. Netanyahu, *The Marranos of Spain*, New York, 1973; S. Haliczer, "The Expulsion of the Jews", *American Historical Review* LXXVIII (1973), pp. 35-62, considera a los conversos factor importante de la expulsión.

[6] Cf. e.g. F. Márquez Villanueva, *Investigaciones sobre Juan Alvarez Gato*, Madrid, 1960; Ch. Fraker, *Studies on the Cancionero de Baena*, Chapel Hill, 1966; J. B. Avalle Arce, *Temas Hispánicos medievales*, Madrid, 1974; M. R. Lida de Malkiel, *Juan de Mena*, México, 1950.

[7] H. Beinart, *Records of the Trials of the Spanish Inquisition in Ciudad Real*, 3 vols. Jerusalem, 1974-1981; idem, *Trujillo. A Jewish Community in Extremadura on the Eve of the Expulsion from Spain*, Jerusalem, 1980.

Cobena y Salamanca.[8] O sea, que el tema de las relaciones entre judíos y conversos a nivel local tiene ya ciertos antecedentes.

El caso de Segovia en la segunda mitad del siglo xv, sin embargo, tiende a rebasar los límites estrictamente locales. La consabida afición a la ciudad por parte de Enrique IV, las implicaciones estratégicas del Alcázar y el tesoro, nos dan una pauta de su importancia en el reino de Castilla. También dentro de las aljamas se distingue Segovia. Guadalajara y Zamora podían enorgullecerse de sus imprentas y sus sabios, Avila se distinguía por su mayoría no cristiana, pero el verdadero poder administrativo, político y económico de las aljamas parece haberse concentrado en Segovia. R. Joseph ibn Shem Tov, Jaco aben Nuñez, Abraham Seneor, Meir Melamed eran vecinos, y también lo eran algunos de los más ricos financieros y arrendadores de la segunda mitad del siglo xv, cuya red de recaudadores y factores se extendía desde Oviedo y León hasta Utrera, Llerena y Jerez en el Sur.[9] Tentativas centralizadas de ayuda mutua tales como la redención de cautivos judíos en la guerra contra Granada o los esfuerzos por impedir la expulsión de los judíos de Valmaseda, recientemente

---

[8] Cf. e.g., C. Carrete Parrondo, "Fraternization between Jews and Christians in Spain before 1492", *American Sephardi* IX (1978), pp. 15-21; idem, "Cobeña: aljama castellana en los albores de la expulsión", *Proceedings of the Sixth World Congress of Jewish Studies*, vol. 2, Jerusalem, 1975, pp. 71-76; idem, *Fontes Iudaeorum Regni Castellae I, Provincia de Salamanca*, Salamanca, 1981; cf. Y. Moreno Koch, "La comunidad judaizante de Castillo de Garci Muñoz 1489-92", *Sefarad* XXXVII (1977), pp. 351-371.

[9] He tocado el tema de la judería de Segovia en *Social Tensions within XVth Century Hispano-Jewish Communities*, Ph. D. Thesis, University of London, 1978. Cf. J. A. Ruiz Hernando, *El barrio de la aljama hebrea de la ciudad de Segovia*, Segovia, 1980. Algo sobre los judíos de Segovia hay en A. Represa, "Notas para el estudio de la ciudad de Segovia en los siglos XII-XIV", *ES* I (1949), pp. 273 ss. Sobre los conversos cf. e.g. M. Bataillon, "Les nouveaux chrétiens de Segovie en 1510", *Bulletin Hispanique* LVIII, 2 (1956), pp. 207-231; Marqués de Lozoya, "Andrés Laguna y el problema de los conversos segovianos", *Collected Studies in Honour of Americo Castro's 80th year*, ed. M. Hornik, Oxford, 1965, pp. 311-316; L. Fernández, *Juan Bravo*, Segovia, 1981.

documentados por Beinart,[10] también se basaban geográficamente en Segovia. Tampoco puede negarse la influencia sobre la comunidad judía en la ciudad, de la concentrada presencia de un grupo de poderosas familias conversas en las que hay que incluir sin duda a la dinastía fundada por Diego Arias, una de las más obvias y visiblemente influyentes. A pesar de que aun no parecen haberse hallado los libros de testimonios tomados por la Inquisición de Segovia de 1486 en adelante, se ha conservado el legajo manuscrito del proceso contra Juan Arias Dávila (1436-1497), obispo de Segovia, y su familia, especialmente sus padres Diego Arias Dávila (m. 1466) y Elvira Gonçález (m.c. 1460).[11] El legajo contiene abundante y valiosa información que ha sido usada ya, aunque muy parcialmente, por Tarsicio de Azcona, Luis Felipe de Peñalosa (por intermedio de Alice Gould), Cantera, Carrete y el autor de este trabajo.[12] En las líneas que siguen, trataremos de sugerir ciertas preguntas que se pueden hacer a esta evidencia inquisitorial y que difieren un tanto de los móbiles que determinaron el interés principal de quienes se han encarado con esta documentación desde el siglo xv. O sea, que lo que interesa aquí no es tanto la medida del judaísmo de los conversos, objetivo de los interrogatorios inquisitoriales, sino el precisar los focos de relación entre los dos grupos que, pese a todo, difieren lo suficiente como para distinguirlos el uno del otro, aunque sea sólo por su posición fiscal, legal, posibili-

---

[10] Cf. *op. cit.* (n.3). Sobre el rescate de los cautivos de Málaga cf. C. Carrete Parrondo, "El rescate de los judíos malagueños en 1488", *Actas I Congreso de historia de Andalucía*, vol. 2 (1978), pp. 321-327; M. A. Ladero Quesada, "Dos temas de la Granada Nazari", *Cuadernos de Historia* III (1969) e idem, "La esclavitud por guerra a finales del s. xv: el caso de Málaga", *Hispania* CV (1967), pp. 63-88.

[11] Sobre ellos v. Diego de Valera, *Memorial* (cf. n.2), pp. 15, 16, 32, 34; Alfonso de Palencia, *Crónica de Enrique* IV, ed. M. Paz y Meliá, *BAE* 257, Madrid, 1973, t.1, lib. 11, cap. 5, pp. 39 ss. M. Serrano y Sanz, *Orígenes de la Dominación Española en América*, Madrid, 1918, p. cclxv; Coplas del Provincial, ed. Foulché Delbosc, *Revue Hispanique* V (1898), pp. 257-266; Y. Baer, *A History*, vol. 2, pp. 283, 493 n.27; J. M. Azáceta, *Cancionero de Juan Fernández de Ixar*, vol. 1, Madrid, 1956, nº viii, vol. 2, nº xliv, pp. 477 ss. y 490.; cf. también Alvarez Rubiano, *ES* I (1949).

[12] L. F. de Peñalosa, "Juan Bravo y la familia Coronel", *ES* I (1949). C. Carrete, "La hacienda castellana de Rabbi Meir Melamed (Fernán Núñez Coronel)", *Sefarad* XXXVII (1977), pp. 339-349, n. 15; F. Cantera, *El poeta Pedrarias Dávila y Cota*, Madrid, 1971.

dad de acceso a ciertas jerarquías (por ejemplo la eclesiástica), etc. Pues si bien ha declarado Baer en una ya famosa frase que "los conversos y los judíos formaban un pueblo, unido por lazos de religión, destino y esperanza mesiánica..."[13] no cabe duda que los lazos que los unían se extendían a otras áreas, las cuales si bien son menos dramáticas que el destino y el mesianismo, puede que sean no menos interesantes para el historiador que desea reconstruir la realidad social de un lugar en un período determinado. Algunos de estos lazos pertenecen a los más básicos y elementales componentes de la etnia: la familia, el idioma, el humor.

Familia

La importancia de la familia en las sociedades preindustriales no necesita subrayarse; cabe señalar que en Segovia la familia representaba un foco importante y documentable de las relaciones judeo-conversas. Así el 3 de febrero de 1486, maestre Gerónimo testifica contra Diego Arias, diciendo entre otras cosas que "...en aquel tiempo estaban en su casa una hermana judia del dicho diego arias...".[14] Otro testimonio se refiere al regalo de "manto y aljuba" que Diego Arias había ordenado dar a su hermana "al tiempo que ella se obo de hir de aqui de su cassa del dicho diego arias".[15] Puede que valga la pena tratar de investigar si las relaciones agnaticias que caracterizaron la sociedad mediterránea y judía de otra época tienen cierta continuidad en España entre los judíos, pero lo cierto es que las relaciones hermano-hermana no constituían el único foco de las relaciones judeo-conversas. El 1 de febrero de 1486 decía Ysabel de Buyca "que habia sido de lucia gonçalez ... que cuando la mujer del maestre ysaque, judia, hermana de la mujer de diego arias fallecio... pasando la dicha lucia gonçalez por la juderia que benia de hurdir una tela, como sabia la casa donde abia fallescido la dicha judía e que era hermana de la muger de diego arias, con quien ella tenia grande

---

[13] V. Baer, *A History*, vol. 2, pp. 424 ss.
[14] Archivo Histórico Nacional, Madrid, Inquisición, Legajo Lib. 1, fol. 233, 3/2/1486.
[15] Lib. 6, fol. 1880. Su nombre era doña Cinha de Avila. Cf. Baer, *Die Juden im christlichen Spanien*, vol. II, nº 358, 5/8/1486: doña Cinha de Medina del Campo.

amistad allegose a la puerta, de que bio ruido dentro, e miro tras la puerta e bio a la dicha primera muger de diego arias, madre del obispo, sentada abajada la cabeza e de que bio enpeso arrenir con ella diciendole que si era judia o cristiana o porque facia aquello y ella le respondio que de que era su hermana y su sangre abia ido alli..."[16] María, mujer de Pedro de Río Frío, que vivía "a la collacion de Santa Olalla", también en Segovia, dice, el 11 de marzo de 1486, "que fuera un dia a acompañar a la muger de diego arias contador que fue a la juderia a una boda de una sobrina suya judia e la dejo alla e esta era la madre del obispo de Segobia juan arias".[17] Jaco Lumbroso, estando en la cárcel de la Inquisición, confiesa, entre otras cosas, que los sobrinos de la mujer de Diego Arias le llevaban adefinas los sábados y le decían la oración.[18] Marina Gonçález, sirvienta de Elvira Gonçález, dice en 1486 que "vido este testigo ansi mismo muchas fiestas de los judios estar judios y judias parientes de la dicha difunta estar en su casa e que este testigo le dixo un dia que porque no facia que se tornassen christianos e que ella respondio que sino abian de ser buenos que mejor se estaban en su ley..."[19]

Si bien se ha sostenido que las conversiones y la Inquisición destruyeron los lazos familiares, la evidencia aducida indica que deben matizarse tales generalizaciones y que en Segovia, especial pero no únicamente en el caso de los Arias Dávila y su "clan", estos lazos se mantuvieron y formaron una de las bases de las relaciones entre judíos y conversos.

Humor

Otro lazo, que no pertenece substancialmente a la categoría de religión o mesianismo sino más bien a la de mentalidad compartida, es el humor. No se trata aquí del "humor negro" al que se refería Castro,[20] ni al hecho de que tantas de las obras satíricas anónimas del siglo xv se hayan atribuído a plumas de conversos. Tampoco se trata

[16] Lib. 1, fol. 91, 1/2/1486.
[17] Lib. 2, fol. 490, 11/3/1486.
[18] Lib. 3, fol. 699, 6/12/1487.
[19] Lib. 1, fol. 176, 13/2/1486.
[20] A. Castro, *España en su historia*, Buenos Aires, 1948, p. 569, n.1.

de la tradición de "humoristas" judíos representada por los bufones y menestrales judíos en las cortes de reyes y nobles españoles desde Alfonso x hasta el judío Alegre, bufón de los Reyes Católicos, aun si esta tradición fue continuada por satiristas tales como Davihuelo, del Cancionero de Baena o Antón de Montoro, el "ropero" de Córdoba.[21] Lo que se puede señalar es que judíos y conversos compartían la visión humorística de ciertas situaciones, visión que tendía a excluir al cristiano viejo. Este concepto de humor compartido como característica de una mentalidad, parece haber sido corriente y comprensible en la Segovia cuatrocentista: De un converso se dice que "era honbre de burla de christiano viejo".[22]

O sea que se conocía un tipo de humor que excluía al cristiano viejo. Moses Negro, judío de Medellín, solía narrar a menudo una anécdota que repitió ante la Inquisición en 1486: "juan de alcantara vecino a la collacion de san martin ... oyo decir a mosen negro, vecino de medellin, que subiendo un dia el dicho judio por la escalera en casa de diego arias, contador difunto, benia diciendo el dicho diego arias por la escalera abajo un berso del salterio en hebrayco e que el dicho judio le dixera abianme dicho que erades un hamor mas bien lo decis e quel dicho diego arias se riera e no le respondio otra cosa..."[23]

En este y en otros casos en los cuales se menciona específicamente la "risa" y la "burla", no cabe duda acerca de la existencia del humor como determinante de relaciones judeo-conversas. Es, en cambio, un tanto más difícil transmitir elementos más ambiguos aunque afines, tales como la ironía. Gonçalo Rodríguez del Río y Diego del Río, regidores de Segovia, solían compartir casa y sirviente, Antón Pércz, en Segovia. En 1490 Antón recordaba como durante la cuaresma, lo

---

[21] R. Menéndez Pidal, *Poesía juglaresca y juglares*, Buenos Aires, 1942, p. 146, para juglares judíos en la corte de Alfonso X; p. 83 para "Ismael tañedor de rota" juglar de Sancho IV; p. 58, para Bonafos, "judío juglar" de Carlos II de Navarra (1365); para el "jodio albardan del Rei que llamaban Alegre" en la corte de los Reyes Católicos, cf. Bernáldez, *Memorias*, cap. 32, ed. M. Gómez-Moreno y J. de Mata Carriazo, Madrid, 1962; Cf. Márquez Villanueva, "Jewish Fools of the Spanish Fifteenth Century", *Hispanic Review* L (1982), pp. 385-409.

[22] Archivo Histórico Nacional, Inquisición, *ibid.*, Lib. 7, fol. 1988, 23/3/1491.

[23] Lib. 2, fol. 407, 27/2/1486.

enviaban a la carnicería de los judíos a comprar carne kasher. Al hacerlo, la denominaban "pulpo del prado". La extrañeza del sirviente ante este epíteto y la diversión de los hermanos conversos ante ella, se disciernen con claridad entre las líneas de su inocente testimonio ante el tribunal de la Inquisición.[24] En otra ocasión, un judío le trajo un retablo a Diego Arias con el propósito de vendérselo. Al preguntarle el tratante a Diego Arias qué le parecía, "diego arias dixera mucho bueno es quemohen yhi yhu hocehem que quiere decir como ellos sean los que facen todo el que se enfrisa en ello". En este caso como en varios otros, el humor depende del conocimiento del contexto: los versos del psalmista que resultaban familiares a todo judío acostumbrado a la liturgia de los días festivos.[25]

La lengua

El uso del idioma hebreo por los conversos es otro elemento de enlace que mantiene la conexión entre judíos y conversos y que puede que merezca más atención que la que se le ha prestado hasta el momento. Algunos conversos habían aprendido el hebreo durante la infancia. Hiuce Galhon, tundidor, el 20 de marzo de 1486 "dixo que alonso diaz, esmelador difunto, le obo dicho que siendo niño aprendia hebrayco".[26] Ysaque Albaer, mercader, testifica el 28 de abril de 1486 acerca de Pedro de Alonso Arias que "le ova decir muchas palabras en hebrayco".[27] Francisco de Rosales testifica que "ha bisto fablar a pedro garcia de alonso arias muchas veces en hebrayco..." (26/12/1489).[28]

Puede que sea poco probable que judíos y conversos hablaran en hebreo entre sí, aunque existan fuentes similares de otras localidades, tales como los testimonios presentados ante el tribunal de la Inquisición en Guadalajara, acerca de Luis Alvarez, Diego de Medina, Francisco de García en que se afirma que hablaban en hebreo.[29] De todos

---

[24] Lib. 6, fol. 1893, 13/7/1490.
[25] Lib. 5, fol. 1464 (f. 26) 16/7/1489 y cf. Ps. 115/8. Para los Arias Dávila como patrones del arte cf. P. Alvarez Rubiano, *ES* I (1949), p. 371.
[26] Lib. 9, fol. 95, 20/3/1486, (f. 49a).
[27] Lib. 9, fol. 144, 28/4/1486 (f.50a).
[28] Lib. 6, fol. 1742 (26/12/1489).
[29] F. Cantera y C. Carrete Parrondo, "Las juderías medievales de Guadalajara", *Sefarad* XXXIV (1974), pp. 314, 315.

modos, el hecho de que conversos pudieran intercalar palabras
hebreas en el idioma vernáculo, creaba un lazo étnico entre los dos
grupos que, al mismo tiempo, los separaba de sus vecinos cristianos
viejos. Existe, sin embargo, un dato adicional que complica la cuestión, a saber: el uso del hebreo en la literatura castellana aun de
cristianos viejos, como se da en el Conde de Paredes, Rodrigo Manrique.[30] Pero en el caso de palabras hebreas de la liturgia, o palabras
que no son usuales en la sátira antijudaica, no hay razón para subesti-
mar la importancia del idioma como factor de cohesión social.

"Network"
Todo el que estudia documentos de la Inquisición, tropieza con lo
que parece ser un catálogo un tanto insulso de individuos que comen
adafinas o las envían a sus conocidos. La atención prestada por los
inquisidores a detalles que tal vez les parecieran una práctica esencial
del judaísmo, quizás sea de utilidad al que deja de lado la cuestión
estrictamente ritual. En este contexto, puede ser de interés recordar la
definición del término sociológico del *network* como instrumento
conceptual: "Each person is, as it were, in touch with a number of
other people some of whom are directly in touch with each other and
some of whom are not... I find it convenient to talk of a social field of
this kind as a network. The image I have is of a net of points, some of
which are joined by lines. The points of the image are people ... and
the lines indicate which people interact with each other..."[31]
Los individuos que aparecen enviando adafinas o 'pan leudo' hacia
fin de Pascua o comiendo juntos, puede que sean ejemplos convincen-
tes de una firme adherencia al judaísmo y puede que no. Pero cierta-
mente nos proveen de datos para trazar el mapa de una *network* de
relaciones sociales y familiares que parecen servir de base o estructu-

---

[30] Cf. ed. A. Cortina, *Cancionero* (n. 1) usa palabras como Adonay, Tora, Talmud,
Yahudi. Palabras como ser homas (humash), maston (mashkon), quinian, son usadas por notarios zaragozanos, cf. Cabezudo Astrain, "Noticias y Documentos
sobre los judíos zaragozanos en el s.xv", *Sefarad* XIV (1954), pp. 372-384, 377 ss.,
383. Cf. también Cantera, "El Cancionero..." (n.1).
[31] J. A. Barnes, "Class and Committees in a Norwegian Island Parish", *Human Relations*
VII, n° 1 (1954), pp. 39-58, 43.

rar buena parte de la actividad económica y puede que política, de judíos y conversos en Segovia. Beinart,[32] por ejemplo, ha llamado la atención acerca del problema de cómo llegaban los judíos a obtener posiciones en las cortes de la nobleza y monarquía españolas. En el caso de Segovia, parte de la respuesta se puede encontrar en el mapa de la *network* de relaciones sociales entre judíos y conversos con influencia. En los documentos se asocia de este modo a las familias de Diego Arias y de Abraham Seneor, ambos financieros de gran monta. Según varios testimonios, Diego Arias tiene este tipo de conexión con el conocido Alfonso González de la Hoz, secretario de Enrique IV en 1456 y sucesor de Diego Arias en el oficio de contador mayor en 1466.[33] El inexplicado acenso de un maestre Shemaya o un Abraham Seneor, así como el de otros arrendadores, oficiales de las aljamas, mayordomos o factores de la nobleza (tal como los miembros de la familia Meme), se torna un tanto menos misterioso visto en el contexto de sus posiciones en el mapa de la *network* de relaciones familiares y sociales de Diego Arias y otros conversos. Aparte de estos ejemplos se pueden citar otros: Rabi Yuce, según un testimonio del 3 de febrero de 1490, andaba en la corte del Rey Enrique hacia 1460 y

---

[32] "The image of Jewish courtiership in Christian Spain", *Elites and leading groups*, Jerusalem, Historical Society of Israel, 1966, pp. 55-71, 58 (Hebreo).

[33] Sobre Alfonso González de la Hoz cf. "Documentos y escrituras referentes a la familia de la Hoz", *ES* XVIII (1966), pp. 99 ss., esp. doc. 1; merced de un juro por Enrique IV a Alfonso González de la Hoz, "secretario y del mi consejo". Sobre las donaciones de la familia al monasterio del Parral, *ibid.*, p. 354 (Juan de la Hoz, Francisco de la Hoz), p. 355 (el señor protonotario de la Hoz hijo de Alfonso González de la Hoz, doña Catalina del Río, hermana de los sobredichos), p. 356 (Alfonso de la Hoz, canónigo). Entre los testimonios que los asocian (a Diego Arias y a Alonso) se puede mencionar el de Juan de Cáceres (cf. n. 23) quien afirma haber oído de Mose Negro que cuando Diego Arias cantaba salmos en hebreo se encontraban con él "Ruy Gonçalez de Fontidueña, Fernando Alvarez, Alonço Gonçález de la Hoz, Juan Sánchez del Río, Gonçalo Rodríguez del Río, Gómez Gonçález de Oz e otros muchos conbersos" (Lib. 1, fol. 260, 9/2/1487). Alfonso González de la Hoz y Gonzalo Rodríguez del Río, se cuentan entre el relativamente pequeño círculo de partidarios tempranos y leales que estaban presentes en la coronación, en Segovia, de Isabel. Aparecen como "regidores del estado de los cavalleros e escuderos" en el documento del 13 de diciembre de 1474 publicado por M. Grau, "Así fue Coronada Isabel la Católica", *ES* 1 (1949).

"comia y dormia en su camara con (Alfonso Gonzalez de la Hoz)".
Se trata sin duda del Rabi Yuce mencionado como "procurador e
enbaxador" en el tratado entre Castilla y Portugal publicado por
Suárez Fernández y el Rabi Yuce a quien Alonso de Palencia describe
en sus Decadas como "hombre eloquente y de regular instrucción".[34]
Yuce Meme, factor de la Duquesa de Albuquerque antes de su muerte
en 1479, hospedaba al corregidor de Cuéllar quien comía y vivía en su
casa. En el legajo del proceso contra Juan Arias, se le asocia con
Diego Arias.[35] Don Vidal, otro judío nombrado en el mencionado
legajo era yerno de Jaco Melamed, pariente de Diego Arias, y aparece
actuando como mayordono del Duque (sin duda de Albuquerque).[36]

Estratificación Social

Los testimonios recogidos en el legajo, iluminan también el aspecto
de la estratificación social. Como ya se ha mencionado, el tema explí-
cito de los testimonios es la familia de los Arias Dávila. Esto explica
en cierto modo la razón por la cual gran parte de la información
acerca de las relaciones entre judíos y conversos se centra alrededor
de las clases altas de la sociedad judía y conversa. Los De la Hoz, Del
Río y los Arias Dávila formaban parte del gobierno local y central y
se contaban entre las familias segovianas más prominentes en térmi-

[34] A. de Palencia, (ed. Paz y Melia), *Crónica*, vol. I, p. 204. Baer, *Die Juden*, vol. II, p.
320, nº 305: "El repartimiento que yo Raby Yuce aben Santo fisico e contador
mayor de cuentas del principe, nuesto sennor e del su consejo". A. de la Torre y L.
Suárez Fernández, *Documentos referentes a las relaciones con Portugal durante el
reindo de los Reyes Católicos*, vol. I, Madrid, 1958; L. Suárez Fernández, *Relaciones entre Portugal y Castilla en la época del Infante Don Enrique*, Madrid, 1960, p.
66. En los libros de la mayordomía de pitanzas de la Catedral de Segovia figuran en
1458 "otras casas que tenia maestre donado tienelas rabi yuçef"; las casas están
cerca del caño de San Miguel. En 1461 "las casas de Rabi Yucef fisico la habitan sus
hijos." Cf. J. Antonio Ruiz Hernando, *El barrio de la aljama hebrea de la ciudad de
Segovia*, Segovia, 1980, pp. 63, 64. En contra de la identificación de Baer, *A
History*, vol. II, p. 485, n. 7, que sigo, pueden aducirse otros Yuçef vecinos de
Segovia; cf. M. A. Ladero Quesada, "Los judíos castellanos del siglo xv en el
arrendamiento de los impuestos reales", *Cuadernos de Historia* VI (1975), pp. 417-
439, Nº 27, pero no, al parecer, del mismo calibre.
[35] Cf. n. 33.
[36] Archivo Histórico Nacional, *ibid.*, Lib. 4, fol. 1136, 6/6/1488.

nos de riqueza, de lazos con la nobleza y la corte y de la actividad cultural. Las familias judías que se mencionan, los Vives, Lumbroso, Meme, Melamed, Seneor, son sus equivalentes judíos y se pueden situar socialmente con cierta precisión, ya sea porque dejaron sus huellas en la historia judía y española o porque sus nombres figuran en la lista de judíos forzados a contribuir a la guerra con Granada, publicada por Ladero.[37] La estratificación, sin embargo, no era inmutable; un testigo distingue entre Elvira Gonçález "antes que era gran señora" y "después que fue gran señora" documentando la plena conciencia que tenían los contemporáneos de la movilidad social.[38]

Aunque los chismes mantenían a los distintos grupos al tanto de sus actividades (principalmente a las clases bajas acerca de las actividades de sus superiores), las "cadenas de rumores" que se pueden establecer a través de los testimonios parecen coincidir en buena medida con los límites de las divisiones de clase. Los criados se cuentan chismes en la cocina, pocas veces con sus superiores sociales, mientras que las familias prominentes lo hacen al salir de la iglesia o al visitarse.[39] El acceso a las personas prominentes estaba limitado no sólo por la convención sino también por la presencia de criados, no sólo en el caso de conversos sino también en el de judíos como Seneor de cuyo séquito (escudero, etc.) se ha tratado en otro lugar.[40] Es

[37] M. A. Ladero Quesada, "Un préstamo de los judíos de Segovia y Avila para la guerra de Granada en el año 1483", *Sefarad* XXXV (1975), pp. 151-157.
[38] Archivo Histórico Nacional, *ibid.*, Lib. 3, fol. 899, "...antes que era gran señora se yba las fiestas y pasquas de los judios a folgar con ellos y despues que fue gran señora se yba de noche secretamente a folgar con ellos..."
[39] Cf. por ej. el testimonio de Juan de Maçuelo, tesorero de la casa de la moneda "que oyo decir a la de cabrera yendo de la yglesia mayor viniendo a su casa", Lib. 2, fol. 569, 26/5/1486.
[40] Cf. el capítulo dedicado a Seneor en mi tesis doctoral *Social Tensions within xvth c. Hispano-Jewish Communities*, University of London, 1978.

posible argüir que los inquisidores explotaban los conflictos sociales, a juzgar por el número excesivo de criados que testimonian en contra de sus amos y la manera en que lo hacen.[41]

Relaciones patrón/protegido-cliente

Muchas veces, dada la posición prominente de los conversos sego-vianos, las relaciones entre estos y los judíos se caracterizaron por la protección o patronazgo proporcionada a los judíos por parte de los conversos. En una observación perspicaz de Gilman sobre las relacio-nes judeo-conversas en la Puebla de Montalbán, el autor afirma:[42] "(The community of conversos) ... from this position of dominance, for reasons of conscience or nostalgia they did what they could to help the humble artisans... who remained faithful to the older law... the relationship seems to have been one of brotherhood, protection and sought for identity with the conversos taking the lead role...".[42] A pesar de las modificaciones que uno podría hacer a esta afirmación, se aplica con fuerza y evidencia al caso de Segovia.

En la esfera económica, los judíos buscaron el patronazgo, amparo y clientela de sus patrones conversos. Hacia 1484, Juda Nagari estaba dispuesto a vender alguna tela para el converso Pedro García de Alonso Arias.[43] Judah Molho actuaba como "corredor e medianero" de Gómez González de la Hoz en sus negocios de préstamos.[44] Abra-han Meme recordaba en 1488 cómo solía ir con su padre a vender a la

---

[41] El legajo ofrece amplia información acerca del tema que tocaré en otra ocasión. Por ahora se pueden mencionar p.ej., Abraham Çaragoça (f. 29a) "mayordomo de Diego Arias"; Teresa "muger de juan de cadahalso a la collacion de san miguel", quien testifica, el 5 de abril de 1489 "que elbira imbiaba (pan leudo) con este testigo y con otras moças sus criadas..." (f. 29b); Fátima "muger de giber moro, esclaba de diego arias" testifica el 11 de marzo de 1489 que "este testigo estaba por su mandado (de Elbira) guardando la puerta" (mientras sus amos judaizaban); Juan de Carrión, "iluminador de libros, criado de diego arias..." (f. 33a); el 3 de marzo de 1490 Alonso Henriquez recordaba como había comido con "los escuderos christianos del dicho don habrahen (seneor) ... y comia con ellos un fijo de don habrahen..." (f.36b).

[42] S. Gillman, *The Spain of Fernando de Rojas*, Princeton, New Jersey, 1972, pp. 240 ss.

[43] Archivo Histórico Nacional, *ibid.*, Lib. 5, fol. 1639, julio 1489, (31b).

[44] Lib. 9, fol. 755, 29/5/87, (53a).

mujer de Diego Arias "alguna olanda e lienços".[45] Asunciones compartidas y confianza mutua puede que hayan influido incluso en la esfera económica. Conversos tales como Pedro García de Alonso Arias aceptaban juramentos como "para torad mosse" al ajustar cuentas.[46]

Si no les está ya permitido consolidar lazos por medio del matrimonio, eficaz instrumento de las clases mercantiles, se dedicaban por lo menos a actividades afines: las del casamentero.

La madre de Jaco Melamed había organizado el matrimonio entre su prima Elvira Gonçález (anteriormente Clara) y Diego Arias porque "Elbira estaba guerfana".[47] Y si el supuesto papel de intermediario de Seneor en el matrimonio de los Reyes Católicos es legendario o por lo menos dudoso, lo cierto es que don Abraham sirvió de mediador entre la hija de Francisco de Bobadilla, sobrino de la Marquesa de Moya, y de Francisco de Arias.[48] Hasta cierto punto, la imagen de una comunidad conversa que sobrevive gracias a sus vecinos judíos, imagen a la cual nos han acostumbrado las vindicaciones del Edicto de Expulsión a la par que la historiografía posterior, puede ser matizada y parcialmente invertida. En efecto, es posible sostener que no sólo en la esfera política y económica, sino también en la de la reli-

[45] Lib. 4, fol. 1049, 4/1/1488.
[46] "Otrosi dixo este testigo que algunas veces jurando algunos judios a este testigo para torad mosse sobre cosa de diferencia de quentas y pagas decian los judios a este testigo para torad mosse". Testimonio de Pedro García de Alonso Arias, 2/1/1490, fol. 35b.
[47] Según Antonio de Avila, Jacob Melamed había dicho que "se abian criado juntos en casa de su madre del dicho don jacob elbira... porque era su prima de ella, hijas de hermanos e la habia casado la madre del dicho don jacob elbira... porque era su prima de ella hijas de hermanos e la habia casado la madre del dicho don jacob a la dicha elbira con el dicho diego arias porque estaba guerfana y que despues de christianos antes que se casasen y despues de casados los tubo en su casa...", Archivo Histórico Nacional, *ibid.*, Lib. 3, fol. 303, 10/1/1487.
[48] Sobre el carácter dudoso del supuesto papel de Seneor cf. Gutwirth, *Social Tensions* (n.40), apéndice. El testimonio de Francisco de San Román, "vecino de la mota aldea de Cuéllar", (diciembre 1488, lib. 4, fol 426, 25a) ya fue publicado por Peñalosa (cf. art. cit. n.12). Aunque corto, el testimonio nos muestra el carácter diplomático de Seneor y el tacto con el que conduce negociaciones de este tipo entre conversos prominentes tales cuales Juan Arias y la Bobadilla, Marquesa de Moya.

gión, la comunidad judía puede que haya debido su supervivencia a sus vecinos conversos poderosos y frecuentemente superiores. Como en tantos otros legajos de Inquisición, entrevemos en éste también algo de la actividad caritativa de conversos que donan aceite, dinero, trigo y ornamentos a la sinagoga;[49] de la mujer de Gonçalo López Cocodrillo se dice que había dado una mortaja para un judío pobre.[50] Aun en esto la familia jugaba un papel importante y se menciona frequentemente que los conversos mantenían a sus parientes judíos: "la mujer de alonço gonçalez de la oz a la puerta de san martin tenia un hermano judio que se decia don baro al cual secretamente hacia mucho bien...".[51] Hasta en la esfera ritual hay casos en que son los conversos los que ayudan a los judíos: con respecto al pan ácimo se nos dice que "las judias iban a cocerlo al orno del dicho diego arias".[52] Recordemos que en esta época los hornos eran comunitarios y que en Segovia está documentada la tentativa de prohibir a los judíos el uso del horno.[53] Un testigo llega a decir que Diego Arias era más ducho en matar gallinas según las prescripciones rituales que un judío: "el dicho caragoza que queria matar un pollo un dia ante el dicho diego arias y no lo sabia tomar los cimani en la mano para lo degollar y que el dicho diego arias dixera ben aca necio que en esto mas se yo que no tu y que tomara el dicho diego arias el pollo en su mano y ge lo mostrara de la manera que los judios lo deguellan y ansi lo degollo el dicho mostrado por diego arias y dixo ansi al dicho caragoza tu no sabes que en la ley del deguello dize hacayta (sic) ha mehala (sic) que almo que quiere decir el mejor degollares como manera de pendola".[54]

Mosen Negro recordaba haber recibido una reprimenda de un anciano (al parecer converso) por transgredir la prohibición de usura: "el dicho viejo dixo a este testigo en noramala deis alogro porque un

---

[49] Hay varios testimonios que se podrían aducir. Un ejemplo: don Habraham Meme (16/2/1488, 21b) dice que su padre le había contado que Ysabel Arias le solía dar dinero para "aceyte a la synoga e limosnas para que diese a judios...".

[50] Archivo Histórico Nacional, *ibid.*, Lib. 5, fol. 683, 1487.

[51] Lib. 3, fol. 762, 1487.

[52] Lib. 3, fol. 899.

[53] Baer, *Die Juden*, vol. II, n° 348.

[54] Archivo Histórico Nacional, *ibid.*, Lib 5, fol. 1543, 14/7/1489.

berso dize hanoghi tasiha (sic) etc. que quiere decir al escribano
alograreis y a tu hermano no alograras e dixole mas otro berso en
ebrayco diciendo lo testahed adomi que quiere decir no aborescas ha
endo (sic) que a tu ermano es el y este testigo (Mose Negro) le respondio que nunca dio a logro ni lo tomo pero que si algun color ay para
dallo que es porque estan juntos con muchos lenguajes y no sabiendo
que es dalo abuelta de todos".[55]

Varios judíos testifican que hubo conversos que les impidieron o
estorbaron convertirse al cristianismo. De Alonso González de la
Hoz se dice que actuó de este modo: "Catalina muger de diego de
segobia a la collacion de san miguel testigo jurado dixo que oyo decir
a juana lopez muger de martin lopez que murio en la carcel que
alonso gonçalez de la hoz abia estorbado a culema judio que no se
tornase christiano...".[56]

La mujer de Diego Arias tenía un sobrino judío que con el correr
del tiempo se convertiría al cristianismo y sería conocido como Maestre Gerónimo de Paz, canónigo del Monasterio de la Merced. En una
ocasión le confió a otro converso cómo había querido convertirse en
su juventud pero su tía "se lo estorbara".[57] Y aunque estrictamente
no sea un suceso segoviano, se puede citar lo que dijo Diego Arias a
algunos judíos de Medina del Campo un viernes por la noche alrededor de 1460: "y acabado de decir descindiese de la dicha banca sospi-
rando e diciendo ay judios judios quando vosotros estais en un sabad
el del viernes en la noche y estais diciendo vayhod lo hasamay etc. no
teneis en nada todo el mundo y no mirais tamaño vien..."[58]

Peculiaridades de la década de los ochenta

Gran parte de las características aducidas de las relaciones entre
judíos y conversos parecen tener vigencia para el período que va
desde "la venida de San Vicente" hasta el establecimiento de la Inquisición. Estos forman el contexto "de larga duración" a los sucesos
acaecidos en la década de los ochenta. Y aunque en estas líneas se ha

[55] Lib. 5, fol. 1437 (19/5/1489; 25b).
[56] Lib. 5, 1632.
[57] Lib. 8, fol. 739, octubre 1487.
[58] *Ibid.*, fol. 49a.

tratado de subrayar los aspectos más "prosaicos" de este tema, hay que reconocer que la década de los ochenta fue un período que en Segovia, como en otras partes, aunque puede que con más virulencia, está marcado por un recrudecimiento de las tendencias antijudías y anticonversas.

En lo que concierne a nuestro tema, hay dos tendencias contradictorias que merecen subrayarse. La primera es la actividad antijudía y anticonversa de individuos que eran conversos como indica el legajo. La segunda es la solidaridad entre judíos y conversos durante este período.

A Antonio de Avila, por ejemplo, se lo conocía mediante los estudios de Fita y Loeb sobre el proceso de La Guardia, por ser autor de un tratado basado en el Tur escrito no mucho después de 1488. El manuscrito, que contiene la Censura et Confutatio, abre con una introducción escrita en Segovia y una dedicatoria a Torquemada. Estos datos, y el hecho de que Antonio de Avila lo escribiera por orden de Fernando de Santo Domingo y de que él perteneciera al dicho monasterio, nos permiten encuadrarlo firmemente dentro del centro segoviano de los círculos de la observancia dominicana donde todavía se veneraba la memoria de Alfonso de Espina y su publicística antijudaica y anticonversa.[59] También sabíamos por un testimonio del 19 de julio de 1490, en el proceso de La Guardia, que actuaba como médico del prisionero de la Inquisición, Yuce Franco, y que refirió a la Inquisición la conversación de Yuce Franco y Alonso Enríquez, dándole tonos siniestros. Se suponía en base a su conocimiento del judaísmo que no era cristiano viejo.[60] Los papeles del proceso contra Juan Arias permiten reconstruir algo de sus antecedentes. El 11 de enero de 1488 confiesa ante la Inquisición segoviana cómo "Antonio de Abila, testigo jurado, dixo que puede aber beinte y

---

[59]   Baer, *A History*, vol. 2, pp. 390 ss. y la bibliografía allí citada. V. también sobre la Censura et Confutatio, M. Morreale, "Vocaboli giudeo-spagnuoli nella Censura et Confutatio Libri Talmud", *Quaderni ibero-americani* III, N° 24 (1959), pp. 577-80.

[60]   Baer, *ibid.*, y C. Carrete, "Descendientes del martirio del Niño de La Guardia", *Commentationes Philologicae ...J. Campos*, (*Helmantica* XXVIII, 1977), pp 51-61 y "La hacienda" (art. cit. n. 12) y Cantera, *Proc. 5th WCJSt*, 2, Jerusalem, 1972, pp. 13-25, 19.

tres años poco mas o menos que este testigo por medio (sic) de su padre fue a leer a ysabel arias, muger de gomez gonzalez de la oz difunto, la ystoria del rey asuero en forma de megilla que esta escrito como tora".[61] También se indica que "cada uno de ellos tenia cargo de llebar a la susodicha (muger de diego arias) cada uno su sabad una adefina y decille la oracion del sabado..." (6/12/1487).[62]

Comienza así a emerger la imagen de un judío instruido que ayuda a los conversos a cumplir con obligaciones que requieren sus conocimientos. Se puede completar la información con más precisión por medio de testimonios como los de Gerónimo de Paz del 21 de junio de 1487 que dice: "....jaco melamed judio padre de antonio de abila primo de la dicha elbira gonçalez",[63] y hermano de Mair Melamed a quien se conoce como yerno de Abraham Seneor, Rabi mayor de los judíos de Castilla. En su testimonio nos indica que otros conversos le habían amenazado tratando de impedir que testificase ante la Inquisición diciendo: "catad que anda la pesquisa tras bos...".[64] No se puede negar que el miedo es una posible y fuerte motivación en este y en otros casos de testimonios de conversos contra otros conversos.

Alonso Enríquez también era conocido por los papeles del proceso de La Guardia. Allí aparece como provocador, disfrazado de rabino y tratando de hacer decir a Yuce Franco lo que se pueda luego reconstruir con connotaciones siniestras. Alonso recuerda ante la Inquisición sucesos del reinado de Enrique IV.[65] Parece haber tenido épocas de intimidad con Diego Arias a quien confiara su deseo de hacerse fraile de la Merced.[66] También parece haberse tratado amistosamente con Abraham Seneor en una época, puesto que nos cuenta cómo en una ocasión le había hecho una visita para despedirse antes de viajar fuera de Segovia.[67] También parece que tenía interés especial en

---

[61] Archivo Histórico Nacional, *ibid.*, Lib. 4, fol. 1068, (21b-22a).
[62] 6/12/1487, Lib. 3, fol. 699 (12b-13a).
[63] Lib. 3, fol. 929 (216).
[64] Lib. 2, fol. 523.
[65] E.g. Lib. 3, fol. 706, 1/10/1487, donde describe una disputa que mantuvo en la corte de Enrique IV.
[66] *Ibid.*
[67] *Ibid.*

implicar a Seneor en asuntos de Inquisición, ya que es de los pocos que lo menciona, tanto en el proceso de La Guardia como en el de Juan Arias. En un testimonio se nos cuenta como: "...francisco garcia bocudo ... dixo que al tiempo que aforcaron a abrahan meme dixo fray alonso henrriquez que si el dicho meme se tornara christiano que fuera bien librado ..." (10/7/1488).[68]

Conoce el hebreo demasiado bien para ser cristiano viejo y conoce la hora de "arbid". En una confesión suya cita una conversación que tuvo: "...el maestro fray alonso henrriquez testigo jurado...dixo... estando dentro en su camara del dicho maestre escuela ... ablando de cosas de conbersos y este testigo diciendole el miedo que tenia de toda esta ciudad y de su mesma persona..."[69]

Poco a poco surge el paradigma de un grupo de conversos relacionados por lazos sociales y familiares a las clases altas de la sociedad conversa y judía de Segovia. Son instruidos, han absorbido la cultura judía y la cristiana y eligen, al convertirse, la vida de religión. Al llegar la Inquisición, testifican frente a sus tribunales acerca de las actividades judaizantes de otros conversos. Hay razones para atribuir esto al pánico creado por el advenimiento de la Inquisición a Segovia y a la presión ejercida por sus superiores conectados con el liderazgo de la Inquisición.

Por otra parte hay otra tendencia igualmente documentada: la solidaridad entre judíos y conversos para resistir a la Inquisición. Ya se han mencionado las tentativas de impedir que Antonio de Avila testificara. Se puede agregar que un testimonio reporta que Juan de Cuéllar estaba asociado con el bachiller del Campo, Diego del Castillo y Abraham Seneor en "ligas y concilios" para combatir la Inquisición: "un dia este berano pasado (i.e. 1485) quando andaba el dicho juan de cuellar amenaçando a qualquiera que dixese que abia hereje alguno en esta ciudad y faciendo ligas y concilios asi en casa de diego de castillo el del puerto como en casa de alonso del castillo como en casa del bachiller del campo como en su casa del dicho juan de cuellar y en casa del dotor de que esta el corregidor como en casa de habra-

---

[68] Lib. 4, fol. 1194.
[69] 27a y Lib. 3, fol. 833 (3/1/1487).

hen senior el cual benia muchas veces amenaçando a este testigo diciendo catad que anda la pesquisa tras bos ..."[70]

Se puede concluir con un ejemplo del 11 de febrero de 1486, que no es de ningún modo insólito, acerca de los lazos entre judíos y conversos en las cárceles de la Inquisición: "Rabi çemaya çaçon...que estando este testigo e pedro gonçalez arias trapero, presos en la carcel de la inquisicion, ambos juntamente el dicho pedro gonçalez pidio a este testigo un cuchillo para matarse con el; asimismo dixo este testigo que le pidiera el dicho pedro gonçalez un poco de agua y este testigo ge lo dio en un baso y el dicho pedro gonçalez le dixo ge lo dexase alli apar desi porque se lo queria bever poco a poco y dende a rato oyo este testigo mascar recio y pregunto a mosen caragozi que alli estaba preso con ellos si sabia que era lo que mascaba el dicho pedro gonçalez y este testigo fue para lo ber y lo allo como tenia quebrado el dicho baso de bidrio y se lo estaba comiendo una pieza del... rogó al dicho testigo el dicho pedro gonçalez estando en la cama que lo rebolbiese y este testigo fue a lo hacer y estando acabado de lo bolber dixo bendito piadoso esta es ley berdadera que tiene anima que no estos perros crueles, deciendolo por los christianos que los abia llamado y no le respondieron..."[71]

[70] Lib. 2, fol. 523.
[71] Lib. 3, fol. 779, 11/2/1486 (15b, 16a).

LA INQUISICIÓN ESPAÑOLA Y LA EXPULSIÓN DE LOS JUDÍOS DE ANDALUCÍA

Haim Beinart

El 1 de Enero de 1483, exactamente dos años después de publicarse la bula de fundación del Tribunal de la Inquisición en Sevilla y con el comienzo de sus actividades en esa ciudad,[1] "los Padres Inquisidores del Arzobispado de Sevilla y Obispado de Córdoba" decretaron un edicto según el cual los judíos eran expulsados de estas diócesis. Ese edicto, al cual se adhirieron también los obispados de Jaén y Cádiz,[2] debía incluir toda Andalucía con sus ciudades, aldeas y pueblos. A pesar de haber sido proclamado por toda Andalucía, el edicto de expulsión no llegó a nuestras manos y es uno de los hitos de la postrimera estancia de los judíos en España. No hay dudas sobre la existencia del texto de dicho edicto pues son muchos los testimonios de la época que así lo certifican y se menciona también en fuentes posteriores. Más aun: el edicto de la expulsión de 1492 lo menciona

---

[1] La bula de fundación fue publicada por B. Llorca, "Bulario Pontificio de la Inquisición Española", *Miscellanea Historiae Pontificae* XV (1949), pp. 48-59. Al comienzo de la anotación aparece como fecha de la proclamación del edicto, pero en el encabezamiento del párrafo final figura el 2 de enero de 1481 como fecha de su emisión.

[2] El obispado de Jaén es mencionado en el edicto de expulsión de los judíos de Zaragoza y Albarracín emitido por Fernando el 12 de mayo de 1486. Ver ACA, reg. 3684, fol. 96 y H. C. Lea, *A History of the Spanish Inquisition*, vol. I, New York, 1906, p. 132, n. 1 (= Lea). Sobre la proclamación del edicto ver F. Baer, *Die Juden im christlichen Spanien*, vol. I, Berlín, 1929, pp. 912-913 (= Baer, *JChS*). El tribunal de Jaén fue establecido en 1483, es decir después del edicto de expulsión de los judíos de Andalucía. Por lo tanto, la alusión que se hace al obispado de Jaén es un agregado posterior al edicto de expulsión de los judíos de Zaragoza y Albarracín. Como es bien sabido, desde un principio el tribunal fundado en Sevilla tenía bajo su jurisdicción a toda Andalucía. Ver Llorca, *ibid.*, p. 55. en la reunión de inquisidores que tuvo lugar en Sevilla en 1484 tomaron parte también dos inquisidores de Jaén. Ver Llorca, *ibid.*, p. 548. Lo mismo se puede decir del Obispado de Cádiz, que desde un principio formó parte del Arzobispado de Sevilla.

explícitamente.[3] Intentaremos aquí reconstruir el contenido del edicto de expulsión de los judíos de Andalucía y examinaremos sus efectos y consecuencias.

La Inquisición Española, como ya hemos dicho, alcanzó a actuar dos años en Andalucía. Contaba allí, por aquel entonces, con dos tribunales: uno, como ya ha sido mencionado, en Sevilla[4] y el otro, fundado en 1482, en Córdoba.[5] Desde el primer día de su instauración el Tribunal de Sevilla se hizo famoso por su crueldad[6] y en las hogueras de sus Auto-de-fe fueron quemados muchos condenados y mártires. La actividad de los inquisidores despertó en toda la región una tremenda tensión. Muchos fueron los conversos que huyeron de allí, y muchos también los que se vieron procesados mientras los judíos y los cristianos "viejos" permanecían a la expectativa, en posición de "observadores". Hasta que el 1 de Enero de 1483 se decidió el destino de la comunidad judía en toda Andalucía. ¿Cuál fue la razón por la cual los Padres Inquisidores adoptaron una postura explícitamente antijudía y cómo lograron convencer a la Corona de que intentara este experimento de expulsión regional y local? Obviamente esta expulsión se llevó a cabo con el consentimiento de Fernando e Isabel y ellos fueron los responsables del edicto, confiriendo su autoridad a los Padres Inquisidores para actuar en su nombre. Hernando del Pulgar, en su "Crónica de los Reyes Católicos", confirma el papel de

---

[3] Así está mencionado en el edicto de expulsión de España: ".... quisimos contentar con mandarlos salir de todas las çibdades e villas e lugares de Andaluzia, donde paresçia que auian fecho mayor daño, creyendo que aquello bastaria para que los de las otras çibdades e villas e lugares de nuestros reynos e señorios cesasen de hazer e cometer lo susodicho". El edicto de expulsión aparece publicado en Baer, *JChS*, vol. II, pp. 404-407. Ver también P. León Tello, *Los judíos de Avila,* Avila, 1963, pp. 91-95.

[4] Sobre cómo fueron creados los tribunales ver H. Beinart, *Los conversos ante el Tribunal de la Inquisición*, Barcelona, 1984, pp. 31 ss.

[5] El tribunal de Córdoba fue establecido a comienzos de 1482. El Obispo de la ciudad, el converso Alonso de Burgos, exigió su creación. Incluía a todo el Obispado de Córdoba, el Obispado de Jaén, las zonas de Abadía de Alcalá la Real y Adelantamiento de Cazorla, Ecija y Estepa. Granada quedó sometida a este tribunal después de su conquista. Ver Lea, *op. cit.*, vol. I, p. 544.

[6] Sobre las cifras de los condenados por este tribunal, ver Beinart, *op. cit.*, p. 45, n. 102.

éstos cuando dice: "ordenaron el Rey y la Reina que ningun judio, so pena de muerte, morase en aquella tierra".[7] A pesar de ello, todo el peso de la responsabilidad, según los judíos de entonces, recayó sobre los Padres Inquisidores de Sevilla,[8] quienes tomaron tal extrema resolución para evitar que los judíos siguieran influyendo sobre los conversos enseñándoles la ley judía y convenciéndoles para que observaran los preceptos rituales y vivieran una vida judía. Querían con ello argüir que la culpa del fracaso de la sociedad cristiana en la absorción de los conversos en su seno recaía sobre los judíos que, por la fuerza de su influencia, dificultaban e impedían la integración de aquellos en la sociedad cristiana. Era muy común que los judíos no se limitaran meramente a convencer a los conversos a observar los preceptos y a estudiar la tradición judía, sino que también trataran de persuadirles para que salieran de España y se encaminaran hacia los países musulmanes. En el contexto del tema que estamos tratando, es particularmente interesante el caso del recaudador de impuestos Don Abraham Benveniste y su esposa Orovida, a quienes se acusó explícitamente de ello,[9] como veremos más adelante.

La Inquisición poseía pruebas contundentes sobre la existencia de contactos entre judíos y conversos durante los años anteriores a su

---

[7] Hernando del Pulgar, *Crónica de los Reyes Católicos*, edición y estudio por Juan de la Mata Carriazo, Madrid, 1943, vol. I, p. 337.

[8] Ver por ejemplo los argumentos del apoderado de las comunidades, Jacob Cachopo, ante los Reyes Católicos en A. Prieto, M. A. Mendoza, C. Alvarez y A. Represa, *Registro General del Sello* (=*RGS*), vol. III, Valladolid, 1953, p. 454, nº 3337, fol. 157, de 15 de septiembre de 1484; ver también *ibid.*, *RGS*, IV, Valladolid, 1956, p. 204, nº 1500, fol. 212, de 30 de julio de 1485.

[9] "... Por quanto a nos fue denunçiado e fecho relaçion que vos, don Abraham Benveniste e doña Orovida, vuestra muger, en algunos tienpos pasados, estando en esta çibdad de Cordoua e fuera della e en otros lugares de nuestros regnos auiades indusido e informado e predicado a algunas personas, que biuian so nombre de christianos, que fisiesen algunas çerimonias e rictos judaycos e los auiades atraydo a judaysar que dexasen nuestra santa fee catolica e creyesen e guardasen la Ley de Moysen, disiendo ser aquella la buena e non otra alguna, e que auiades sydo en consejo e ayuda a algunas personas que biuan so nonbre de christianos se fuesen a biuir a tierra de *moros como judíos*". *RGS*, V, p. 204, nº 1500, fol. 212, de 30 de julio de 1485. El asunto salió a colación con ocasión de su solicitud para obtener un permiso de entrada a Andalucía. Ver más adelante.

105

establecimiento,[10] contactos que incidieron en la conducta judía y en el judaizar de los conversos. Como bien es sabido, la Inquisición no tenía jurisdicción alguna sobre judíos, aun cuando estos últimos hiciesen participar a conversos en el cumplimiento de los preceptos, recibiesen de ellos limosnas y contribuciones para sus sinagogas o los orientasen hacia una vida judía. Por lo tanto, mientras los conversos eran procesados de la forma más dura por participar en la observancia de los preceptos judaicos, los judíos se veían involucrados a veces en procesos inquisitoriales tan sólo para servir de testigos. Era ésta una de las maneras mediante la cual la Inquisición hacía recaer sobre los judíos la culpa de que los conversos judaizaran. La Inquisición necesitaba juntar pruebas legales sobre la existencia del contacto entre judíos y conversos y los procesos inquisitoriales contra los conversos de Ciudad Real, Trujillo, Toledo y otros lugares[11] satisfacieron plenamente esta necesidad. La expulsión de los judíos de Andalucía prueba de por si la existencia de un sistema de relaciones entre judíos y conversos. La expulsión era la única manera de romper aquél sistema de relaciones[12] y la expulsión de los judíos de Andalucía debe ser vista como un intento, a nivel local, de lograr tal propósito.

Sin embargo, nos parece oportuno preguntarnos si no se deben buscar razones y factores adicionales a la expulsión. ¿Se debe vincular la expulsión de los judíos de Andalucía a la guerra de Granada? Sabemos que a partir de los años sesenta del siglo XV, con el incremento de la propaganda antijudía, se comenzó a difundir la acusación de haber sido los judíos quienes en el año 711 entregaron España al conquistador musulmán.[13] En los años setenta del siglo XV fue rechazada una petición presentada por conversos de Andalucía para establecerse en Gibraltar con el argumento de la falta de lealtad de

---

[10] Ver al respecto Beinart, *op. cit.*, índice.

[11] Los legajos del tribunal de Sevilla no han llegado a nuestras manos.

[12] Ver H. Beinart, "Jewish Witnesses for the Prosecution of the Spanish Inquisition", *Essays in Honour of Ben Beinart*, Acta Juridica 1976, Cape Town, 1978, pp. 37-46.

[13] Esta argumentación se había iniciado ya en los años treinta del siglo XIV, en la época del reinado de Alfonso XI, cuando los marroquíes invadieron Castilla. Se habló entonces explícitamente de la expulsión de los judíos del país. La invasión, como es sabido, terminó en el año 1339 con la victoria de Castilla y la idea de la expulsión se anuló por si misma.

éstos.[14] Es de suponer que la expulsión de los judíos de Andalucía en 1483 se debió, en parte, a la intención de alejarlos de la frontera con Granada. Aunque se trataba de una iniciativa de la Inquisición y el argumento esgrimido para la expulsión fuera probablemente religioso, los efectos del alejamiento de los judíos de la zona beligerante y su emigración, por propios medios, a Castilla y a otros lugares del Reino, se sintieron inmediatamente en la región en la que se estaba desarrollando la guerra,[15] como puntualizaremos a continuación.

Ya hemos señalado el círculo del cual salió el edicto de la expulsión y por lo tanto no es difícil imaginar los nombres de quienes lo decretaron: en primer lugar, Miguel de Murillo y Juan de San Martín, los dos inquisidores nombrados para actuar en Sevilla;[16] luego, el Bachiller Antón Ruiz de Morales, el Bachiller Alvar González de Capillas, el Doctor Pedro Martín de Barrio[17] y el guardián del convento franciscano, Martín Caso,[18] nombrados todos ellos en 1482 inquisidores para el Tribunal de Córdoba. Las fuentes no nos permiten conocer con precisión quienes fueron los responsables directos de la "línea dura" adoptada por la Inquisición. Todos los documentos hablan únicamente de los "Padres Inquisidores" sin entrar en especificación alguna. No debemos olvidar, además, que Sixto IV nombró a Torque-

---

[14] Ver D. Lamelas, *La compra de Gibraltar por los conversos andaluces (1474-1476)*, Madrid, 1976.

[15] Ver a continuación los pormenores de la expulsión y las andanzas de los expulsados. Sobre la importancia de Andalucía en la política de los Reyes Católicos ver V. Romero Muñoz, "Andalucía en la obra política de Isabel I de Castilla", *Archivo Hispalense* XLVI (1951), pp. 138-144 y M.A. Ladero Quesada, *Castilla y la conquista del reino de Granada*, Valladolid, 1967. Ver asimismo T. Azcona, *Isabel la Católica*, Madrid, 1964, pp. 640-641. Según afirma Azcona la mayoría de los expulsados de Andalucía pasaron a Extremadura, por ejemplo a Badajoz, Llerena y Segura de la Sierra. La expulsión duró un año. El 1 de enero de 1484, los Reyes Católicos escribieron al Concejo de Jerez que "se suspenda en el dicho destierro por tiempo de seis meses porque en comodidad deste tiempo nos seremos en esas partes y se proveera en ello como mas convenga".

[16] Ver más arriba, n. 1 y también B. Llorca, *La Inquisición en España*, Barcelona, 1946², p. 77; T. Hope, *Torquemada, Scourge of the Jews*, London, 1939, pp. 56 ss.

[17] Pedro Martín de Barrio fue nombrado el 17 de febrero de 1482 por el papa Sixto IV y por lo tanto fue también juez-ordinarius. Participó como representante de Córdoba en la reunión de inquisidores que tuvo lugar en Sevilla en 1484.

[18] Ver Lea, *op. cit.*, vol. I, p. 166, n.1.

mada inquisidor el 2 de febrero de 1482. En poco tiempo, este último logró ser nombrado Inquisidor General y desde entonces seguramente estaba al tanto de todo el proyecto de la Corona con respecto a la solución del problema de los conversos en el Reino. Por ello, nos parece acertado añadir su nombre al de los ya mencionados Padres Inquisidores, pues obviamente estaba informado del plan de expulsión de los judíos de Andalucía. La similitud ideológica en los móviles de la expulsión de los judíos de Andalucía y en los de la expulsión de España, especialmente como se traslucen en su formulación en el edicto de la expulsión de 1492, señala con plena certidumbre que el círculo formado por los Padres Inquisidores fue quien auspició el edicto de la expulsión desde sus orígenes, en la expulsión de Andalucía, hasta su cristalización final en la expulsión de España. Ellos fueron quienes le confirieron el sentido ideológico y quienes sentaron las bases prácticas para su realización. Aunque no cabe duda que la expulsión fue planeada con el consentimiento de Fernando e Isabel. Bien lo confirma Pulgar en su Crónica sobre los Reyes Católicos al relatar en términos tajantes como la Reina sostuvo que a pesar de la evacuación de la zona y de la disminución de los negocios y de las rentas de la Corona, "que todo interese propuesto queria alimpiar la tierra de aquel pecado de la heregia, porque entendia que aquello era servicio de Dios e suyo".[19] En otra ocasión hemos ya demostrado que entre Isabel y Fernando existía un acuerdo total de opiniones en cuanto a la línea política del Reino.[20]

Como ya hemos apuntado más arriba, el edicto que se refiere a la expulsión de los judíos del Arzobispado de Sevilla y del Obispado de Córdoba implicaba su expulsión de toda Andalucía como una sola unidad territorial. No sabemos cuantas personas fueron desterradas en el marco de esta expulsión. Pulgar, en su Crónica, habla de más de 4.000 cabezas de familia,[21] lo que nos llevaría a calcular el número de judíos que abandonaron Andalucía a causa de la expulsión en no

[19] Crónica, *ibid.*, p. 337.
[20] Ver Beinart, *Los Conversos...*, p. 40.
[21] Ver más arriba, n. 7: "Fallaronse, especialmente en Sevilla e Cordoba, y en las çibdades e villas del Andaluçia, en aquel tiempo, quatro mil casas e mas, do moraban muchos de los de aquel linage, los quales se absentaron de la tierra con sus mugeres e fijos."

menos de 20.000. Según Isḥak Ibn Faradj, fueron expulsados de Sevilla y sus alrededores mil familias, es decir unas 5.000 personas.[22] Todo ello había sido llevado a cabo en aras de la fe y al servicio de Dios y de la Corona. De hecho, los expulsados fueron abandonados a su suerte. Quienes tenían familiares en Castilla o en otros lugares del Reino podían acudir a ellos como lo hicieron los padres de Isḥak Ibn Faradj, que se dirigieron a casa de unos parientes en Medina del Campo.[23]

No nos extenderemos aquí en explicar las intenciones que perseguían los responsables de la expulsión. Es evidente que por medio de la expulsión pretendían presionar sobre la comunidad judía para eliminarla finalmente mediante la conversión, a la que terminarían por llegar, una vez exhaustos ya de una vida errante. Pero los judíos no se daban cuenta cabal de las intenciones finales que perseguían los Reyes Católicos.

Poseemos testimonios sobre la salida de los judíos de diferentes sitios de población y sobre la manera en que se llevó a cabo la expulsión. En los documentos se mencionan, además de las ciudades de Sevilla y Córdoba, los siguientes lugares de donde los judíos fueron desterrados: Algava (La Algava de hoy), Viso (conocida ahora como El Viso del Alcor), Gandul, Marchenilla,[24] Ubeda,[25] Carmona,[26] Jerez de la Frontera,[27] Puerto de Santa María[28] y Cádiz.[29] A

---

[22] Ver A. Marx, "The Expulsion of the Jews from Spain", *Studies in Jewish History and Booklore*, New York, 1944, p. 100; y también Y. Baer, *Historia de los Judíos en la España Cristiana*, Madrid, 1981, índice: "Expulsión de Andalucía".

[23] Ver Marx, *ibid.*, p. 100.

[24] Acerca de la mención de estos lugares, ver *RGS*, III, p. 454, n° 3337, fol. 157. El documento fue publicado por Baer, *JChS*, vol. II, pp. 357-359; ver también L. Suárez Fernández, *Documentos acerca de la Expulsión de los Judíos*, Valladolid, 1964, pp. 238-240.

[25] Ver *RGS*, V (1488), p. 513, n° 3589, fol. 292.

[26] Ver documentos sobre el rescate de los prisioneros de Málaga, *RGS*, VI (1489), p. 237, n° 1614, fol. 1; y Baer, *ibid.*, pp. 393-394. Compárese con Suárez Fernández, *ibid.*, pp. 327-329.

[27] Ver documentos de ventas de própiedades en *RGS*, VI (1489), p. 257, n° 1752, fol. 68; y n° 2427, p. 353, fol. 35.

[28] Ver H. S. de Sopranis, *Sefarad* XI (1951), pp. 363 ss.; XIII (1953), pp. 309 ss. Y también *Hispania* XI (1951), pp. 413 ss.

[29] Ver *RGS*, X (1493), p. 274, n° 1444, fol. 30; y p. 324, n° 1727, fol. 27.

los expulsados de Sevilla se les dio al principio dos sitios donde, aunque apretadamente, podían establecerse: Corral de Xerex y Alcáçar Viejo. Un documento del mes de Marzo de 1491 nos dice que se trataba del asentamiento en una fortaleza de la ciudad de la cual también fueron expulsados, y ello a pesar de todo lo que invirtieron allí en mejorar sus lugares de vivienda.[30] De otro documento colegimos que desde sus lugares de residencia en Alcáçar y en Corral de Xerex podían salir a cultivar sus campos y a dedicarse a sus otras ocupaciones. Incluso pagaban el impuesto por el uso del horno común.[31] De esto se deduce que los expulsados de Sevilla pasaron por una etapa intermedia que quizás no fuera sino una especie de separación entre judíos y conversos, a través del alejamiento de los judíos de sus barrios de residencia (Santa Cruz, Santa María la Blanca y San Bartolomé),[32] y de su concentración, como primer paso, en los dos lugares arriba mencionados. El hecho de que se les otorgara a los expulsados un sólo mes para liquidar sus bienes (tiempo insuficiente, como demostraremos más adelante), corrobora nuestra hipótesis.

La difícil situación de los expulsados se manifiesta claramente en sus diferentes quejas y pedidos a la Corona en relación con la venta de sus bienes. Si la situación de quienes hallaron refugio en las cercanías era dura, la de quienes dejaron sus casas para trasladarse a Castilla la Vieja, era mucho más difícil aun.[33] Con el tiempo, se les exigiría un permiso especial para ir a sus antiguos lugares de residencia a vender las propiedades que allí habían dejado. Obviamente el corto plazo que se les concedió desvalorizó en mucho el precio de sus

---

[30] "... que al tiempo que vosotros biuiades e moravedes en esta dicha çibdad dis que fezistes algunas casas en el Alcaçar viejo della, donde vos fue señalado por sytio para con judería". *RGS*, VIII (1491), p. 171, n° 1178, fol. 6 (s.d.), marzo 1491. Ver también Suárez Fernández, *op. cit.*, pp. 361-362.

[31] Ver documento del 6 de julio de 1484 en *RGS*, III (1484), p. 401, n° 2972, fol. 105 y Suárez Fernández, *ibid.*, pp. 224-226.

[32] Ver documento de febrero de 1491 en *RGS*, VIII (1491), p. 87, n° 606, fol. 288. En el documento falta la mención del día. Ver también documento del 30 de junio de 1493, *RGS*, X (1493), p. 324, n° 1727, fol. 27.

[33] Ver más arriba sobre la ida de los padres de Isḥak Ibn Faradj a Medina del Campo en Castilla y a Toledo. Ver Marx, *op. cit.*, y comparar con la ida de Yehuda Ibn Verga a Ocaña; véase Baer, *"Historia..."*, índice.

bienes. Este fenómeno se repitió, como bien se sabe, durante la expulsión de 1492, aunque entonces se les concedió a los judíos tres meses para salir de todos los territorios del Reino.[34] A este respecto es interesante e importante el testimonio de la Crónica de Benito de Cárdena: "...e como lo oyeron los judios de Xerex, comenzaron a vender todo lo suyo en manera de lo que valia cien maravedis dabanlo por treinta maravedis, e ansi todo lo que mucho valia, vendiendo mucho de valde todas las cosas".[35] Esta descripción corresponde plenamente a lo que sucedería en toda España entre mayo y julio de 1492.

El Concejo de los 24 de Jerez de la Frontera salió en defensa de sus judíos. Pedro de Sepúlveda, un representante del Concejo, viajó a Sevilla con la finalidad de encontrarse con los inquisidores y averiguar si la ciudad de Jerez de la Frontera estaba incluída en el edicto de la expulsión. El Concejo le autorizó a negociar con los Padres Inquisidores sobre la posibilidad de postergar la partida de los judíos de Jerez ya que el edicto les había llegado unos días después de haber sido decretado en Sevilla. No sabemos por qué razones Sepúlveda no informó de inmediato al Concejo sobre la respuesta de los Padres Inquisidores;[36] así como tampoco conocemos los pormenores de dicha respuesta, aunque no haga falta mucha imaginación para intuirla. Los judíos de la ciudad siguieron elevando sus peticiones a la Corona, como veremos más adelante en la descripción de sus vicisitudes, para conseguir la liquidación de sus bienes abandonados en la ciudad. El corregidor de Jerez trató de ayudar a los expulsados prohibiendo la compra apresurada de sus bienes y amenazando con azotar y encarcelar a los infractores.[37] Esta medida, según parece, favoreció a los expulsados y como consecuencia de la misma los judíos de Jerez y, como veremos a continuación, también los de otros sitios, conti-

[34] Ver Baer, *ibid.*, índice; cf. A. Bernáldez, *Memorias del Reinado de los Reyes Católicos*, ed. M. Gómez Moreno y J. de M. Carriazo, Madrid, 1962, pp. 152 ss.
[35] Ver H. S. de Sopranis, *Sefarad* XI (1951), p. 365.
[36] No lo hizo hasta el 21 de enero de 1481. Ver de Sopranis, *ibid.*, p. 366.
[37] "... mando que qualquiera que estouiese en la juderia e comprase que lo azotasen por ello e llevaban a los que fallaban a la carcel." Ver de Sopranis, *ibid.*, pp. 366-367.

nuaron residiendo en el lugar y en las inmediaciones de la ciudad dedicándose a sus diferentes ocupaciones: unos, a la recaudación de impuestos, y otros al cobro de deudas y a la venta de propiedades.

El problema de los bienes que dejaron tras de si los expulsados fue grande y tuvo repercusiones durante años. Algunos documentos que han llegado a nuestras manos, revelan que la Corona se vio obligada a acceder a numerosas peticiones. La primera petición de la que tenemos noticia data del 6 de julio de 1484, casi un año y medio después de la expulsión.[38] Este documento, además de dar detalles sobre la expulsión, mencionados más arriba, se refiere a la acusación presentada por los judíos contra el receptor de los bienes de los desterrados, por haber alquilado lugares a cristianos y por haber obligado también a los judíos, propietarios de los lugares, a pagar alquileres por los mismos. Los judíos que no pagaban veían retenidos sus bienes. La queja fue presentada en nombre de la comunidad de Sevilla.[39] No sabemos quien actuó en nombre de la comunidad, la cual gozaba, de acuerdo al documento, de personería jurídica y por lo tanto tenía el derecho de dirigirse a la Corona. Es muy probable que la persona que apelara en nombre de la comunidad no fuera otro que Jacob Cachopo, autorizado por las comunidades de Castilla, que en aquel mismo período se había dirigido a la Corona por otro asunto relacionado con los expulsados y que recibió respuesta el 15 de septiembre de 1484.[40] En su apelación afirmaba que había quienes se habían adueñado por la fuerza de los bienes de los desterrados. Algunos cristianos dejaron de pagar sus deudas a judíos y todos los medios de subsistencia de éstos se vieron arrasados. Más aun, no se permitía a los judíos entrar en lugares de los que habían sido expulsados para cobrar sus deudas y para ocuparse de los bienes que habían

---

[38] Ver *RGS*, III (1484), p. 401, n° 2972, fol. 105 y Suárez Fernández, *op. cit.*, pp. 224-226.
[39] En palabras del documento: "por parte de la aljama de los judios de la çibdad de Sevilla", *ibid.*
[40] Ver documento en *RGS*, III (1484), p. 454, n° 3337, fol. 157, y Baer, *JChS*, vol. II, pp. 357-359; también Suárez Fernández, *op. cit.*, pp. 238-240. Sobre Jacob Cachopo y su obra, ver también Baer, *ibid.*, pp. 314 y 328; y asimismo H. Beinart, *Trujillo: a Jewish Community in Extremadura on the Eve of the Expulsion from Spain*, Jerusalem, 1980, índice.

abandonado en el apuro de su salida. Esta protesta echa luz sobre una contienda entre dos partes: por un lado, los judíos expulsados; por el otro, la población cristiana que se apoderó de bienes ajenos y se adueñó de las propiedades que los judíos dejaron. Jacob Cachopo se dirigió a la Corona solicitando su intervención para que se pagaran a los judíos las deudas que se les debían y para que éstos pudieran vender, cambiar, transferir y entregar los bienes que habían dejado. No cabe duda que la petición se refería principalmente a los bienes inmuebles, y sólo en segundo lugar a los bienes muebles. Resulta evidente, además, que Jacob Cachopo pretendía que se concediese a los judíos la autorización para ir a los lugares de los que habían sido expulsados, para poder vender las propiedades dejadas.[41] La Corona accedió a esta petición así como también a la de la comunidad de Sevilla, encomendando a Luis Sánchez, miembro del Consejo de la Corona, para que se ocupara de las quejas presentadas y sentenciara sin que las partes tuviesen derecho de apelación.[42]

Según parece, después de la conquista de Málaga en 1487 y debido a la necesidad de negociar el rescate de los cautivos judíos trasladados a Carmona, sus rescatadores se vieron obligados a seguirles a sus lugares de cautiverio. La autorización concedida a los liberados en 1484 para ir a pedir ayuda a Castilla y a las comunidades judías a fin de cubrir los gastos de su rescate, revela que tenían que atravesar por aquellas regiones de las que los judíos habían sido expulsados. La Corona permitió además, que algunos judíos acompañasen a los rescatados en su trayectoria, pues éstos no sabían castellano.[43] Este permiso facilitó también la tarea de tramitar los bienes de los judíos que habían salido con la expulsión de Sevilla y sus alrededores. Tene-

[41] Ver más adelante sobre el problema de la entrada autorizada de los judíos en Andalucía.
[42] "e es nuestra merçed que de la dicha sentençia o sentençias, mandamiento o mandamientos que en las dichas cabsas e nesçeçidades dieredes e pronunçieredes, non aya ni pueda aver apelaçion ni suplicaçion ni escarnio ni nulidad ni otro remedio ni remedios algunos para ante nos ni para ante los de nuestro *consejo e oydores de la nuestra abdiençia*". RGS, III n° 337.
[43] Ver documento del 9 de junio de 1489 en Baer, *JChS*, vol. II, pp. 391-392; y Suárez Fernández, *op. cit.*, pp. 315-317, documento del 6 de junio de 1489; Suárez Fernández, *ibid.*, pp. 327-329 y también pp. 393-394.

mos noticias referentes a las actividades vinculadas con el rescate de los bienes de los expulsados de Jerez de la Frontera. Los Reyes Católicos ordenaron el 25 de junio de 1489 que los jueces de esta ciudad se ocuparan de las quejas de Israel Gabriel, trujamán del árabe de los Reyes Católicos, cuya esposa poseía bienes allí.[44] Estos bienes habían sido tomados por personas que no tenían ningún derecho a ellos y que se negaban a pagar arrendamiento o alquiler. Otro propietario de bienes en Jerez de la Frontera era Abraham Corcos. Tenía allí dos casas que no había logrado vender a tiempo. Luis de Moserio (?) se había adueñado ilegalmente de ellas disfrutando así de sus ingresos. Los Padres Inquisidores de Sevilla permitieron a Abraham Corcos que se ocupara de la venta de sus bienes. También la Corona accedió a su petición. Según otro documento, Abraham y David Corcos se quejaron ante la Reina por haber dado poder a ciertos habitantes de Jerez de la Frontera para que vendieran algunas casas y cobraran ciertos alquileres. Pero dichos habitantes se negaban a devolverles el dinero proveniente de los cobros que habían realizado. La Reina accedió a sus peticiones y dio órdenes al Bachiller Bartolomé Martínez de Segura (con respecto a la venta de las casas),[45] al corregidor y alcaide Juan de Robles, de Jerez de la Frontera, y al Bachiller Gil Dávila, alcalde mayor de la ciudad, para que se ocuparan de la queja en torno al cobro del montante de los ingresos de los miembros de la familia Corcos.[46] Es también digna de mención la protesta elevada por Alonso de Ávila, vecino de Jerez de la Frontera, a causa del intento de despojarle del ingreso que tenía de ciertas casas. Se trataba de bienes públicos, ya que el documento afirma que estas propiedades pertenecieron a la comunidad judía.[47]

---

[44] Ver *RGS*, VI (1489), p. 257, n° 1752, fol. 68. Él se casó con una mujer que había residido con anterioridad en Jerez de la Frontera, de la cual recibió bienes inmuebles, casas, terrenos y bienes muebles.

[45] Ver *RGS*, VI (1489), p. 335, n° 2299, fol. 351.

[46] El documento es del 1 de julio de 1490; *RGS*, VII (1490), p. 284, n° 2008, fol. 89.

[47] "... dis que fueron de la aljama de los judíos desta dicha çibad". El documento es del 1 de agosto de 1489. Ver *RGS*, VI, p. 353, n° 2427, fol. 35. No sabemos exactamente cuál fue el motivo de la litigación entre Alonso, trapero, residente en Córdoba y Yọsi y Shlomo, judíos de Córdoba. Ver Baer, *JChS*, vol. II, pp. 427-428, sobre la litigación que tuvo lugar después de enero de 1488 por la suma de 31.340 maravedís que Alonso exigió de los dos judíos arriba mencionados.

A comienzos de 1491 los Reyes Católicos se ocuparon de los bienes de algunos de los expulsados de Sevilla. El padre de cierto Yuce poseía una casa en el barrio de San Bartolomé. De esta casa tenía Don Alvar, Duque de Plasencia, un ingreso anual de 400 maravedís. Después de que el padre de Yuce salió de Sevilla con los expulsados, Don Martín Rodríguez, notario de Sevilla y Mayordomo del Duque de Plasencia, se adueñó de la casa. El judío perdió el contrato de alquiler con el duque y sufrió grandes perjuicios. Este judío estaba dispuesto a pagarle al duque su ingreso anual y por lo tanto solicitó a los Reyes que intervinieran para corregir la injusticia. La Corona aceptó hacerlo y ordenó al Asistente de Sevilla o a su lugarteniente que oyeran a ambas partes.[48] Otro documento habla de la posesión de casas en el Alcázar viejo, en la judería emplazada allí. Los expulsados de esta parte no habían logrado vender sus propiedades. La Corona recibió favorablemente las peticiones de aquellos judíos y les autorizó a vender, transferir, cambiar, etc., sus casas;[49] no debe olvidarse que por aquel entonces ya habían pasado ocho años desde la expulsión. Parece que hasta entonces la Corona no había aceptado apelaciones de los desterrados ni les había permitido ocuparse de sus bienes, ya fuera vendiéndolos, ya renovando las tramitaciones de dichas propiedades. Hasta aquella autorización los judíos habían sido prácticamente despojados de sus medios de subsistencia. Otro documento del 1 de junio de 1493 (diez años después de la expulsión de Andalucía y un año después de la expulsión de España) menciona las propiedades de los judíos en Sevilla en el barrio de Santa María la Blanca. Tres judíos, Çulema, Moshe y David Ibn Zemero dejaron en dicho barrio tres casas pequeñas. Salieron con la expulsión de Andalucía sin dar instrucciones respecto a sus bienes.

No sabemos hacia donde emigraron, aunque ya por aquel tiempo optaron por salir de España. En estas casas vivían en 1493 tres familias cristianas.[50] La Corona otorgó a Juan de la Fuente, "Contino de

---

[48] Ver *RGS*, VIII, p. 87, nº 606, fol. 888. La fecha del documento es febrero de 1491. No se menciona el día.

[49] Ver *RGS*, VIII, p. 171, nº 1178, fol. 6. La fecha del documento es marzo de 1491. No se menciona el día. Ver también Suárez Fernández, *op. cit.*, pp. 361-362.

[50] Son: Juan de Carmona, su madre, que vivía en la segunda casa y cuyo nombre no se cita; en la tercera, vivía Juana Fernández, viuda de Alonso de Saquel.

Nuestra Casa", la propiedad de estas casas. El nuevo dueño tenía el derecho de echar de las mismas a los que en ellas habitaban sin autorización. Se pidió al Conde de Cifuentes la ejecución de esta sentencia.[51] Otro documento revela que Yoce Ibn Zemero poseía una casa en el barrio de Santa Cruz.[52] También Moshe Abenatabe tenía casas en este mismo barrio como así también en el de Santa María la Blanca. El valor de todos estos bienes sumaba 40.000 maravedís.

Los Reyes otorgaron esas casas a Diego Flores, "Contino de Nuestra Casa", como donación por sus servicios a la Corona. También en esta ocasión el Conde de Cifuentes fue el encargado de poner en vigencia la orden. De lo poco que sabemos sobre el destino y el valor de estos bienes podemos deducir lo que sucedió con el resto de los bienes de los expulsados de Andalucía. La precipitación de su partida en 1483 no fue distinta de la de los judíos expulsados de todo el Reino en 1492, sino por el hecho de que los expulsados de Andalucía podían seguir ocupándose de sus propiedades, de una forma u otra, hasta mucho después de haber dejado de residir en la región mientras que los expulsados de 1492, no tuvieron ninguna posibilidad de hacerlo. La expulsión implicaba para muchos la pérdida de sus posesiones dado que les era imposible lograr vender sus bienes muebles e inmuebles antes de su partida. El destino que esperaba a quienes retornaban por cualquier razón a España después de la expulsión de 1492 era la condena a muerte, a menos que se convirtieran al cristianismo en la frontera española o que trajeran consigo algún documento emitido en el lugar del cual venían y que certificara su conversión.

La aplicación del edicto de expulsión de Andalucía, que prohibía la entrada de los judíos en los límites del Arzobispado de Sevilla y el Obispado de Córdoba, provocó dificultades e inconvenientes. El edicto no sólo prohibía el retorno de los expulsados para la resolución de problemas inmediatos surgidos por el destierro, sino que también prohibía la entrada de judíos de otras partes de España. La

[51] Ver *RGS*, X, p. 274, n° 1444, fol. 30. El documento es del 1 de junio de 1490.
[52] Ver *RGS*, X, n° 1727, fol. 27. El documento es del 30 de junio de 1493; ver Baer, *JChS*, vol. II, p. 424, que menciona un salvoconducto de protección y defensa que se dio a Moshe Ibn Zemero, a Ishak Ibn Zemero y a Meir Abenatabe y sus hijos, residentes en Cádiz, con el fin de que pudieran ocuparse de sus negocios. El documento es del mes de junio de 1490.

prohibición se decretó a perpetuidad y el judío que después de la expulsión residiese en Andalucía o retornase a ella estaba condenado a la pena de muerte.[53] Natán, judío vecino de Segura,[54] pidió un salvoconducto de protección y garantía para ir a Ubeda, en Andalucía, por asuntos de negocios. El salvoconducto le fue otorgado por la Corona el 27 de julio de 1488 por un período de cuatro meses. Indudablemente, la solicitud de tal documento estaba motivada por la necesidad de Natán de verse liberado de la amenaza de ser arrestado, herido o muerto cuando estuviera en Ubeda, ya que "ay hordenança que cualquier judio que en ella se encontrase sea cabtyvo o preso".[55] Encontramos las mismas palabras en un documento acerca del rescate de cautivos de Málaga hallados en Carmona. También Natán Narboni recibió un permiso especial para ir a Ubeda a rescatar a su hermano.[56] La Reina reconoció el 6 de junio de 1489 los castigos que los inquisidores imponían a los judíos que entraban a Andalucía.[57] Otro documento, del 8 de agosto de 1489, nos informa que los miembros de la familia Corcos fueron autorizados a ocuparse de los bienes que dejaron en Jerez de la Frontera.[58] Según el permiso acordado por los Padres Inquisidores Abraham Corcos podía ir a Jerez de la Frontera a ocuparse de la venta de dos casas que tenía en esa ciudad. Esto implica que durante más de seis años después de la expulsión de Andalucía, esta familia no había logrado, por motivos

[53] "e porque se fallo que la communicacion que aquella gente tenia con los judios que moraban en las çibdades de Cordoba e Sevilla e sus diocesis era alguna causa de aquel yerro, ordenaron el rey e la reyna, por constitucion perpetua, que ningun judio, so pena de muerte, morase en aquella tierra". Pulgar, *op. cit.*, p. 337.

[54] Segura es una aldea cercana a Alcántara en Extremadura, en la frontera con Portugal.

[55] Ver *RGS*, V, p. 513, n° 3589, fol. 292. El documento es del 27 de julio de 1488.

[56] *RGS*, VI, fol. 93, de 20 de febrero de 1489, n° 609. La cuestión de dónde fue hecho prisionero el hermano de Natán Narboni no es relevante. Tal vez en Málaga. Pero lo esencial es la prohibición de ir allá. Narboni recibió permiso por cuatro meses y después una prórroga por dos meses (es decir hasta el 20 de abril de 1489).

[57] ... "e que se reçelan que les sea fecho algund mal o daño o prision por causa del decreto que los ynquisidores de la eretyca prauidad de las dichas çibdades de Sevilla e Cordova tyenen puesto que los judios non entren en el dicho arçobispado e obispado". Ver *RGS*, VI, p. 237, n° 1614, fol. 191. La orden fue emitida en Jaén el 6 de junio de 1489. Ver también Baer, *JChS*, vol. II, pp. 393-394,.

[58] Ver *RGS*, VI, p. 335, n° 2299, fol. 351.

desconocidos, resolver el problema de sus bienes dejados. A todo esto debe agregarse que el poder de la Inquisición era enorme y la Corona apoyaba su línea de acción en todo lo que concernía a los expulsados de Andalucía.

El 30 de julio de 1485 se entregó un permiso especial de entrada a Andalucía al recaudador de impuestos Abraham Benveniste y a Orovida, su esposa. Ambos fueron acusados de haber influido sobre algunos conversos induciéndolos no sólo a observar preceptos rituales judaicos sino también a salir del Reino. El matrimonio Benveniste negó la acusación contra ellos elevada y solicitó de la Corona un permiso para entrar a la región. Es de suponer que tenían sus razones para pedir dicho permiso especial, ya que sin duda alguna la acusación contra ellos había sido presentada ante la Corona. Los Benveniste argumentaron que ya recibieron su castigo por la prohibición general contra todos los judíos de entrar en Andalucía. La Corona les concedió el permiso de entrada obligándolos a pagar 300.000 maravedís de multa por el rescate de prisioneros de los países moros. Es de suponer que la multa fue pagada, porque de otra manera no se hubiera emitido el salvoconducto de protección. Nos parece que hay que ver en la multa una especie de transacción entre la Corona y Abraham Benveniste y su esposa, así como en el hecho de que se impusiera una multa y se pagara hay que ver un reconocimiento por ambas partes de la veracidad del caso.[59] Recordemos además la posición de Abraham Benveniste como recaudador de impuestos, considerando que sus relaciones con la Corona tenían un peso especial. Ya hemos mencionado anteriormente el problema de los prisioneros de Málaga en Carmona. Sabemos también que, estando Meir Melamed en Jaén, recibió un permiso para ir a Carmona con el fin de trasladar a los cautivos de Málaga a Castilla, permiso que le fue otorgado por el lapso de cuarenta días. Dicho permiso incluía también a Abraham Senior y a otros diez judíos, autorizados a ir con él con la misma finalidad. En realidad, este permiso se otorgó para completar el pago de la suma de rescate por una cantidad de diez millones de maravedís,[60] y

---

[59] *Ibid.*, V, p. 204, n° 1500, fol. 202 y compárese con Suárez Fernández, p. 267.
[60] La suma total era de 20 millones de maravedís. Ver M. A. Ladero Quesada, "La esclavitud por guerra a fines del siglo XV: el caso de Málaga", *Hispania* CV (1967), pp. 63-88; idem, *Milicia y Economía en la Guerra de Granada: El Cerco de Baza*, Valladolid, 1964, pp. 26-27.

fue añadido a él Abraham Senior, Rab de la corte, recaudador mayor de impuestos del reino de Castilla y hombre de confianza de la Reina. En el documento emitido a Meir Melamed, la Reina solicitaba de los Padres Inquisidores que cuidaran y mantuvieran la protección otorgada a los que iban a Andalucía.[61] Por lo tanto, hay que considerar la residencia de los judíos prisioneros de Málaga en Carmona como provisional, pues comenzó con su llegada a Carmona (después de haber sido hechos prisioneros durante la conquista de Málaga en 1487), y finalizó con el pago del rescate del 6 de junio de 1489. La Reina autorizó a los rescatados a ir a Castilla y a cualquier lugar allende el mar, según ellos mismos desearan.[62] Creemos no exagerar si afirmamos que en el permiso mismo de ir allende el mar, es decir a los países del Islam, hay una insinuación clara sobre la dirección y organización de la salida de quienes serían expulsados de España en 1492.

Después de la expulsión de Andalucía quedó pendiente la continuación de la recaudación de impuestos e ingresos del Reino y la manera de cobrarlos por intermedio de recaudadores y cobradores judíos en toda aquella zona. Obviamente, tanto la recaudación de impuestos como su cobro estaban vinculados a la posibilidad de poder trasladarse a Andalucía y permanecer lo necesario en la región. Recordemos aquí a Yose Ibn Yaish de Córdoba, ligado al arrendamiento de varios impuestos en su ciudad y en otros lugares de Andalucía, y de quien se conocen las recaudaciones que efectuó en los años 1483, 1488, 1489 y 1491.[63] Otros arrendadores de impuestos de aquella zona fueron Abraham Senior, que recaudó en 1490 los impuestos

[61] "... E ruego e encargo a los dichos ynquisidores de las dichas çibdades de Seuilla e su arçobispado e Cordoua e su obispado que guarden e fagan guardar este dicho mi seguro, el qual es mi merçed que vala desde el dia que los dichos judios entraren en el primero lugar del dicho arçobispado e obispado fasta quarenta dias primeros siguientes", *RGS*, VI, p. 237, nº 1614, fol. 191.
[62] "E sy alguno o algunos de los dichos judios se quisÏeron yr e pasar allen la mar con sus mugeres e fijos e fasienda que se vayan e puedan yr e pasar seguros syn contradiçion alguna", *loc. cit.*, nº 1613, fol. 1, y compárese con Baer, *JChS*, vol. II, pp. 393-394, y asimismo Suárez Fernández, *op. cit.*, pp. 327-329. No sabemos de donde se consiguió el dinero para lograr el rescate; el problema del rescate de los prisioneros de Málaga, rebasa los límites de este estudio.
[63] Ver Beinart, "*Trujillo...*", índice: Yaex y también *ibid.*, documentos sobre su actuación como recaudador de impuestos y su huida en el año 1491. Ver también Baer,

de Jerez de la Frontera;[64] Meir Melamed, que recaudó en 1491 una serie de impuestos indirectos en Córdoba;[65] Israel Gabriel, trujamán de la Corona, que recaudó en aquel mismo año los impuestos de los Obispados de Málaga y Almería;[66] Yosef Abenahes, que cobró impuestos en 1491 en la ciudad de Córdoba;[67] y Yeshaya Bote que arrendó diversos ingresos en 1491 en Málaga.[68] Es probable que no fuesen los únicos que se dedicaron a esta actividad, a pesar del nuevo plan de recaudaciones establecido en 1491 por consejo y recomendación de Tomás de Torquemada.[69]

Y en este punto, cabe preguntarse: ¿se hizo algo por anular el edicto de expulsión? Algunos intentos de intervención por parte de las autoridades de la ciudad de Jerez de la Frontera, parecen conducirnos hacia una respuesta afirmativa.[70] Por otro lado, el encuentro de un representante del Concejo de los Veinticuatro en la ciudad de Sevilla con los inquisidores en enero de 1483 no dio resultados positivos. Además, como ya hemos indicado más arriba, Jerez se esforzó por evitar que se adueñaran deshonestamente de los bienes de los judíos que habían salido de ella. El 7 de enero de 1484 los Reyes Católicos ordenaron al fiscal de la ciudad de Jerez de la Frontera postergar la expulsión por seis meses y se le insinuó, sin entrar en detalles, que en otros casos ya se habían postergado expulsiones. Es importante mencionar la oposición al destierro y su postergación en el caso de los judíos de Puerto de Santa María.[71] Fue don Luis de la

---

JChS, vol. II, p. 387. Yose Ibn Yaish arrendó en 1488 el impuesto de la moneda forera. Su título era "recabdador mayor de las alcábalas del marquesado de Villena, Requena, del almojarifadgo, de Castellano de Cordova".

[64] Ver RGS, VII, p. 565, nº 410, fol. 68. La fecha del documento es del 23 de diciembre de 1490.

[65] Ver Baer, JChS, vol. II, pp. 399-400.

[66] Ibid.

[67] Probablemente Yose Ibn Yaish; ver RGS, VII, p. 271, nº 1910, fol. 177. El documento es del 21 de junio de 1490.

[68] Ver Baer, ibid.

[69] Ver H. Beinart, "Memorial de Torquemada a la reina Isabel", Proceedings of the 6th Congress of Jewish Studies, vol. II, Jerusalem, 1975, pp. 3 ss. (Hebreo).

[70] Ver más arriba y también H. S. de Sopranis, Sefarad XI (1951), p. 366.

[71] Idem, "La judería del Puerto de Santa María de 1483 a 1492", Sefarad XIII (1953), pp. 309-324.

Cerda, Duque de Medinaceli, quien intercedió a favor de los judíos de la ciudad y ordenó explícitamente confiscar todos los bienes de quienes salieran de ella en beneficio de su propio tesoro. Y parece correcta la suposición de de Sopranis,[72] que dice que el Duque estaba informado acerca de la tendencia de los reyes Católicos a postergar las expulsiones locales hasta que el reino, al terminar la conquista de Granada, estuviese listo para dicha medida.[73]

Volvamos ahora a la pregunta ya formulada: ¿cuál es el vínculo entre la expulsión de Andalucía en el año 1483 y la de España entera en 1492? La descripción de cómo se desenvolvió la expulsión de Andalucía revela las dificultades que surgieron en su ejecución y en qué medida no estaba preparado el Reino para disposiciones de tan largo alcance en la solución del problema de los judíos y de los conversos. Es opinión general que fueron los Padres Inquisidores quienes fijaron la línea a seguir en ambos casos. Una comparación entre el contenido de los dos edictos demuestra el vínculo ideológico que hay entre ambas expulsiones y la relación directa entre las maneras en que se llevaron a cabo. Aunque no haya llegado a nuestras manos el edicto de expulsión de Andalucía, su contenido y sus intenciones resultan claros partiendo de los detalles que nos ofrecen diferentes documentos. Yuxtaponiendo el edicto de expulsión de 1492 a los detalles conocidos respecto a la expulsión de Andalucía, se puede ver claramente la conexión entre ambos eventos.

[72] *Ibid.*, p. 319. Ver p. 312 donde señala a doce judíos que residían en Puerto de Santa María en los años 1483-1484. Dos de ellos eran médicos, otro sastre, un tercero cambiador. Los oficios de los demás no se especifican. Algunos eran originarios de Jerez de la Frontera. Es de suponer que llegaron a Puerto de Santa María después de la expulsión de Andalucía. Por lo tanto, se trata de una comunidad relativamente pequeña que aun no había logrado echar raíces.

[73] Ver H. Beinart, "La expulsión de Valmaseda en 1486", *Zion* XLVI (1981), pp. 39-51 (Hebreo).

Edicto de expulsión de Andalucía	*De toda España*
	Enumeración de las medidas tomadas para resolver el problema de los conversos:
	1. Separación entre ellos y los judíos en los barrios de residencia.
Impedir las relaciones entre conversos y judíos, como está descrito en la Crónica de Pulgar.	2. Creación de la Inquisición para eliminar la herejía de los judaizantes y descripción del daño que causan los judíos a los conversos por el contacto entre ellos y porque les enseñan a cumplir preceptos judaicos.
	3. Expulsión de Andalucía donde el daño causado por los judíos a los conversos fue gravísimo.
Servicio a Dios y a la Corona a pesar del daño y de la disminución de ingresos. Expulsión perpetua.	Servicio a Dios y a la Corona. Única solución: expulsión total y perpetua de los judíos de todo el Reino y zonas de su dominio.
Salida al cabo de un mes.	Salida al cabo de tres meses.
Quien retorna es condenado a muerte y sus bienes son confiscados.	Prohibición de regresar y residir en el reino bajo pena de muerte y secuestro de los bienes, y prohibición de dar asilo a judíos después de fines de julio de 1492. Partida silenciosa y segura.
Venta de las propiedades.	Limitaciones para sacar bienes durante los tres meses fijados.

122

Esos son los puntos similares entre los dos edictos, con la diferencia de que mientras los judíos estuvieron en Castilla, pudieron ir liquidando sus propiedades en Andalucía hasta unos años después de haber salido de ella.

El edicto de expulsión de Andalucía que tenía un cariz netamente religioso, se proclamó con el consentimiento de los Reyes Católicos, quienes se plegaron a los Padres Inquisidores entre los cuales se contaba Tomás de Torquemada, que en 1482 se unió oficialmente a ellos. En el edicto de expulsión total de España del año 1492 emitieron los Reyes en forma abierta su declaración antijudía y la alianza entre la Inquisición y la Corona quedó sellada para siempre. Y si la expulsión de Andalucía sirvió como experimento para probar la efectividad de la medida y extraer conclusiones respecto a su aplicación, debería haber servido también como aviso respecto a la suerte que esperaba a los judíos. Pero el judaísmo andaluz no era consciente en aquellos días del peligro que lo acechaba, así como tampoco lo fue el judaísmo español hasta que se selló su destino con la expulsión de 1492.

O CRISTÃO-NOVO: MITO OU REALIDADE

Elias Lipiner

Dizem: Vinde e risquemo-los de entre as nações   *(Salmos 83, 5)*

1

Em seu excelente livro de investigação e interpretação histórica *Inquisição e Cristãos-Novos*, publicado em 1969, Antônio José Saraiva propõe algumas soluções radicais para a problemática do Santo Ofício de Portugal. Servem de epígrafe à obra duas frases. A primeira de Jean Paul Sartre, estabelecendo que os judeus dispõem de um liame comum exclusivamente porque vivem no meio de uma sociedade que os considera judeus; e a segunda de Frei Domingos de Santo Tomás, afirmando que "assim como na Calcetaria havia uma casa onde se fazia moeda, no Rossio havia outra em que se faziam judeus". Essas frases estão a indicar a modalidade de enfoque dos problemas, escolhida pelo autor, inspirada no pensamento daquelas duas autoridades. O primeiro deles, Sartre, nega terminantemente a existência intrínseca da nacionalidade judaica, enquanto o último, segundo interpretação de Saraiva, considera a Inquisição do Rossio fábrica de judeus e o cristão-novo português, por consequência, um simples produto mercantil, marca Santo Ofício.

É finalidade declarada da obra problematizar a Inquisição, bem como, e particularmente, pôr em dúvida o conceito de cristãos-novos que se formou, segundo o autor, por sugestão e, consequentemente, por interesse dos Inquisidores, para ser adotado sem mais análise pelos historiadores modernos. Erradamente e iludidos, estes teriam tomado à letra os documentos fabricados pela Inquisição, tendo adotado aquele conceito por força da inércia das idéias feitas ou — na expressão pitoresca do autor — transviaram - se no sábio labirinto montado pelos Inquisidores para iludir e despistar. Os Inquisidores, por seu

124

turno, assim teriam agido porque necessitavam convencer o público da existência de uma heresia hebréia que ameaçava subverter a sociedade cristã da época.

Para o autor, em consequência, não se confundem as designações *cristão-novo* e *judeu*, e o problem do cristão-novo não é, por isto, um problema de Judaismo. Ele cita (pag. 25) o conceito de Sartre, emitido no ensaio *Reflexions sur la Question Juive*, segundo o qual "o judeu está em situação de judeu porque vive no seio de uma comunidade que o tem como judeu", e declara que tal asserto aplica-se de forma particularmente flagrante aos cristãos-novos ibéricos.

2

Afirmado pelo próprio autor que, na solução da dúvida sobre o verdadeiro conceito de cristão-novo, adotava o entendimento de Sartre quanto ao conceito de *Judeu*, resta examinar, ainda que superficialmente, o pensamento desse filósofo francês. No seu referido ensaio, escrito em 1944, Sartre analisa em profundeza psicológica a personalidade do anti-semita francês, revelando o comportamento deste, os seus temores conscientes e subconscientes e os motivos de sua maior ou menor predisposição para a receptividade às inclinações anti-semitas. Porém, a profundeza de análise e a ousada sinceridade que caracterizam esse trabalho de raro interesse, na parte referente ao estudo da personalidade das pessoas que mostram predisposição para as idéias anti-semitas, desaparecem completamente, sendo substituídas por um raciocínio simplista e por um espírito menos atento, quando passa a tratar do próprio judeu. Este é por ele definido como "homem que os outros homens consideram judeu".[1] Em outro passo (p. 9), Sartre afirma que "se o judeu não existisse, o anti-semita inventá-lo-ia", o que sugere a idéia de que o judeu é, ou poderia ser, um produto exclusivo do anti-semitismo. Partindo destas suas afirmações negativistas, Sartre, que tão corajosamente se colocou na defesa do judeu dos malefícios do anti-semitismo, cai na contradição de negar a existência intrínseca do próprio objeto de sua defesa.

[1] Jean-Paul Sartre, *Reflexões sobre a questão judaica*, trad. de J. Guinsburg, São Paulo, 1960, p. 47.

No entanto, milhares de anos de evidência histórica se opõem a essa tese, formulada com desprezo absoluto pela intensa e longa história judaica de autonomia política anterior à expulsão da antiga Judéia, descrita em todos os compendios de curso ginasial. Nem é de se desprezar o período posterior à expulsão. Antes pelo contrário. A experiência judaica na Diáspora, não obstante as suas feições frequentemente martirológicas e de romance histórico, não perde a sua dimensão de realidade, com suas idades de ouro culturais, com sua atividade social plenamente independente, colorida e estimulante, e ainda com as suas tentativas de recuperação da vida política autonoma — outrora perdida — em vários períodos e em vários pontos do globo terrestre. Esses valores perenes de tradição e de ideais comuns, conseguiram manter a independência nacional judaica também no exílio. Se assim não fosse, como se explicaria o testemunho histórico de seus sofrimentos, como coletividade nacional, em todos os tempos e em todos os lugares?

Pouco, ou nada, restou de tudo isso na tese de Sartre, em que milhares de anos de história intensamente vivida, de alegrias e tristezas sensíveis, de sangue vertido pela sobrevivência coletiva, ficaram reduzidos a simples sombra ou reflexo de um indigno conceito anti-semita. O filósofo francês assevera, com efeito, que na Diáspora a comunidade judaica esvaziou-se de seu passado histórico ativo, não mais podendo invocá-lo, tendo passado, por outro lado, a experimentar uma vida martirológica de longa passividade; e se a mesma comunidade ainda é classificada como sendo judaica, é porque os cristãos anti-semitas "criaram o judeu", ao provocarem uma parada no processo de sua assimilação a eles.

No entanto, não é ao anti-semitismo que se deve a existência dos judeus, mas à diferença nacional destes em relação às nações entre as quais vivem disseminados. Nem se pode resolver a questão judaica mediante simples negação de sua existência. Segundo tudo indica, e embora não pareça, Sartre limitou-se a tratar de um dado segmento moderno da História dos judeus franceses, sem descer com mais profundidade na universalidade presente do judaísmo, e muito menos no passado histórico deste povo e nas suas visões para o futuro.

Não há talvez ao longo da História do mundo, um povo que reúna tão múltiplas e tão sólidas qualidades, como os judeus, para corresponder à complexa e tão discutida modalidade da sociedade humana, designada por *nação*. Os judeus, mais que qualquer outro povo, apresentam com exuberancia todos os elementos constitutivos do conceito clássico ou moderno de nação, como seja: raça — não tomada essa expressão no seu significado biológico — língua, tradições e aspirações comuns e, ultimamente, até território. Como judeus foram perseguidos através da Idade Média, como judeus foram expulsos dos reinos de Espanha e Portugal na época do Renascimento, em 1492 e 1497, como judeus foram emancipados e declarados livres pela Revolução Francesa, como judeus foram trucidados pelos alemães no século XX e, finalmente, como judeus recuperaram seu território em 1948. Como judeus afrontaram e atravessaram todos os perigos que a maldade humana colocou no seu caminho, conservando intactas suas virtudes e seus defeitos no meio das turbações, perpetuando-se por entre flagelos e labaredas inquisitoriais, atravessando Idades históricas. A História acha-se tão repleta desses fatos, que bem nos dispensa de citar exemplos específicos, muito menos num trabalho como o presente, em que não se pretende tratar a fundo o problema judaico em geral. Dissociar dos judeus toda essa herança adquirida desde os mais remotos aos mais recentes tempos, é uma generalização muito apressada.

3

Saraiva aplica ao cristão-novo português, em toda a extensão, a tese de Sartre de que o judeu é um homem que os outros homens consideram judeu e que, por consequência, não existiria, não fossem os cristãos que o criaram. Põe, ademais, em grande evidência o fator econômico no critério por ele adotado para distinguir os cristãos-novos dos outros grupos sociais, ao afirmar que a atividade inquisitorial resultava da evolução das classes sociais e das particulares conveniências destas. Não foi, pois, a atividade secreta dos judaizantes que provocou a instituição dos tribunais do Santo Ofício, mas estes, pelo contrário, foram estabelecidos com a finalidade de "fabricar" cristãos-novos judaizantes. O cristão-novo sacrificado na fogueira não passava, segundo Saraiva, de um mito criado para o fim da luta de classes da época.

Argumenta, com efeito, esse autor que, enquanto em outros países europeus a minoria judaica — não expulsa ou exterminada — era assimilada na população geral, na Península Ibérica tal processo de assimilação era interrompido por um outro em sentido contrário que conduziu a uma nova discriminação e criou, por conseguinte, em lugar da antiga, uma nova minoria, constituida de cristãos-novos. A personalidade deste grupo social assim formado — insiste — não resultava de diferenças étnicas ou religiosas, mas, sobretudo, de suas atividades econômicas predominantes, com que se distinguia dos demais grupos sociais. Situados entre o fidalgo e o lavrador, entre a aristocracia guerreira e a plebe, os cristãos-novos constituiam o grosso da classe média burguesa, pelo que "o nome de Cristão-novo corresponde a uma situação econômica e social" (p.23).

Porém, o fato de, no contexto geral, o nome do cristão-novo passasse a corresponder a uma situação econômica e social, não lhe deve tirar necessariamente a sua dramaticidade do ponto de vista histórico, nem elimina as motivações religiosas de sua origem — como pretende Saraiva. Por detrás da atividade inquisitorial contra os judaizantes podia ter havido, entre outros, também o fator econômico, mas não se pode interpretar esse fenômeno histórico com o recurso exclusivo a esse fator. Aquela atividade podia perfeitamente manifestar-se em formas econômicas, sem ser necessariamente produto delas. O esquema marxista de interpretação, em que se sobrepõe o fator econômico, considerado este geralmente como a causa de tudo e adotado, em consequência, para a explicação fatal de tudo, peca em muitos casos pelo exagero.

No caso em tela, com efeito, pode-se admitir que cristãos-novos e certos cristãos velhos pertenciam a classes sociais diferentes de interesses antagônicos dentro do quadro social da época. Mas também não se pode negar que para essa diferença contribuira, em primeiro lugar, o preconceito religioso, originado presumível e primitivamente da culpa atribuída aos judeus pela morte de Cristo. Ao interpretar a atividade inquisitorial como exclusiva rivalidade de classes sociais, esqueceram-se esses exegetas de que o cristão-novo, antes de constituir ou corresponder a uma certa classe social, era o judeu convertido à força no tempo de D. Manoel, ou descendente desse converso. E a prova disso é que, à classe burguesa dos cristãos-novos perseguidos pela Inquisição, correspondia, na organização social portuguesa da época, outra idêntica, porém constituida de cristãos-velhos, do mesmo plano econômico, e que não eram perseguidos pelo Tribunal eclesiástico. E, se a Inquisição representava mesmo a luta da classe eclesiástica contra a classe burguesa em ascenção — como pretende Saraiva — o fato é que perseguiu apenas os burgueses de origem judaica, e não pode, por isso, ser classificada como perseguidora da classe econômica por motivos puramente temporais, não religiosos.

A verdade, em qualquer hipótese, é que a luta entre as duas classes assumiu um aspecto religioso, por ser dirigida apenas e com exclusividade contra os ex-judeus ou cristãos-novos da classe combatida. Ainda que se quisesse aceitar, pois, a tese do autor de que num ambiente isento de perseguições religiosas, os cristãos-novos e seus descendentes acabariam por se dissolver na sociedade portuguesa, o fato é que eram perseguidos como judeus, e não exclusivamente como representantes de certa classe social. No caso podem ter agido em confusão surtos de fanatismo religioso atávico e razões de concorrência econômica.

4

Independentemente das tinturas de marxismo que se possa atribuir à matéria, a inclusão do fator econômico entre os motivos determinantes da atividade inquisitorial, não constitui nenhuma novidade. Não são poucos os historiadores que apontam o móvel econômico das perseguições contra os cristãos-novos, e que reduzem a luta contra os infiéis à luta de interesses materiais exclusivamente. Atrás do zelo religioso ter-se-ia ocultado a concorrência econômica.

Há, nesse particular, similitude de situações entre os judeus e cristãos dos tempos pré-inquisitoriais, de um lado, e entre os cristãos-novos e cristãos-velhos da época inquisitorial, de outro lado. Já quanto ao anti-semitismo nos primeiros tempos da monarquia, quando o judaísmo ainda era permitido em Portugal, Lúcio de Azevedo advertia: "O que temos é de reconhecer a existência de um fato de natureza econômica que foi porventura o fator decisivo no sentimento dos povos da Península, e nas deliberações de seus monarcas em relação aos hebreus"; e que de modo nenhum devia o ódio aos judeus ser atribuido "à hostilidade de raça, ao impulso de

129

sectários, por serem [os judeus] de outro sangue e de outra crença".[2]
Isto, do lado dos cristãos. Do lado destes, até historiadores como
Lúcio de Azevedo admitem que a religião não passava de pretexto.
Porém do lado dos judeus — e, posteriormente, dos cristãos-novos —
a motivação era diferente. Os judeus e cristãos-novos, a outra parte na
luta, aceitavam o sacrifício, ou ao mesmo se expunham, por motivos
exclusivamente de sobrevivência religiosa, ou, em termos modernos,
de sobrevivência nacional: "A religião — adverte o referido
historiador — que em geral se toma como a causa única e essencial do
antagonismo existente, e que realmente o era para os hebreus a quem
um preceito divino se impõe para todos os seus usos e em cada um dos
atos da vida; a religião não passava para os cristãos de um motivo
secundário sobreposto a vários outros, que de per si geravam a
hostilidade; e a prova é que jamais ela se manifestou em grau
comparável para com os mouros, também de diversa crença, inimigos
do campo de batalha, e vencidos dominadores. Esse motivo, por assim
dizer necessário, sobressaía porém, pelo seu caráter especial, aos
demais, dando a ilusão de que só ao fanatismo se devem atribuir as
perseguições".[3] Em várias ocasiões da História de Portugal, com
efeito, procurava-se reverter sobre os judeus a culpa pelos desastres
econômicos do Reino, assim como se sabe que a perseguição aos
cristãos-novos afetava não em pouco a capacidade econômica de
Portugal.

A invocação das razões puramente econômicas pelos historiadores
de tendência marxista, com exclusão do fator religioso, coincide, pois,
num ponto essencial, com idêntica invocação por parte de
historiadores anti-judaicos, como Lúcio de Azevedo, e, parcialmente,
Mário Sáa. Este, feroz anti-semita, afirma também que "tanto a
religião era um pretexto, e unicamente pretexto, quanto nos anos
primeiros do Santo Ofício, alguns judeus procuravam refúgio nos
Estados do Papa, aí em plena tolerância religiosa".[4] Ele, porém, dizia
isto com outros intuitos, já que considerava que o móvel das
perseguições não era econômico, mas racial, ao afirmar em outro

[2] Lúcio de Azevedo, *História dos Cristãos-novos portugueses*, Lisboa, 1922, p. 34.
[3] *Ibid.*, p. 38.
[4] Mario Sáa, *A invasão dos judeus*, Lisboa, 1925, p. 31.

O Cristão-Novo

passo que o Tribunal da Inquisição era uma instituição régia criada "para canalizar a aversão dos portugueses contra os judeus".[5]

De qualquer ângulo, porém, que se encare o problema, a conclusão é sempre que, fora da intenção declarada, de conservar a unidade absoluta de crença, de quem criou o Tribunal, este se pode ter transformado em instrumento de pressões econômicas, mas não se pode afirmar que estas tivessem constituido a finalidade da criação do mesmo Tribunal.

5

Partindo da idéia estranha e fragmentária de Sartre, que envolve a negação da existência de nação judaica, Saraiva chega à conclusão apressada de que o cristão-novo, igualmente não passa de um mito, cuja imagem, ademais, se desvaneceu "ao toque dos decretos de Pombal". Este, segundo Saraiva, teria partido de uma teoria mais verdadeira do que aquela que por interesse próprio haviam adotado os Inquisidores. Presumindo que os cristãos-novos só existiam graças a uma discriminação arbitrária, fundada nas leis de limpeza do sangue, nas Listas de contribuintes dos perdões gerais e nas Listas dos condenados nos autos-de-fé, mandou Pombal abolir aquelas leis, queimar as Listas de contribuintes e suprimir os autos-de-fé. Feito isto — afirma Saraiva — "não houve mais Cristãos-novos em Portugal", o que prova — acrescenta — a razão dos que sustentavam, como Ribeiro Sanches e outros, que a Inquisição era uma fábrica de judeus" (p. 39). A raça ou religião dos cristãos-novos, que durante dois séculos constituiram o grande problema nacional de que falam Lúcio de Azevedo, Cecil Roth, Révah, Caro Baroja e outros historiadores "fundiu-se como neve ao sol" deixando como único resíduo "uma montanha de papel" — o enorme arquivo dos processos inquisitoriais da Torre do Tombo. Pelo que "a definição religiosa ou étnica do Cristão-novo era em última análise burocrática e papelesca" (p. 197).

Tal afirmação simplista, no entanto que esvazia o conceito de cristão-novo de qualquer sentido religioso ou étnico, enchendo-o de

[5] Ibid., p. 30.

131

conteudo econômico-social exclusivamente contraria a verdade histórica. Nem a nacionalidade judaica inexiste intrínsecamente, conforme pensa Sartre; nem o cristão-novo se desvaneceu sem deixar rastro, conforme diz Saraiva nas linhas finais e conclusivas de sua obra. Desde os primeiros tempos em que o cristão-novo surgiu na sociedade portuguesa, pelo batismo violento de todos os judeus em Portugal do ano de 1497, ele lutou dramáticamente pela sua sobrevivência religiosa. Primeiro, no tempo da própria violência, mediante atos de desespero descritos em detalhes pelos cronistas judeus e católicos da época, como Samuel Usque e Osório. "Com esta violência contra as leis divinas e humanas — adverte Usque — ficaram feitos cristãos muitos corpos, mas nunca nas almas lhes tocou mácula, antes sempre tiveram imprimido o selo de sua antiga lei".[6] Posteriormente, a luta do cristão-novo português pela sua sobrevivência religiosa, manifestou-se através do criptojudaísmo exercido às ocultas durante séculos, conforme se pode deduzir, com maior ou menor fidelidade dos milhares de processos conservados na Torre do Tombo, bem como de outras fontes subsidiárias.

Em sua obra *Esperança de Israel*, publicada em 1650, em Amsterdã, Menasseh ben Israel testemunha o fato, em seu tempo, afirmando (item XVII) que "ainda hoje conservam e observam secretamente a Lei de seus pais, que por força e não por vontade deixaram". A afirmação de Usque, contemporâneo da conversão, e a de Menasseh, um século e meio depois, se explicam, entre outras razões, também porque além dos judeus autóctones viviam, no Portugal de 1497, muitos milhares de judeus fugitivos da vizinha Espanha, que já haviam demonstrado seu apêgo à Lei antiga ao terem preferido o exílio à permanência tranquila como batizados em sua terra natal. Não se exige extrema engenhosidade para deduzir que tais elementos, sem mais escolha para novamente se exilarem — diante do conhecido obstáculo então oposto por D. Manoel — persistiriam secretamente no seu judaísmo, depois de presos e convertidos contra a sua vontade.

Vários outros fatos conhecidos podem ser citados em apoio a essa tese. Assim, os representantes do Clero, que se dedicavam, segundo Saraiva, à "fabricação de judeus" nos Estaus, em certas ocasiões

---

[6] Samuel Usque, *Consolação às tribulações de Israel*, Dialogo III, p. XXX-v.

pronunciaram-se pela sua expulsão do Reino, sob a alegação do exercício do criptojudaísmo. No *Tratado sobre a gente da nação hebréia do Reino de Portugal*, composto por ordem do rei, no século XVII, os prelados, seus autores, alegavam que os cristãos-novos judaizantes, apesar de perseguidos e de poderem emigrar para outros países onde podem professar livremente o judaísmo, não o faziam, por ser a emigração contrária aos seus interesses materiais. Aconselhavam, por isto, a sua expulsão.[7] Significa isto que fabricavam cristãos-novos para exportação?

Com raras exceções, ademais, a acusação dos prelados de que os cristãos-novos não emigraram de Portugal por interesses materiais, é falsa. O próprio Ribeiro Sanches, em cujas teses se baseia Saraiva para provar a fabricação artifical de cristãos-novos em Portugal, afirma duas coisas contrárias a essa prova: primeiro, que entre as famílias de cristãos-novos em Portugal havia persuadidos de crença judaica e propagandistas dela; e, segundo, que logo que podem, os cristãos-novos saem sem demora do Reino, e no estrangeiro, geralmente de boa vontade, se fazem judeus públicos.[8] Ambas essas afirmações provam que cristãos-novos judaizantes os havia em Portugal, sem necessidade de serem "fabricados" ou inventados pela Inquisição. Ribeiro Sanches, ele próprio, era cristão-novo português do século XVII, que fugiu de Portugal par declarar-se judeu no estrangeiro, se bem que mais tarde retornou à fé católica.

Outro emigrado português do século XVIII, o célebre Cavaleiro de Oliveira, cristão velho porém não católico, que conviveu durante as suas peregrinações pela Europa com fugitivos da Inquisição portuguesa, também confirma ter encontrado cristãos-novos portugueses retornados ao judaísmo. Alguns destes confessaram-lhe expressamente "haverem saído de Portugal pela impossibilidade em que estavam de, sem perigo, praticarem a lei mosaica que tinham recebido com o leite".[9] "Pelo que tocava à religião — escreve Lúcio de

---

[7] Lúcio de Azevedo, *op. cit.*, pp. 199 e 474; Saraiva, *op. cit.*, p. 278.

[8] A.N. Ribeiro Sanches, *Cristãos-novos e cristãos velhos em Portugal*, Porto, ed. Raul Rêgo, 1973, pp. 48 e 56.

[9] Cavaleiro de Oliveira, *Recreação Periódica*, pref. e trad. de Aquilino Ribeiro, Lisboa, Oficinas Gráficas da Biblioteca Nacional, 1922, p. 112.

Azevedo — era do conhecimento geral que todos os da raça, que deixassem a Península, para onde quer que fossem, logo se declaravam pela Lei de Moisés. Enquanto permanecesse livre para todos a saída, parecia o caso irremediável. João Baptista de Este, pensionado do Fisco por serviços à Inquisição, queria que fossem denunciados em Roma ao Papa, e aos governantes dos demais Estados, os portugueses que se iam circuncidar em Itália, para que os castigassem; e neste sentido representou em 1635 ao Inquisidor Geral".[10] Ainda em 1763 — afirma o mesmo autor — os cristãos-novos portugueses que podiam, buscavam refúgio em países tolerantes para lá se declararem.[11]

Outro sintoma, finalmente, que dá significativa indicação sobre a existência de cristãos-novos judaizantes em Portugal e nas suas Colonias durante o predomínio inquisitorial, sem necessidade de sua criação pelos Inquisidores, são as notórias reminiscências de criptojudaismo ainda em nossos dias, que foram apontados por vários pesquisadores modernos em obras exuberantemente conhecidas, algumas dedicadas exclusivamente ao assunto. A não ser por conveniencias de pura polêmica, não se pode negar esse fenômeno, ou reduzir-lhe a significação alegando simplesmente — como o faz Saraiva — que tais reminiscências são fósseis "que o pulsar da história não teve tempo de moer e assimilar" (pag. 228). Assim como, por outro lado, seria romântico e ingênuo admitir que os cristãos-novos portugueses viviam durante séculos como judeus completos, mascarados apenas de católicos. Antes deve-se admitir que, em verdade, o judaísmo jamais se extinguiu completamente em Portugal; apenas regredia, tornando-se cada vez mais vago, consoante o seu exercício, por medo da Inquisição, se ia tornando mais difícil, e o isolamento religioso, mesmo nas suas formas residuais, se mostrava extremamente incômodo. Aos olhos do pesquisador moderno, porém, essa crescente regressão e consequente ocultação étnica dos cristãos-novos não deve ser confundida com a inexistência destes, nem deve sugerir a idéia de sua fabricação, por inexistentes, para satisfazer alegadas necessidades do Clero. Tudo, sem negar também o fato de que numerosos cristãos-novos se integraram para sempre, sinceramente ou por conveniência, na sociedade portuguesa.

---

[10] Lúcio de Azevedo, *op. cit.*, p. 219.
[11] *Ibid.*, p. 348.

6

Não se atina facilmente com o significado original da frase de Frei Domingos de Santo Tomás, tirada de seu contexto, como aparece na epígrafe do livro de Saraiva. O Frade talvez tencionasse referir-se, desse modo, aos poucos casos em que cristãos velhos acusados de judaísmo, viam-se obrigados a confessar-se judeus, dado o perigo de nega-lo, porque segundo os estilos de processamento do Santo Ofício era mais fácil escapar com vida confessando a heresia do que negando-a. "Experimentou-se — afirma o autor das *Notícias Recônditas* — que os cristãos velhos na Inquisição faziam confissões de judaísmo, como os cristãos novos fazem, e pior, se pode ser".[12] Em outro passo, com efeito, esclarece o mesmo autor "que a forma e estilo praticado de presente nas Inquisições de Portugal, em lugar de extinguir o judaísmo (que esta é a tenção da Igreja), o está produzindo e fazendo de cristãos judeus".[13]

Todavia, ninguém mais indicado para decifrar o conteúdo daquela frase pitoresca, do que o próprio D. Luís da Cunha que a transmitiu nas sua *Instruções Inéditas* e no seu *Testamento Político*, onde Saraiva foi buscá-la para erigí-la em epígrafe de sua obra. A mais superficial análise da exegêse de D. Luís da Cunha em tôrno da frase, revela que esta não deve ser entendida necessariamente como expressão de uma linha de pensamento que nega a existência concreta dos cristãos-novos portugueses. Basta atentar para os exemplos que cita para concluir que os mesmos envolvem o reconhecimento da existência natural dos cristãos-novos judaizantes, sem necessidade de sua invenção pelos Inquisidores.

D. Luís da Cunha, com efeito, atribui a decadência industrial e comercial que se apossou de certas zonas em Portugal, à fuga dos cristãos-novos que fecharam suas casas por temerem de ser presos pelo Santo Ofício, e condiciona, por isso, a restauração da economia do Reino ao seu retôrno. Aconselha mesmo que para provocar êsse retôrno "se lhes deve dar, de um modo ou de outro, liberdade de

12 Ver: *Obras escolhidas do P^e. Antônio Vieira*, ed. Sá da Costa, vol. IV, Lisboa, 1951, p. 225.
13 *Ibid.*, p. 239.

religião e segurança de que os seus bens não serão confiscados".[14] Como se pratica ademais — acrescenta em outro passo — "entre tôdas as nações da Europa".[15]

Quanto ao sentido em que D. Luís da Cunha citou a frase de Frei Domingos, dúvida não há de que pretendeu através dela expressar a necessidade de reformar os estilos de processamento do Santo Ofício, por ele considerados únicos responsáveis pelo aumento fictício do número de cristãos-novos no Reino.

Com o fito de "acordar a utilidade temporal do Reino com a espiritual da religião", o diplomata português pleiteava o abrandamento do rigor daqueles estilos de processamento, a fim de que sobreviesse uma seleção natural entre os cristãos-novos católicos e cristãos-novos judaizantes, permitindo-se a estes seguir a sua religião, ainda que ocultamente, porque "pouco importa à República que haja judeus ocultos, quando não escandalizam e conservam as suas casas".[16] Reconheceu, pois, a existência, no Reino, de uma apreciável classe de judaizantes.

7

Como deve, então, ser entendida a frase-chave da obra de Saraiva? Sartre conclui seu ensaio dizendo: "Nenhum francês será livre enquanto os judeus não gozarem da plenitude de seus direitos. Nenhum francês estará em segurança enquanto um judeu, em França e no mundo inteiro, possa temer por sua vida". Do mesmo modo, já no século XVIII, Francisco Xavier de Oliveira, o já citado *Cavaleiro de Oliveira*, escrevia: "Portugal só será um país próspero e progressivo quando se abolir de vez o tribunal do Santo Ofício. Antes não. Além disso, nada feito, enquanto, no mesmo lugar onde hoje se acha o Palácio da Inquisição, não plantarem os judeus a Sinagoga".[17]

Ambos os conceitos colocam a questão judaica no plano universal, e dão expressão eloquente ao pensamento humanista de que a própria

[14] *Testamento Político*, São Paulo, ed. Alfa-Omega, 1976, p. 99.
[15] *Ibid.*, p. 88.
[16] *Ibid.*, p. 81.
[17] Cavaleiro de Oliveira, *op. cit.*, p. 115.

segurança do homem está em causa através da perseguição aos judeus, e de que a sorte destes é a sorte da humanidade. São conceitos que exprimem altas aspirações humanísticas, mas não realidade histórica. São frases de ousada sinceridade, mas de pura eloquência. Olhados do ângulo da realidade objetiva, não passam de belos aforismos que são lógicos e verdadeiros apenas na aparência, ou se aplicam parcialmente a um número reduzidíssimo de casos. Representam uma só face interpretativa dos fenômenos, constituindo-se por isto em atraentes mas ilusórias meias-verdades. Daí por que são de efeito puramente retórico.

De igual efeito é a frase-chave da obra de Saraiva, afirmando que a Inquisição era uma fábrica de cristãos-novos. Como se estes fossem produto feito no Paço do Rossio, em Lisboa, sede do Santo Ofício, e não dos laboratórios e labirintos de uma história dramática milenar.

Sartre, no seu citado ensaio, alinha um conjunto de idéias em que se proclama eloquentemente a inexistência da nação dos judeus. A elas adaptaram-se perfeitamente, em regime de interdependência, as teses de Saraiva a respeito da inexistência dos cristãos-novos portugueses. Ambas essas engrenagens intelectualistas, a principal e a subalterna, integram-se num só sistema posto em movimento na tentativa de riscar historicamente a nação judaica de entre as nações do mundo, como prêmio ao seu martírio, martírio esse reconhecido e reverenciado por um e por outro, pois ambos são humanistas e democratas sinceros. O filósofo francês, ademais, chegou a retificar a sua tese publicamente em várias oportunidades e em váriados graus, a partir de 1966 pelo menos.[18] Não assim, ao que se saiba, Saraiva. Seguiu o mestre no avanço mas abandonou-o na marcha à ré.

E os cristãos-novos portugueses, queimados e feitos em pó, em fanáticos autos de fé, de maneira que nunca de seus corpos e sepulturas pudesse haver memória — na expressão e na prática estereotipadas do Tribunal do Santo Ofício — são agora pela segunda vez reduzidos a pó. Isto, em obediência a um parágrafo da doutrina marxista, ou por meio de uma engrenagem subalterna de um frio maquinismo

---

[18] Quanto à última retificação, feita um mes antes de sua morte, ver as palestras entre Sartre e Benno Levy, publicadas em varios números do *Nouvel Observateur* de março de 1980.

intelectualista pelo qual, de uma forma assáz estranha, se atribui a existência da nação dos judeus ao anti-semitismo, e a ele exclusivamente.

O RITUAL DOS CRIPTOJUDEUS PORTUGUESES
(Algumas reflexões sobre os seus ritos)

Amílcar Paulo

A Inquisição portuguesa, apesar de toda a sua violência, não conseguiu exterminar do íntimo dos cristãos-novos a sua crença mosaica. Muitos foram os que abandonaram o torrão natal — a pátria que lhes fora madrasta — procurando em Bayona, S. João de Luz, Bordeus, Amsterdã e muitas outras cidades da Europa, ambiente propício à prática dos usos e rezas dos seus antepassados. Outros, porém, continuaram no país praticando um dualismo religioso, ou seja, comportando-se exteriormente como cristãos, mas no remanso do lar continuavam a praticar em segredo os ritos mosaicos. Mas os esbirros da Inquisição vigiavam, pelo que todo o cuidado era pouco; e assim, muitos dos usos de antanho foram desaparecendo, como a prática da circuncisão, embora fosse ainda usada pelos cristãos-novos, numa ou noutra terra, durante a primeira metade do século XVI, como se pode verificar pelos livros de denúncias das Inquisições de Évora e de Lisboa (António Baião, *A Inquisição em Portugal e no Brasil*, Lisboa, 1921, pág. 108). A Festa dos Tabernáculos e a degolação ritual dos animais, tiveram a mesma sorte, assim como o uso do *Taleth* (manto liturgico) e muitos outros objetos do culto judaico de que não restam vestígios nas tradições criptojudaicas. A *mezuzah* deixou de figurar nas ombreiras das portas e os próprios livros de rezas — *o Livro de Tefiláh* — onde se encontram coligidas as orações do ritual israelita e decerto o livro de maior expansão entre os judeus religiosos, foram abandonados. Uma coisa era preciso cumprir escrupulosamente — o segredo. As denúncias vinham de onde menos se esperava e quantos deles se haviam visto envolvidos num processo inquisitorial por haverem cumprido, uma vez ou outra, de modo velado e esporádico, incompleto e inadequado, segundo a Lei Velha, um pequeno rito familiar! A pouco e pouco quase todo o ritual foi desaparecendo,

139

ficando a prevalecer um arreigado monoteísmo e a fé na vinda do Messias. O hebraico foi esquecido ficando retido apenas o conhecimento de umas poucas palavras ou frases; as suas preces eram endereçadas ao grande Deus de Israel, *Adonai*. As suas orações eram compostas em português, imitando por vezes, na forma, os modelos tradicionais.

O seu guia era o Velho Testamento e, ainda que com um conhecimento muito limitado do Judaísmo, continuavam a respeitar as suas doutrinas fundamentais, de entre as quais se destacava a crença na unidade divina. Com as perseguições cada vez mais violentas e a confiscação de bens, a maioria abandona por completo as tradições judaicas restando, na atualidade, um pequeno número que continua a manter o seu sistema tradicional de crenças.

E existiram em Portugal belos comentários às orações e às práticas judaicas como por exemplo o *SEDER TEFILOTH* do rabi David ben José ben David Abudarham, escrito em Sevilha no ano de 1340 e impresso em Lisboa em 1495, nas oficinas do rabi Eliezer Toledano. Constitui este um dos mais preciosos incunábulos portugueses que consta de 170 folhas impressas a duas colunas. A primeira página, deste incunábulo, tem uma linda tarja representando animais entrelaçados. Além do existente na Biblioteca Pública Municipal do Porto (Portugal) conhecem-se mais catorze exemplares desta primeira edição, sendo a do Porto o exemplar mais bem conservado de todos eles. Existem, também, manuscritos vários em hebraico anteriores à conversão forçada de 1497 e outros muito próximos desta data, constituindo ricas coleções de orações para o ano liturgico judaico (*Vid.* T. Metzger, *Les Manuscrits Hébreux Copiés et Decorés à Lisbonne*, 1977; Gabrielle Sed-Rajna, *Manuscrits Hébreux de Lisbonne. Un Atélier de Copistes du XVᵉ Siècle*, 1970).

Vejamos agora a religiosidade dos conversos. Muitos deles, como já atrás tive osasião de afirmar, permaneceram fiéis ao culto mosaico, embora uma minoria tenha abraçado com sinceridade e até com fanatismo a nova crença. É evidente, que nem todos os condenados como judeus pela Inquisição o eram de fato mas aos olhos dos zelosos inquisidores eram indícios de judaísmo práticas, hábitos e até costumes que nem a conversão mais sincera poderia jamais desarreigar-se dos seus hábitos como por exemplo a aversão fisiológica à carne de porco que não podia vencer-se com argumentos teológicos.

José Leite de Vasconcelos, (*Etnografia Portuguesa*, vol. IV, Lisboa, 1958, pág. 168) com o seu proficiente saber, ao analisar os cristãos-novos do nosso tempo diz-nos que: "uma religião ensinada e praticada com tanto perigo e em tão rigoroso segredo, sem sacerdotes nem livros, transmitida apenas por via oral, foi naturalmente empobrecendo de formas e ritos, sofrendo alterações nos seus preceitos e até, aqui e além, se contaminou da influência do catolicismo, que os cristãos-novos eram obrigados a professar publicamente." E assim sucedeu de fato. Os criptojudeus atuais mostram um estranho sincretismo e um esquecimento muito acentuado do judaísmo ortodoxo, conservando um corpo de doutrina e de ritual muito imperfeito. A norma ritualista foi-se dissolvendo ficando apenas dela fragmentos isolados e desconexos, surgindo reinterpretações da antiga Lei de valor muito desigual. De toda esta amálgama, deturpações e acrescentos a que não foi estranho, como muito bem diz o douto Professor José Leite de Vasconcelos — o contato com o catolicismo — surgiu um novo ritual: — o criptojudaico. Mas por mais desconexo que as suas rezas e práticas se nos apresentem, não restam dúvidas quanto às suas origens.

De casa, do âmbito familiar, como já dissemos, desapareceram os livros de rezas em hebraico e os símbolos judaicos. A sua posse constituia um perigo eminente e por isso foram surgindo traduções em língua portuguesa daquelas orações que foram consideradas como essênciais à fé que os guiava. Alguns desses cadernos de orações chegaram até aos nossos dias. Ainda hoje, na aldeia de Rebordelo, concelho de Vinhais, em plenas terras de Bragança, o Sr. Moisés Abraão Gaspar conserva em seu poder um manuscrito que tem o nome de *Livro de Orações ao Altissímo Deus todopoderoso*, que consta de duas partes: a primeira intitulada *Orações* e a segunda *Coisas Divinas*. A primeira parte ocupa 72 páginas e a segunda vai da página 73 a 89; o tipo de letra parece ser do século XVIII. O registro do fato mais recente é o da morte de Luiza Angélica Pimentel.

Nos anos de 1929, num arrabalde da cidade do Porto, vivia a Sr². D. Antónia Candida da Costa Martins que possuía, também, dois manuscritos de Orações que herdara de sua Avó, Perpétua da Costa, natural da cidade de Bragança, onde ainda existem descendentes desta família criptojudaica.

Deviam ter sido vários os manuscritos do gênero destes e que circulavam entre os criptojudeus. Pouco inteligíveis por vezes, eram as suas orações pronunciadas em atitudes mágicas por uma *rezadeira* (sacerdotiza judaica).

Dualistas no comportamento religioso, não deixam de ir à Igreja assistir aos ofícios dos cristãos, mas igualmente não descuidam de acender as candeias em honra do Senhor, de guardarem o *Shabbath*, de observarem os dias de jejuns judaicos, a celebração da Páscoa judaica, a recitação de preces judaicas, o luto segundo o costume judaico, etc.

Todas estas pequenas comunidades atuais são constituídas por gente pobre que explora modestas atividades produtivas. A maioria vive do comércio ambulante, negociando cereais, curtumes, lã churra, tecidos que expõem nas feiras e mercados. Todos aqueles que a sorte vai bafejando desligam-se do núcleo dos seus antigos companheiros de fé, ascendendo, através dos seus casamentos com cristãs-velhas, a uma *classe social* mais elevada. Só os mais pobres, os mais rudes, continuam ligados ao arcaico quadro de crenças, rezas e práticas criptojudaicas. Os da cidade de Bragança são na maioria sapateiros e os da vila de Vilarinho dos Galegos que outrora disfrutaram de certo desafogo econômico, com a primeira grande guerra viram-se arruinados, pelo que os atuais *marranos* constituem o setor mais pobre da população. Durante largo período de tempo foram os cristãos-novos os detentores do comércio e da industria destas localidades.

Mas não era só a atividade econômica da sua terra natal que lhes estava nas mãos, o seu domínio estendia-se para fora do lugarejo onde haviam visto a luz pela primeira vez e, assim, sucedia que o comércio de azeite, cereais e lã de Macedo de Cavaleiros era feudo seu. Atualmente, como já acentuei, são os mais pobres que continuam ainda arreigados à tradição criptojudaica. E é pelas mulheres, mais conservadoras e apegadas à tradição que os homens, que se perpetua a tradição já quase moribunda.

Por certo que já não vamos encontrar nas orações dos criptojudeus actuais do Nordeste português o ritualismo das *Tefilóth*, mas por outro lado não faltam cânticos, bênçãos e louvores, como os psalmos que começam por uma acção de graças, como este por exemplo:

"Bendito Tu, Adonai, nosso Deus, rei do Mundo que nos santificaste nas santas encomendações, Benditas e Santas, Santas e Benditas, nos recomendaste pelos teus profetas para distinguir o Teu Santo dia e nele repousar e escolheste em Terras de Israel."

As orações dos atuais criptojudeus são feitas em comunidade de fiéis — caso dos *marranos* de Belmonte — ou isoladamente como em Vilarinho dos Galegos, Carção, Arcozelo, Rebordelo, etc.

Cito aqui como exemplo de uma celebração a Véspera de *Shabbath* na vila portuguesa de Belmonte:

Feirantes e artesãos todos acorrem aos seus lares. Chegados a casa, que nesse fim de tarde apresenta aparência festiva, mudam de roupa e preparam-se para tomar parte no ritual do acender das candeias — símbolo de alegria. A lâmpada de Sábado, em Belmonte, Vilarinho dos Galegos e Bragança, é acesa dentro de um vaso de barro, abrigando-a assim, dos olhares estranhos e assim se mantem desde a tarde desse dia até ao nascimento das primeiras estrelas do findar de Sábado.

A dona da casa coloca então uma toalha de linho na cabeça simulando o manto ritual usado pelos israelitas nas sinagogas e profere a seguinte oração três vezes:

"Ofereço estas minhas orações, estes meus louvores, em louvor de Vós, Senhor, tudo o que vos peço seja atendido em tudo. Em nome do Senhor, Adonai, amém."

Os restantes familiares respondem:

"Benditos e louvados, engrandecidos, realçados, manifestados, descobertos, honrados, festejados, exaltados sejam os setenta nomes do Senhor. Adonai, amém."

Seguidamente a dona da casa procede à preparação das torcidas de linho, dizendo:

"Abençoada seja esta torcidinha com a benção que o Senhor deitou aos seus santos servos e servas. Seja de Adonai, Abraão, Isaac e Jacob, a misericórdia do Senhor seja com a nossa alma. Adonai, amém."

Os familiares respondem:

"Anjos benditos, profetas, patriarcas, monarcas, diante do Senhor por intenção da Santa Sexta-feira, até Sábado. Adonai, amém."

Acesas as candeias de azeite, os presentes em coro proferem a seguinte oração:

"Louvem-te Senhor com gaita e tambor, louvem-te Senhor, com gaita e pandeiro, louvem-te Senhor, com gaita e psaltério, louvem-te Senhor com orgãos, louvem-te Senhor com todos os instrumentos do mundo, ajuntadamente sobre toda a gente. Em nome do Senhor, Adonai, amém."

143

Depois deste ritual do acender as candeias de azeite, dirigem-se para a mesa, mas antes de iniciarem a ceia, recitam a oração do pão.

"Assim como Vós, Senhor, criaste o pão significando os bens, assim vós, Senhor me darás os bens dos Céus e da terra para vos fazer Páscoas que vos sejam agradáveis empregando-me no Vosso santo serviço. Amém."

Terminada a refeição, todos os presentes recitam a *Aleluia*.

"Aleluia, santo justo, omnipotente Senhor Deus, eterno criador que habitais nas alturas, cercado de côres, de todos louvado.

Deus forte, Deus de Paz, pai dos pecadores.

Os anjos por mim vos deêm louvores.

Em grande cabo do mundo ajuntou o Céu e a Terra e tudo quanto é vivente.

Tudo louve e engrandeça Deus *Sebaoth*, Deus de Abraão, de Isaac e de Jacob.

Tudo santifique em um cântico fiel ao Deus supremo, ao Deus de Israel.

Deus firme em quem ponho a minha esperança, sede de misericórdia e de vingança.

Protege um povo afrontado de desgraças e aos leões está ameaçado.

Triunfar o faz dos seus inimigos: livrai-nos, Senhor, de semelhantes perigos.

Tem clemência do Teu Povo, que anda disperso sem pastor.

Vê que contra ele só, conspirando estão muitos leões assanhados; saciaram-se com o seu sangue e querem nossas vidas.

Não permitas alegrá-los, ó Deus soberano, com a nossa morte e com os nossos danos.

Não desprezeis inocentes vozes à mãos dos infames algozes.

Vê, se o teu amparo nos faltar, ao seu rigor não podemos escapar.

Tu és o Deus de Adonai, meu protetor e o meu amparo e o meu favor.

Teus milagres patenteia, ó Deus forte, castiga, humilha, fere e mata quem o teu povo maltrata . . . "

Sábado pela manhã, em Belmonte, é uso reunirem-se em casa uns dos outros e aí uma *rezadeira* dirige o oficio de Sábado que abre pela seguinte oração:

"Tal dia Santo, como o de hoje,
folgou o Senhor e descansou,
suas santas bandeiras compostas,
com os pendões levantados,
e os nomes do Senhor
foram ditos e declarados,
por boca de todos os ventos
e criaturas aumentados.

— Sábado, Sábado, Moisés, Moisés,
ao Sábado nada farás.
Ocupar-te-hás em servir e adorar
o Grande Deus de Adonai.

— Não há outro nem haverá,
louvado seja o Senhor que a vida nos dá,
amém, Senhor, ao Céu vá, ao Céu chegue."

A crença no Deus único é bem visível, também, nesta bela oração:

"Creio em Deus Omnipotente, criador dos céus e da terra e de
tudo quanto numa e noutra se encerra.
Creio em Vós, Senhor, na Vossa Santa e bendita Lei,
Creio em Vós, Senhor, único Deus verdadeiro;
Creio, Senhor em que pela Vossa Bendita mão deste a Moisés,
no monte Sinai, a Vossa Santa e bendita Lei para que o teu
povo a observasse;
Creio que o Vosso povo do Mar Vermelho o salvaste e os
inimigos afogaste;
Creio em Vós, Senhor, único Deus Verdadeiro, que sois Rei
Divino e Rei da Glória, porque só Vós sois o Rei dos reis, Deus
dos deuses, Senhor dos senhores, Pai dos pais."

Apenas vos apresento este extrato, devido a ser esta oração muito
extensa.

Cântico da Páscoa: Este cântico, inspirado no *Cântico de Moisés*
capítulo XV do Êxodo é um exemplo vivo de que as orações dos
cristãos-novos provinham ou de traduções para a língua portuguesa
do *Livro de Tefiláh* ou de arranjos da própria Biblia de que o Cântico de
que vou citar alguns excertos é puro exemplo:

145

Adonai, Adonai
Adonai, Senhor meu!

Cantemos hoje ao Senhor,
Deus de glória singular,
Que o cavalo e o cavaleiro
Lançou no fundo mar.

Bem como herói vencedor
Seu Omnipotente nome,
O carro do Faraó
E o exército consome.

Escolhidos generais
E valorosos soldados
Com ele no Mar Vermelho
Foram também sepultados.

Tais abismos os cobriram,
Que com força acelarada
Foram descendo ao profundo
Qual grossa pedra pesada.

Teu grande braço, Senhor
Magnífica fortaleza,
Firme ao duro inimigo
Abatendo-lhe a fereza.

Depuseste os teus contrários
Com tanta glória prostrados,
Que foram pela tua ira
Qual débil palha cortados.

Parou a onda corrente
Rijos ventos não sopravam,
E no meio de um abismo
As águas se congregavam

— — — — — — — — — — — — — — — —

Caminhamos e andamos,
Louvaremos ao Deus de Israel
Que nos livrou do Egipto
Daquele rei tão cruel.

A nossa Lei é Santa,
Digna de todo o louvor,
Dizei todos comigo
Louvado seja o Senhor

Juntai-vos Israelitas
Ao povo mosaico,
Que a lei Santa do Senhor
Está no povo hebraico.

———————————————————

A recordação do Egipto é para Israel, aviso constante de que na terra não devem existir nem a soberba nem os falsos orgulhos.

Tal como os judeus ortodoxos, os criptojudeus nas suas orações fazem as suas súplicas, expõem em conjunto a Deus as suas necessidades, as suas preocupações, as suas penas, e rogam o seu socorro.

"Deus nos dê a fé de Abraão, a contrição de David, a ciência de Salomão, Vitória de Gedeão, aviso que teve Loth, a felicidade de Jacob, espírito de Elias, a caridade de Tobias, a paciência de Job. Senhor, Deus de Adonai, amém."

"Altíssimo Deus de Abraão, Deus dos deuses, infinito, ó grande Rei das batalhas. Tu és Santo, Tu és bendito; são tantos os Teus milagres, são tantos os teus prodígios, que governas o mundo todo só com o Teu braço divino; fazes pobres, aumentas ricos; livraste a casta humana, que não morresse no perigo, que não morresse apedrejada, sem ter culpa, nem delito, revogaste a sentença contra aqueles dois inimigos, que os fizeste supérfluos, fora dos cinco sentidos; meu Deus Senhor, Vos peço me livreis deste suplício.

Deus Adonai, amém. Ao céu vá, ao céu chegue."

Como já acentuei, o contato diário durante séculos das comunidades criptojudaicas com os preceitos e práticas do catolicismo, originou uma certa metamorfose de que são exemplares mais notáveis o amor e veneração que sentem pelo *Santo Moisésinho* e pela *Santa Rainha Ester*. Ao *Santo Moisésinho* dirigem as suas preces, pedem e desabafam as suas dores. Em algumas casas encontramos também uma gravura do Anjo da Guarda, influência essa marcadamente cristã, como de influência cristã é a oração que criptojudeus lhe dedicam:

147

"Santo Anjo do Senhor,
Meu zeloso guardador
Contigo me confio à piedade divina
Que sempre me guarde, me reja, me governe e me ilumine.
Anjo da minha alma, Anjo bom e verdadeiro,
Peço-te, Anjo divino, que sejas meu companheiro.
Amém."

Vejamos por último esta bela oração onde se implora o perdão Divino para as faltas cometidas, pedindo a Deus a graça de nos conduzirmos segundo os ditames da sua lei.

"Seja a Tua vontade Adonai, nosso Deus e Deus dos nossos antepassados, em ter piedade de nós. Perdoa-nos todos os nossos pecados e torna-nos a tua herança.

Perdoa-nos Adonai, nosso Deus, porque pecamos. Absolve-nos, nosso Rei, porque trasgredimos as tuas leis. Porque Tu ó Grande Deus de Israel, és bom, generoso e estás sempre cheio de piedade para os que te invocam. Por causa do Teu nome Adonai, absolvenos dos nossos pecados que são muitos.

É que Tu Adonai és nosso Deus, assim nos ensinou Moisés, nosso Mestre. Louvado seja Ele, que tirou a água do pó da Terra, assim a Senhor nos tire do pecado e de todo o mal e de toda a miséria. Faz-nos tornar para Ti ó Deus e volta para nós, renovamos os dias de outrora. Senhor, amém, ao Céu vá, ao Céu chegue".

As orações criptojudaicas têm vinculadas todas as vicissitudes da História de Israel que como é óbvio não posso enumerar cabalmente nesta comunicação por falta de tempo.

Tal como as dos verdadeiros israelitas, as orações dos marranos ainda existentes no Portugal do século XX são bem a expressão das crenças e aspirações de um povo através de todas as fases, ora luminosas, ora obscuras da sua longa existência.

ORAÇÕES JUDAICAS NA INQUISIÇÃO PORTUGUESA — SÉCULO XVI

Elvira Cunha de Azevedo Mea

O século XVI foi para Portugal um dos períodos mais caleidoscópicos da sua História: desde o sonho dum império marítimo à escala do globo, à realidade da perda duma independência que durava há já quatro séculos, houve de quase tudo — a ilusória hegemonia da Índia e o real abandono das praças do norte de África; a esperança num eldorado Brasil e o desastre de Alcácer-Quibir.

Do mesmo modo foi também muito multifacetada a história dos cristãos-novos em Portugal neste século XVI, diríamos mesmo, dominada também e simultaneamente por uma série de sonhos e esperanças que depressa se desvaneceram em dura vivência que uma vez mais foi hábil e inteligentemente contornada ou até mesmo ultrapassada.

Após a expulsão dos judeus de Espanha em 1492, a sua consequente entrada em Portugal inclui já toda uma gama de vicissitudes, que analisadas, refletem bem, por um lado a animadversão do povo para com o elemento judaico (bem patente ao longo da segunda metade do século XV, nomeadamente nas cortes de Évora de 1490), e por outro o seu poderio econômico, político, social e científico que levam D. João II a admiti-los no reino português.

Todavia a confiança que advém do peso da comunidade judaica em todas as esferas da vida portuguesa é banida de chofre pelo decreto de expulsão de Dezembro de 1496, vindo então e simultaneamente à superfície toda uma onda popular de anti-semitismo, até então controlada, mas cujo aproveitamento político vai servir para não deixar escapar potencialidades e valores de que, sobretudo nessa altura, o país tanto necessitava.

Assim tirou-se partido da conversão forçada e dos tumultos-carnificinas mais ou menos reprimidos dos primeiros anos do século

XVI (que culminaram com o de 1506 em Lisboa) para se mascarar com o sentimento religioso, situações que eram fruto dos lucros que os poderosos usufruíam com o funcionalismo judaico; ao mesmo tempo aproveitava-se para justificar a carestia galopante que começava a caraterizar o custo de vida, fato inexplicável para uma maioria crente no sonho da Índia.

Toda esta conjuntura é suficientemente complexa e sobretudo rápida, logrando mistificar a sua importância, de tal modo que muito poucos "agora" cristãos-novos se aperceberam da degradação irreversível da situação, pelo que só um pequeno número debandou para zonas mais favoráveis.

Muito para além das dificuldades que se punham aos cristãos-novos quanto à saída do país nestes alvores do século XVI, houve da parte da esmagadora maioria uma atitude confiante perante uma situação que se julgava passageira. A própria posição do cristão-novo sob o ponto de vista religioso (e dado até o seu caráter forçado) não oferecia problemas de maior desde que se usasse uma certa discrição; quanto ao aspecto econômico-social a nova posição era uma porta escancarada que permitia atingir e dominar campos até então proibidos, nomeadamente facultava o aproveitamento de potencialidades patenteadas pelas novas terras descobertas e que a "gente de nação" ia rapidamente avaliando.

O chorudo tráfico comercial da costa ocidental africana, o das especiarias da India e sobretudo a sua rede de distribuição a nível europeu, as riquezas das colônias espanholas americanas e já até os lucros do incipiente escambo do Brasil em que os cristãos-novos apostaram imediatamente, tudo isto constituía uma bela amostragem dum futuro que se sonhava excepcional.

De tal modo o futuro se visionava prometedor que quando começam a correr rumores duma iniciativa diplomática junto da Santa Sé para a criação dum Santo Ofício em Portugal, à semelhança do espanhol, a "gente de nação" portuguesa atirou-se confiadamente para a competência da sua própria diplomacia paralela que jogava bem nos bastidores do Vaticano, possuindo, entre outros trunfos de peso, a já tradicional tolerância do Papado, o poder do metal sonante junto da Cúria, uma ótima rede de contatos através das várias comunidades de correlegionários, etc.

A partir de 1521 com a subida ao trono de D. João III, a problemática ligada ao estabelecimento do tribunal da Inquisição em Portugal entra numa fase mais concreta e incisiva, não só devido à posição pessoal do rei e de sua mulher, D. Catarina (irmã de Carlos V), mas particularmente graças ao peso de toda uma opinião pública cujo facciosismo e intolerância constituíam outro bom trunfo para manter a oposição do Papa.

No entanto esta escalada ofensiva para a introdução dum tribunal de Estado é desconexa, dá-se, por assim dizer, por arrancos, depende muito das personalidades, o que torna a situação deveras confusa e enganadora.

Em Julho de 1522 o rei confirma os privilégios consignados aos cristãos-novos pelo seu antecessor em 1497[1] e em Dezembro de 1524 reitera também a permissão de livre saída do país, assim como a possibilidade de venda de bens.

Simultaneamente a década de vinte e os primeiros anos de trinta é muito "sui generis" para a raça hebraica: a Cabala torna-se moda entre os intelectuais de vanguarda renascentista, pelo que as figuras lendárias dum David Rubeni ou mesmo do português Diogo Pires alcandorado depois no famoso Salomão Molho, vão ter uma audiência e aceitação que ultrapassam em muito o horizonte das próprias comunidades israelitas, onde, naturalmente, gera dum modo geral[2] um entusiasmo deveras perigoso.

A comunidade portuguesa embarca plenamente nesta aventura de sonho de tal modo que a corrente de convicção quanto à proximidade da vinda do Messias a arrasta para atitudes e situações dum arrojo leviano, que em parte vão ser responsáveis pela autorização da criação do Santo Ofício em Portugal em Dezembro de 1531, licença imediatamente revogada pelo próprio Clemente VII dez meses mais tarde.

---

[1] Em Maio de 1497 D. Manuel determina que por um período de vinte anos não se façam quaisquer inquirições sobre o procedimento religioso dos conversos.

[2] Note-se que as comunidades judaicas mais ortodoxas aperceberam-se imediatamente do logro, de modo que intervêm junto do Santo Ofício para que Salomão Molho seja punido. O Papa salva-o mas quando Salomão Molho em companhia de Rúbeni pretende, segundo se consta, converter Carlos V, é preso, morrendo queimado em Mântua.

151

Após um entremeado jogo de pressões e subornos de vário género, em que há sempre por parte do Papado uma relutância forte em aceder aos muitos pedidos, como o do próprio Carlos V, e sem nada que o fizesse prever, o tribunal do Santo Ofício em Portugal é instituído em Maio de 1536, segundo bula publicada em Évora em Outubro do mesmo ano.

Todavia é de salientar que a criação desta instituição vem rodeada duma série de reservas tendentes a proteger os cristãos-novos,[3] para além de que o próprio Núncio em Lisboa vem munido de amplos poderes, não só para superintender o negócio da Inquisição como para exclusivamente vigiar a atuação dos Inquisidores, anulando todo e qualquer procedimento ilegal.

Naturalmente que nestas condições o funcionamento do tribunal é extremamente coarctado sobretudo pela participação dominadora do Núncio Capodiferro,[4] gerando-se mesmo uma certa tensão nas relações com a Coroa; de fato durante os primeiros anos, a ação inquisitorial foi bastante moderada, refreando toda uma praga de denúncias, algumas completamente despropositadas e ridículas mas que patenteavam bem a reação popular ao cristão-novo.

Constituíu-se assim toda uma teia de fatos que apanhou a comunidade judaica dado que a emaranhou na falsa ilusão duma certa segurança, tanto maior quanto a vinda do Messias se julgava iminente. 1539 é precisamente o ano em que a audácia esperançosa da "gente de nação" contribui inequivocamente para a ansiada substituição de Capodiferro e a nomeação do Cardeal Infante D. Henrique para Inquisidor-mor. Entretanto e após mais três anos os vários tribunais entram em franca atividade: entre 1540 e 1544 foram penitenciados cerca de duas centenas de pessoas,[5] na sua maioria conversos.

---

[3] Assim, dos quatro inquisidores gerais três eram nomeados pelo Papa e só um dependia da nomeação real. Durante dez anos os futuros réus ficariam isentos de confiscações e nos três primeiros anos os processos teriam as mesmas caraterísticas dos tribunais civis.

[4] Refira-se que não raro Capodiferro não só deferia as apelações dos condenados como soltava suspeitos e até, segundo parece, os ajudaria a fugir para o estrangeiro.

[5] Segundo as listas apresentadas por António Joaquim Moreira, *História dos principais actos e procedimentos da Inquisição em Portugal*, Lisboa, Imprensa Nacional —

Entre 1547-1567 podemos considerar que na generalidade a Inquisição permanece sem grande atividade, na medida em que grande parte da sua ação se centra em travar uma nova onda de restrições que paulatinamente a Cúria vai emanando.[6]

Entretanto e à medida que os anos iam transcorrendo, a gente de nação vai superando sutilmente todo este estado de coisas e sem olhar a gastos vai lutando denodadamente em Roma e Lisboa pela conquista de mais entraves para o funcionamento da Inquisição.

Por outro lado, passo a passo, cautelosamente, os cristão-novos vão-se destacando na intimidade, no plano familiar, até mesmo em questões de vizinhança, duma coexistência perigosa com cristãos-velhos.[7]

Ao contrário do muito que se tem conjeturado, as primeiras gerações de conversos não se inclinam nada para os casamentos mistos; os processos inquisitoriais para este século XVI apontam um número reduzido de consórcios mistos que nem sequer parece ir aumentando dum modo sensível ao longo do tempo, apesar de se constituir uma atenuante forte no julgamento inquisitorial.

Com efeito, constatamos por parte dos marranos uma certa aversão pelo consórcio com cristão-velho, atitude que não advém apenas dum certo sentimento de superioridade mas sobretudo é fruto da

Casa da Moeda, 1980², teriam sido processadas 201 pessoas, a saber: 50 pela Inquisição de Lisboa, 66 pela de Évora, 85 pela de Coimbra, ou melhor, 85 pela Inquisição do Porto. Refira-se no entanto que relativamente ao Porto temos provas que nos dois autos-de-fé aí realizados foram processados mais 120 indivíduos.

6 Entre outros podemos apontar alguns breves de 1547 segundo os quais durante mais de 10 anos estavam suspensas as confiscações e durante 1 ano suspendia-se qualquer sentença de condenação à justiça secular; possibilitava-se ainda a saída livre do país. Ver Lúcio de Azevedo, *História dos Christãos Novos Portugueses*, Lisboa, Livraria Clássica Editora, 1922, p. 109. Por sua vez os Núncios enviados para Portugal vinham com rigorosas ordens de fiscalizar minuciosamente o funcionamento do Tribunal do Santo Ofício.

7 Denota-se isso mesmo através de vários documentos da época, como as próprias Cortes de 1562 em que o clero denunciava que os cristãos-novos se afastavam deliberadamente do resto da população, mantendo entre si uma convivência que além de perniciosa refletia já um certo grau de potencialidade de heresia.

153

marginalização, do repúdio de que é vítima o criptojudeu por parte da sua comunidade, fator de muito peso, dado que a coesão e interajuda entre os cristãos-novos era uma realidade de fato.[8]

Na verdade se existe uma abertura social relativamente ao cristão-novo, essa abertura é meramente teórica, ou melhor, não é concretizada realmente, resume-se essencialmente ao campo profissional, pois que as próprias relações com cristãos-velhos dum modo geral raramente ultrapassam a convivência superficial do dia a dia, qua não chega a penetrar na intimidade, que não vai "portas a dentro".

Aliás e como já se referiu, frequentemente nos aparecem casos e casos em que se documenta que os cristãos-novos tendiam a morar junto de cristãos-novos para que nem a vizinhança pudesse constituir perigo.

No entanto é curioso que quando são abastados, os cristãos-novos têm criados cristãos-velhos, o que acarreta um certo medo dos patrões relativamente à prática dos preceitos da Lei Velha relacionados com a comida e automaticamente ocasiona também um grande número de denúncias dos respectivos servos (algumas ditadas por ressentimentos de todo o gênero).[9]

Perante uma situação deste gênero, em que, como dissemos, existe uma inter-relação de cristãos-novos e velhos muito linear, é óbvio que à medida que o tribunal do Santo Ofício vai exercendo regularmente a sua ação e "fazendo as suas entradas" nas várias regiões e penetrando consequentemente nas comunidades cristãs-novas, torna-se cada vez maior o distanciamento, a separação efetiva entre estes dois elementos da sociedade.

Simultaneamente tudo o que define, que é bem caraterístico da "gente de nação", que se vai voltando cada vez mais para si mesma, mais coesa, tende também a grassar, pelo que nos parece bem

[8] Este aspecto está desenvolvido no nosso trabalho, *Processos da Inquisição de Coimbra relativos à Metrópole de Braga (1567-1582)*, Porto, Arquivo Dominicano Português, 1982.
[9] Também este ponto é tratado com maior desenvolvimento no trabalho citado na nota anterior.

oportuno e sintomático o testemunho histórico de Samuel Usque ao dizer que "neste mal são todos um corpo a padecer" pois que "o secreto de suas almas nunca o mudaram".[10]

Na realidade o caráter forçado da nova crença, a total ausência de medidas tendentes a integrar o converso no seio da comunidade cristã, a sua superioridade cultural (ou pelo menos o sentimento dela), o peso da tradição ancestral (mesmo como sinônimo de identidade rácica), até a própria Inquisição, tudo contribuiu principalmente nesta época para que o cristianismo mais não fosse que uma atitude formal de circunstância.

A crença e o culto judaicos são uma realidade palpável que vão continuando agora confinados à intimidade do lar, o que não significa que sempre que possível se não alargue esse culto privado a parentes, amigos, vizinhos e conterrâneos.

É claro que este tipo de culto privado se reduz a todo o gênero de cerimônias que possam ser realizadas em casa e cujo teor lhes possibilite passarem desapercebidas. Os livros sagrados vão rareando, copiando-se apenas o essencial para poder continuar a cumprir os preceitos principais; frequentemente é através da oralidade que na memória de cada um se gravam para sempre rituais e orações que elevam o marrano a Adonai.

Com o tempo muito se vai perdendo e adulterando, embora esse mesmo ritual judaico tenha perdurado contra tudo e todos até ao nosso século numa prova de vigor e resistência inexcedíveis, diríamos, tipicamente judaicos.

A nossa escolha visa o século XVI, exatamente porque é aquele que pela proximidade no tempo relativamente ao cumprimento do ritual sefardita completo, nos revela uma maior pureza ainda que por vezes seja toldada por um sigilo, uma dissimulação inerentes a essa mesma pureza.

Não nos vamos deter no sistema de crenças dos marranos nem sequer no muito que nos revelam as várias fontes da Inquisição Portuguesa, pretendemos somente remeter-nos às preces e ao papel desempenhado por elas, o seu valor, a sua força no século XVI.

---

[10] *Consolaçam as tribulaçõens de Israel*, Coimbra, França Amado-Editor, ed. de 1908, III Diálogo, p. XXXII.

Segundo o ritual judaico a oração tem uma função importantíssima — ela vale mais que o próprio sacrifício.

A oração de qualquer crente tem tanto valor como a oração de qualquer profeta, como até a de Moisés, podendo mesmo ser mais eficaz — ela vale por si mesma e não em função da personalidade que a recita.

Como não existem intermediários entre Deus e o devoto, a oração torna-se ainda mais preciosa, sobretudo sempre que é interdito o culto e por isso também a nossa escolha.

A análise das fontes inquisitoriais nomeadamente os livros do Promotor[11] e principalmente os processos, possibilitam-nos uma recolha de certo modo abundante e muito significativa.

Pondo em relevo esse mesmo significado, optámos por nos remetermos aos tipos de preces mais comuns e em função também das comunidades mais populares, incidindo assim sobretudo na região norte do país, até porque foi também aquela em que a nossa análise processual foi mais exaustiva.

Esta tônica virada para o comum e em função dum número grande de indivíduos visa também não interpretar como fato o que pode ser exceção.

Dum modo geral e curiosamente nota-se que a partir do funcionamento efetivo do Santo Ofício e durante os primeiros anos não há por assim dizer uma confissão específica de orações, se exetuarmos a indicação duma meia dúzia de salmos penitenciais e uma ou outra oração que é as mais das vezes mais uma invocação que uma prece estabelecida como tal e repetida por outros indivíduos.

No entanto tenhamos presente que isto se verifica até à década de 70, isto é, exatamente com as primeiras gerações de conversos que com certeza, e dadas as circunstâncias históricas já citadas, foram perfeitamente educados na lei judaica se não completa, pelo menos apenas com algumas reservas.

Note-se também que a par do conhecimento pleno e perfeito de avultado número de rituais, existe uma implícita e velada preocupação de inserir os mais novos na Lei Velha, fato que acarreta condenações mais pesadas para estes mestres e simultaneamente leva a que, à

---

[11] Dum modo geral estes livros apresentam muitas lacunas para o século XVI.

medida que a Inquisição vai procurando sistematicamente detectar os mestres, atribui-se propositadamente esse ensino a defuntos e ausentes.

Notemos que há um orgulho muito enraizado em se ser judeu, bem documentado quando o converso é provocado, pois imediatamente confessa com altivez a sua devoção à lei de Moisés[12] e consequentemente a sua entrada na prisão.

Notemos ainda que não raro se observa esta ou aquela confissão em que explicitamente se diz que se lia por livros hebraicos, deste ou daquele modo, todavia, sem qualquer referência a orações.

Curiosamente há uma afirmação sistemática da ignorância de orações que entretanto é estranhamente contrabalançada por um conhecimento bastante aprofundado de variados episódios bíblicos nomeadamente aqueles mais ligados ao cativeiro e ao regresso do povo eleito à Terra Prometida, situações cujo paralelismo com o presente ajudava o marrano a enfrentar as dificuldades.

Assim é típico o desabafo altivo duma certa Isabel Álvares de Torre de Moncorvo:

"Deus tinha guardado aos judeus o bem que lhes avia de dar e que vindo o Messias os avia de transplantar em outra terra milhor, lhes avia de dar mui bem de comer sem trabalharem, que asi o soya Deus de fazer antes da vinda de Christo, e que a perseguição que agora tinham era por os judeus nam esperarem por Moises quarenta dias, dentro nos quaes lhes avia de dar a lei e aos vinte peccarem e fizeram delles quarenta, contando as noites por dias e Deus enojado disso os fazia andar em cativeiro por este pecado até vir o Messias que estava prometido".[13]

---

[12] Já certa vez referimos o caso extremo duma mulher que vivendo de esmolas afirmava que "milhor era a sua lei de Moisés que a dos christãos - velhos com que falava e os que nella criam não andavão a pidir pelas portas como os outros mal aventurados, antes davão de comer a outrem e que nenhum da sua geração morrera de fome nem avia de morrer; e que ella, re, mais se prezava de ser cadella do que huma pessoa com quem falava se prezava de ser christão ou cleriguo": A.N.T.T., Inquisição de Coimbra (= Coimbra), Procº. nº 4161, fol. ... (não numerado) do acordão final de condenação.

[13] Coimbra, Procº. nº 100 de 1570, fol. 54 v.

Muito provavelmente é esta fé intransigente que dá força aos réus para invariavelmente afirmarem que não sabem orações ou as esqueceram, embora gostassem de as conhecer e de tal modo que é exatamente um condenado à justiça secular que deixa escapar que estudantes marranos iam assistir aos autos-de-fé para aprenderem mais orações lidas durante as sentenças.[14]

Esta estranha e incongruente situação torna-se mais complexa a partir de 1570, ou mais propriamente após 1572, data em que poderíamos considerar uma nova fase desta questão.

A esta demarcação andam ligados alguns fatores circunstanciais que em grande parte se tornam responsáveis por esta mudança.

Em 1568 é permitida a confiscação de bens; em 1570 aparece um novo Regimento da Inquisição que embora circunscrito ao Conselho Geral, vem alterar de sobremaneira o procedimento inquisitorial no sentido de dar uma nova operacionalidade ao sistema, assistindo-se agora sistematicamente a uma sessão "in specie", isto é, uma sessão de perguntas concretas ao processado, baseadas nas denúncias, o que leva não só a um maior apuramento de culpas como também a um automático compromisso do réu que posteriormente já não pode invocar o esquecimento como desculpa.

As "entradas" da Inquisição vão também centralizar-se agora em zonas-chave de comunidades conversas, especialmente no Nordeste — vão ser devassadas Vila Flor, Bragança, Moncorvo, Miranda do Douro.

Simultaneamente uma maior centralização do poder para o Conselho Geral determina um rigor muito maior, inclusive, a utilização mais frequente do tormento como método para fazer confessar.

A partir da subida ao trono do Cardeal Infante, a situação agudiza-se; com o início da dominação filipina o Santo Ofício continua a caraterizar-se por uma grande severidade à semelhança do seu congênere espanhol.

Mercê destas e doutras razões e em oposição à fase anterior vamos deparar com um número avultado de orações.

---

[14] Coimbra, Proc°. n° 5050 de 1574, fol. 33v.

Dum modo genérico os criptojudeus confessam conhecer e rezar salmos, com uma incidência óbvia nos salmos de David[15] visto que o seu conteúdo encontra uma ressonância, um eco muito especial nos marranos de então, dadas as vicissitudes que por essa altura viviam. Destes salmos, que são sempre proferidos sem "Gloria Patri" e muitas vezes em "linguagem", alguns, os penitenciais, ou como lhes chamam até os sete salmos de S. Jerónimo[16] são os mais populares.

Salmo 6 (Pranto e penitência na hora grave): "Não me castigues Senhor, na vossa ira, da vosa sanha me tirai, memento mei Redentor, peço vos meu Criador que amanseis vosa ira, não lembrados sejão os meus peccados, e detratos contra vos, amerceai vos de mim, meus osos são turbados, não tardes em me ajudar, miserere redenção, pois não temo de clamar por ti minha salvação, ainda que vo lo eu não mereço, dai-me vos consolação pella vosa santidade vos pesso que mui affincada, que minha iniquidade não se lea com maldade".[17]

Aparece ainda como oração a 2ª. parte do salmo: "Cada dia rego meu leito com minhas lágrimas", etc.[18]

Salmo 32-31 (Confissão e perdão): "Bem aventurados são aquelles cujas maldades são perdoadas e cujos pecados são cobertos", etc.[19]

---

[15]   Coimbra, Proc.ᵒˢ nᵒˢ 8014 de 1569; 96 de 1570; 6572 de 1571; 1746, 1744, 8761, 8766, de 1583; 4153, 8932, 8934 de 1586, etc.

[16]   Assim chama por exemplo uma certa moça de Vila Real, Beatriz, na sessão de 10-3-84, Procᵒ. nᵒ 4153 de 1586, Coimbra.

[17]   Coimbra, Procᵒ. nᵒ 5163 de 1586, fol. (. . .) ou nos Procᵒˢ. nᵒˢ 4321 de 1571, fol. 31; 388 de 1583, fol. 69v; 1744 de 1583, fol. 199; 8761 de 1583, fol. 46; 8765 de 1584, fol. (...); 8784 de 1584, fol. (...); 9326 de 1584, fol. 7v. etc. Nalguns casos, como no Procᵒ. 5162 de 1586, fol. (. . .) a versão é um pouco diferente: "Não me reprendas Senhor, com a tua ira nem me castigues com a tua sanha, ho Senhor, merce de mim que sou enferma, os meus osos são conturbados, e a mi alma conturbada e muito, hasta quando, Senhor te acordares de mim. Acorda te Senhor azinha, perdona me la mi alma que en la morte não ha quem se acorde de ti nos infernos, quem se confessara a ti? Trabalhei com meu gemido, com lagrimas de meus olhos, cada huma de la noite; meu estrado e meu lecho, rogarei conturbado he meu entendimento que já envelheci entre meus inimigos, vos outros que aveis maldade, humilhai vos ao Senhor que já me ouvio com misericordia".

[18]   Coimbra, Procᵒ. nᵒ 536 de 1583, fol. 24, ou o Procᵒ. nᵒ 1746 do mesmo ano, fol. 69v.

[19]   Coimbra, Procᵒˢ. nᵒ 8761 de 1583, fol. 46; 276 de 1584, fol. (...), etc.

Salmo 51-50 (Miserere): "Amercea te de mym Deus, segundo tua grande misericórdia e segundo a multidão de tuas misericórdias e apaga de todo minha maldade", etc.[20]

Salmo 130-129 (O perdão): "Das profundezas bradei a Ti, Senhor, ouve a minha voz", etc.[21]

Salmo 25-24 (Perdão e proteção): "Senhor a ti alço a minha alma, Senhor em ti confio, não serei injuriado", etc.[22]

Salmo 27-26 (Confiança inquebrantável em Deus): "O Senhor he meu alumiamento, minha saude, a quem temerei? O Senhor he defendedor da minha vida, de que ei d'aver medo? Os meus imigos que me maltratão, cairão e adoecerão, ainda que venham contra mim guerras e batalhas, eu nisto esperei uma cousa: pedi ao Senhor e nesta requirirei que more na casa do Senhor todos os dias da minha vida, para que eu veja a vontade do Senhor e visite o seu santo templo, perque Elle me escondeo seu tabernacolo no dia do mal e a minha cabeça exalçou e ergeo sobre a pedra e a pos sobre os meus imigos. Cerquei e sacrifiquei em tabernacullo delle, sacrificios dobrados de louvor", etc.[23]

Salmo 121-120 (Proteção divina) frequentemente apelidado pelos criptojudeus de "cantar dos degraos", já que é um cântico das ascensões: "Alto Dios de Abraham, grande Senhor de Israel, tu que ouviste a Samuel, ouve minha oração, Senhor que te aposentaste nesas mui grandes alturas, ouve a mim pecador que te chamo das baixuras, Senhor que a todas as creaturas abristes caminhos e fontes":[24]

[20] Coimbra, Proc^os n° 8761 de 1583, fols. 64 e 64v; 8932 de 1586, fol. 48v; 1188 de 1596, fol. (...), etc.
[21] Coimbra, Proc^os. n°s 8761 de 1583, fol. 46; 9328, fol. (...), 266, fol. 9v e 270, fol. (...) de 1584, etc.
[22] Coimbra, Proc^os n°s 4183 de 1586, fol. 31v; 8932 de 1586, fol. 48, etc.
[23] Coimbra, Proc^os n°s 4183 de 1586, fols. 31 e 31v; 9328 de 1584, fol. (...); 270 de 1584, fol. (...), etc.
[24] Trata-se duma espécie de introdução ao salmo que nem sempre se encontra noutros exemplos, Coimbra, Proc°. n° 8777 de 1584, sessão de 28-5-84; Proc°. 8912 de 1584, sessão de 21-11-83. No Processo n° 1746 de 1583 surgem-nos algumas diferenças: fols. 14-15: "O grande de Abrahão, o grande d'Israel. Tu que ouviste a Daniel, ouve minha oração. Tu que nas alturas te poseste, ouve a mym cheo de pecados e de maldades que te chamo das baixuras. Ergo meus olhos aos montes e do ceo me venha

"Alcei meus olhos aos montes donde vira minha ajuda, a minha ajuda hé do Senhor que fez o ceo e a terra", etc.[25]

Salmo 18-17 (Aparição divina e triunfo): "Adonay meu Deus, meu abrigo, meu castello, forte e firme, meu grande Senhor em que me cufio".[26]

Poderíamos ainda citar vários outros salmos como o 37-36 (A sorte dos bons e a dos maus), 97-96 (O juízo triunfal de Deus) etc., que são os que aparecem em maior número. Pareceu-nos tratar-se do salmo 79-78 (A desolação de Jerusalém) aquele muito popular em várias regiões: "Alvoraçaram-se as gentes gentias e appulidarão se e falarão vaidades contra Adonay seu Gidio", etc.[27]

Entre os mais repetidos não conseguimos identificar o seguinte: "Bento seja o Senhor Deus de Israel que visitou e remio o seu povo e alevantou para nos o cabo da saude em casa de David seu moço, assi como falou por boca dos santos prophetas que forão de todo o tempo. Recebemos saude de mão de nossos immigos e de todos aquelles que nos querem mal pera fazer misericórdia com nossos padres alembrando se do seu testamento santo. E jura que jurou a Abrahão que se daria a nos para que seu temer dos nossos inimigos o servissimos em santidade e justiça todos os nossos dias. E tu moço, seras chamado propheta do muy alto para aparelhar seus caminhos. E pera dar a sciencia e sabedoria a seu povo em remissão de seus peccados pellas entranhas da misericordia do nosso Deos com amor e com abene aneme".[28]

Ainda relativamente aos salmos torna-se difícil não só identificá-los, pois que por vezes repetem pedaços incluídos no meio dos salmos,

---

ajuda de ti Senhor, que fizeste o ceo e a terra / Tira me de tanta guerra poys que somos do teu ver / povo que arrevelle e adormece abaste que sou filho de homem e de molher, que pequei diante de Ti, ha piedade de mym e de todo o filho d'Israel. Amen".

[25] Para além dos anteriores Processos n°s 8776, fol. (. . .), 9328, fol. (. . .), 270, fol. (...) 9632, fol. (...), 1479, fol. 9, todos de 1584; 5147, fol. 8 e 8933, fol. 7v de 1586 etc., da Inquisição de Coimbra.

[26] Coimbra, Proc°. n° 1746 de 1583, fol. 69v; Proc°. n° 1101 de 1568, fol. 28, etc.

[27] Coimbra, Proc°. n°. 457, fol. 40, 536, fol. 23v, ambos de 1583; 8765, (. . .), de 1584; 5147, fol. 8, 561, fol. 50, 185, fol. (...), estes de 1586, etc.

[28] Coimbra, Proc°. n° 388 de 1583, fols. 10-10v, etc.

como até perceber de quais se tratam porque é também frequente o réu afirmar que sabe seis, sete, vinte salmos penitenciais mas não os especifica.[29]

Aliás essa concretização geralmente é forçada nos interrogatórios "in specie", para cuja densidade e riqueza de informações contribuem muito as camadas mais jóvens que vão sendo detidas sobretudo a partir de 1580. No entanto e apesar da existência de inúmeras orações correspondentes a quase todos os momentos da vida do crente, não se encontram repetidas senão aquelas mais vulgares, ligadas ao dia a dia.

Assim, aparecem-nos orações do levantar e deitar, algumas delas não conseguimos saber até que ponto eram comuns ou se tratava de invocações pessoais. Pero Fernandes da Rosa dizia: "Encomendo me ao Senhor do mundo que fez o ceo e a terra".[30]

Simão Lopes da Guarda afirma que rezava alguns salmos de David sem "Gloria Patri", nomeadamente o 6-32-51 e 130 mas antes e depois dizia sempre: "Senhor, perdoa me os meus pecados que sou muito pecador. Ha misericórdia comigo. Os quais rezava muitos dias pella manhã alevantando se da cama e indo a huma janella sua que tem para o nascente, olhando para o sol e para o nascente".[31]

Sempre que podia, o marrano fugia à evocação de orações, detendo-se propositadamente na confissão de pormenores, atitudes e meneios a elas ligados.

Luísa Antónia também da Guarda orava assim todas as noites: "Bento tu, Adonay, nosso Deos, que com teu mandamento anoitecem as noites e com sabedoria abre as portas e com entendimento mudas as horas e ordenas as estrelas no ceo como he tua vontade e crias dia e crias noite e envolves a luz entre as escuridades e a (...) de Jacob, a teu povo desta lei e encomendanças, far nos has Senhor alegrar com verbos de tua lei".[32]

---

[29] É o caso duma já citada Beatriz de Vila Real que após referenciar dois ou três salmos, diz que "sabia 21 salmos em linguagem que estão nas oras de Nossa Senhora", fol. 48v do Processo nº 8932, da Inquisição de Coimbra.

[30] Coimbra, Procº. nº 1194 de 1583, fol. (...).

[31] Coimbra, Procº. nº 8761 de 1583, fol. 64v.

[32] Coimbra, Procº. nº 1746 de 1583, fols. 15 e 15v.

Ainda de manhã, à tarde, Isabel Álvares de Vimioso rezava: "Helo, helo, Maciadelo, Coronelo, lembrai, Adonay que elle me guardaria da ira do abastado, da seta, que hola do dia de Tanger que se tange ala sesta", etc.[33]

Esta última prece e outras ainda deram-nos a sensação que talvez não se tratando especificamente de orações da manhã e da noite, eram ditas como tal na medida em que não se conheciam outras.

É, por exemplo, o caso de Guiomar Cardosa de Lamego que de manhã e quando o sol se punha, entre outras, rezava a seguinte: "Falou Adonay a Abrahão ou falou o Senhor a Abrahão (o que quer dizer o mesmo) e disse-lhe:

— Abrahão, Abrahão, toma o filho Isac que amaste, vai te ao monte Horial, o qual dos montes eu te mostrei e delle faras sessão e sacrificio.

Disse Abrahão: — Praz me, Senhor.

Madrugou Abrahão e cingio dous dos seus asnos e tomou dous dos seus mancebos; foy se avesivel e vio este lugar de longe. Humilhou em terra e disse:

— Ficay vos aqui, meus mancebos, que eu e o moço iremos, humilharemos e incurvaremos; faremos sessão e sacrificio, volveremos a vos em paz. Foy se Abrahão e seu filho Isac, andarão ambos. A huma:

— A meu padre, ha meu filho, eys aqui o fogo, eys aqui a lenha, eys aqui o cutello, ello carneiro que alsassão. Alçou Abrahão seu braço para fazer sessão e sacrificio, apareceo o anjo d'Adonay e disse:

— Ta Abrahão, não ponhas mão no moço nem lhe faças nenhum mal, que agora sey que es temente a Adonay teu Deus. Alçou Abrahão seus olhos, vio estar carneiro preso em braveza e rama de seus cornos, para delle fazer sessão e sair do lugar de Isac, seu filho. Amen".[34]

Além de algumas outras, a mais citada é a prece seguinte: "Eu me estando em cabanas de paz e de piedade, emparo per nos, pieda a nos, insina a nos, aconselha a nos, conselhos bons sobre mim e sobre todo o mundo, sobre Israel, filhos de Israel, sobre Salão, paz ao nosso deitar, paz ao nosso levantar, paz ao nosso andar polla carreira".[35]

---

[33] Coimbra, Proc.os nos 3043 de 1586, fol. 52; 8933 de 1589, fol. 4 e 4v, etc.
[34] Coimbra, Proc.o no 1746 de 1583, fols. 15 e 15v.
[35] Coimbra, Proc.os nos 8912 de 1584, fol. (...); 8765 de 1584, fol. (...); 9329 de 1584, fol. (. . .); 3512 de 1586, fol. (. . .), etc.

A cerimônia da chamada "lavadura das mãos" antes das refeições é outra das situações a que se ligam algumas preces:

"Senhor, Vos nos encomendastes em terras de Syon que lavaremos os olhos e a cabeça e as mãos", etc.[36] "Bendito seja nosso Deus dos siglos que nos encomendou nas encomendanças, nas buenas en las santas que se crearão nel corpo de l'hombre, sobre lavadura de nossas manos, oculos, oculos, furacos, furacos, mi tinencia es poca, mi piedade grande, los olhos calçados per tu piedad, Senhor, piedai me a mim e a minhas cousas como vos piedastes sobre as cousas de Israel".[37]

Surgem-nos também preces ligadas ao cumprimento de vários jejuns: "Vos, Senhor, que criastes os ceos e a terra e apartastes o dia da noute, lembrai vos de mym e recebey este jejun em voso santo serviço".[38] "Asi Senhor como eu estou ajuna e não de pecados, asi tu, Senhor, me faze tua serva e da aquillo que te pedir".[39] "Senhor diante de Vos vengo em ajuno e não de pecado em dia de mio juno vos llamo, que recebais minha grande affeição e consoleis meu coração com a vinda de David e com a vinda de Mecea David".[40]

Embora tenhamos detectado com uma certa frequência através dos processos inquisitoriais confissões relativas a orações acompanhantes de muitos outros atos como o nascimento, a morte e várias festas e rituais judaicos, raramente são citadas pelo que nos detemos apenas e a título de exemplo em algumas. Filipa Fernandes de Seia sempre que acendia o candeeiro dizia: "Clara e alva se acenda nossa candea, agora e sempre".[41]

Por sua vez todas as sextas-feiras Leonor de Mesquita da Torre de Moncorvo rezava: "louvar te ia que me respondestes, vieste a mim para salvação, pedra que aborreceo aos fregadores, foi por causa do ricão, tocou o Senhor em elle que sabado deu para santo dia, para o guadarem, dado por David teu servo quando nos mostrou a vinda do

---

[36] Coimbra, Proc°. n° 4068 de 1583, fol. 69.
[37] Coimbra, Proc°ˢ. n°ˢ 4179 de 1586, fols. 16 e 16v; 9730 de 1583, fol. 94; 9331 de 1584, fol. 10; 9596 de 1584, fol. (...); 5162 de 1586, fol. (...) 551 de 1586, fol. (...); 8933 de 1586, fol. 4, etc.
[38] Coimbra, Proc°. n° 8717 de 1573, fols. 18 e 18v.
[39] Coimbra, Proc°. n° 4179 de 1586, fol. 42.
[40] Coimbra, Proc°ˢ. n°ˢ 9596 de 1584, fol. (...); 4179 de 1586, fols. 3v e 4, etc.
[41] Coimbra, Proc°. n° 2035 de 1583, fol. 113

seu ungido e nos tirou do cativeiro".[42] Sua filha e do licenciado André Nunes, Branca Nunes, refere que assim rezavam pelos defuntos: "Maroma chami preste pelas almas dos nossos mortos que sam passados deste mundo per mandado do Senhor, seja por vontade de Ti Adonai, que ouças recebas minha oraçam des do o grande ate o piqueno, todos á cova vão e o servo fica forro de seu Senhor, faze justidade, ate o ceo, fazei maravilhas debaixo de sua magestade diante de ti, Senhor, faze oje de limpeza tronjibões de santidade sejam roguadores, a ti, Senhor, pela alma tu lhe queiras acheguar, emparar e aguazalhar á parte direita do guanae seja a sua estada com todos os anjos e archanjos, prophetas e patriarchas, sejam roguadores a ti, Senhor, que lhes des remissam geral, amen".[43]

Violante Álvares de Vila Flor rezava junto duma parturiente: "Vinoão Adonay, mor cubritura, solombrado, abastado, a ti digno Adonay, me abrigo que alto puseste tuas moradas, asi não vira mal nem malicia nem chagas as tuas tendas que os Malachis te encomendarão", etc.[44]

Violante Rodrigues também de Vila Flor e a propósito da comida defesa dizia: "Nome de Deus, mezinha faço que preste elle deu, he sancta sua lei, he sancta, el Dio vai per hum caminho encontrou com (. . .) e elle lhe disse: Ende-vos a qua, qua icon a car de João, eu te esconjuro e tu de sua carne não comas, nem do seu sangue bebas, nem seu osso não quebrantes, mais que estrellas contar e agoas do mar passar em nome de Adonai".

É muito curioso e significativo o caso desta mulher, Violante Rodrigues, que ao contrário da maioria confessa um número razoável de orações, mas ao transcrevê-las, o escrivão sente-se obrigado a acrescentar que ela, a ré "chorava muito quando dezia estas cousas", talvez porque ela também ao ver-se obrigada a confessar o que devia calar a todo o custo se sentia negar a si mesma.

---

[42] Coimbra, Proc^os. n°s 3710 de 1586, fols. 14 e 14v; 276 de 1584, fols. 45v e 46, etc.
[43] Coimbra, Proc^o. n° 276 de 1584, fol. 60.
[44] Coimbra, Proc^o. n° 457 de 1583, fol. 38. A ré refere que por ser muito comprida não se lembra do resto, desculpa sistemática num grande número de processos. Proc^os. n°s 9319 de 1584, fol. (...); 3512 de 1584, fol. (...); 561 de 1586, fol. 50; 1815 de 1586, fol. (...), etc.

165

Vós que estais a ouvir estas preces talvez não tenhais pensado ainda que elas foram muitas vezes arrancadas ao que de mais íntimo possuía a alma criptojudaica — a sua crença; e nesta as orações eram o elo invisível que unia cada um a Adonai, elo que agora se quebrava.

Curiosamente também Violante Rodrigues é um dos raros exemplos em que cita orações que são hinos de louvor a Adonai como o célebre Bendito:

"Bendicho Vos, Adonai, Nosso Senhor, Rei dos sempres que fizestes o ceo e a terra e os dias e as noites.

Bendicho Vos, Adonai, Nosso Senhor, Rei dos sempres que fizestes o mar e as areas e o sol e a lua e as estrellas.

Bendicho Vos, Adonai, Nosso Senhor, Rei dos sempres que tendes poder para ajuntar os mortos, para os avigoar.

Bendicho Vos, Adonai, Nosso Senhor, Rei dos sempres que fizestes os homens com sabedoria, destes a elles occus, occus, buracos, buracos.

Bendicho Vos, Adonai, Nosso Senhor, Rei dos sempres que dais vista aos cegos.

Bendicho Vos, Adonai, Nosso Senhor, Rei dos sempres que mezinhais os enfermos.

Bendicho Vos, Adonai, Nosso Senhor, Rei dos sempres que consolais os desconsolados.

Bendicho Vos, Adonai, Nosso Senhor, Rei dos sempres que encaminhais os desencaminhados.

Bendicho Vos, Adonai, Nosso Senhor, Rei dos sempres que abris vossa mão e fartais todo vivo de vontade.

Bendicho Vos, Adonai, Nosso Senhor, Rei dos sempres que soltais os presos.

Bendicho Vos, Adonai, Nosso Senhor, Rei dos sempres que soltais os encarcerados, que tirais agoa debaixo da terra e a criais pera beber todos os vivos.

Bendicho Vos, Adonai, Nosso Senhor, Rei dos sempres que tirais o pão debaixo da terra e o creais para fartar todolos vivos.

Bendicho Vos, Adonai, Nosso Senhor, Rei dos sempres que dais remédio e mantença a todas criaturas nacidas no mundo.

Bendicho Vos, Adonai, Nosso Senhor, Rei dos sempres que me fizestes e me criastes como foi vossa vontade".[45]

Ainda em louvor de Deus assim orava:

"Meu Senhor, Deo alto, exalçado e Santo sois Vos, Vos sois per Vos e outro nenhum nom; a Moyze voso servo, destes a profecia polla vossa sancta mão, destes a vosa sancta lei, lei sancta, lei perfeita, nella não ha que acrecentar nem que mingoar, vosos olhos abertos sobre o caminho dos homens, para dardes a cada hum, segundo fez de suas mãos preço grande aos justos, preço grande de outro mundo, certamente das almas.

Louvado e exalçado sois Vos que tendes poder pera avigoar os mortos e pera dar a toda a creatura mantença para toda a vida".[46]

É muito natural que as orações, nomeadamente até os salmos de louvor sejam muito escassos, principalmente se os compararmos com as preces (como os salmos penitenciais) adequados às horas amargas que os criptojudeus viviam dentro e fora das prisões.

Ainda em liberdade, realmente já a sua alma se encontrava presa dum temor e angústia indescritíveis que aumentavam infinitamente à medida que iam assistindo à prisão de conterrâneos, amigos, vizinhos, parentes. Quem os iria denunciar? Quando chegaria a sua vez? Estes estados de ansiedade galopante até atingir o pânico, culminavam em autênticos estados de choque quando vinha a ordem de prisão, onde o tempo indeterminado e vazio chegava a levar à loucura.

Essa agonia traduzia-se então também no drama de confessar ou não confessar, trair ou não trair pessoas queridas, negar ou não negar toda uma crença que em parte era a razão da sua existência.

Nesses terríveis e intermináveis momentos, as orações, sobretudo aquelas relacionadas com os tempos difíceis do povo judaico eram um verdadeiro lenitivo, um anestésico que levava até cada um a inventar orações para si, uma espécie de "mezinha caseira" para o seu estado de alma.

---

[45] Coimbra, Proc°. n° 9331 de 1584, respectivamente fols. 15, 17, 21v e 22.
[46] Fol. 10v do processo anterior, ou processos n°s 9329 de 1584, fol. (. . .); 8912 de 1584, fol. (. . .), etc.

167

Assim deparam-se-nos muitas e variadas preces referentes ao tempo e à angústia da prisão. Isabel Lopes de Miranda do Douro: "Assi como Vos, Senhor, sacastes aquelles vossos servos e os levastes a terra da promissão, assi Vos, Senhor, me saqueis a mim de todos os trabalhos". Oração de Joanas: "De profundis cramarei, Senhor, de las profunde-zas Vos llamou Joanas y lo sacastes de lo ventre de la balena, asi me sacai, Senhor, desta cadena para vos servir".[47]

Beatriz Henriques de Oliveira do Conde: "Senhor, como Vos, Sen-hor, livrastes os do Hegito, abrindo lhe o mar (em doze carreiras), asi me librais a mym destas prisoins em que estou".[48]

Violante Rodrigues de Vila Flor: "Vinoam Illueno, Maciade com Elledeno seja, o Senhor em conta do alto que se lembra do abastado, maigniri, maigniri, digo, Adonai, Adonai, meu Deus, meu abrigo, meu castilho, meu Senhor que me esfuso em Vos, que Vos nos guardareis do laço d'encantamento e de mortandade e robatosa de peligros e de canavins, aos vosos encomendareis a elles que nos guarde em todas nossas carreiras, sobre palma nos levareis, de palma excorupião que conhece o meu nome, chamar me ha. Responder lhe ei de alongamen-tos, de dias de vida ofertareis, em ora de sua angustia lhe valereis, mostrar lhe ei minha salvação e o meu bem".[49]

Clara Nunes de Trancoso: "Senhor, asi como Vos fizestes o ceo e a terra, asi me trazei os meus filhos ate os meus olhos". "Paz a minha direita, paz a minha esquerda, paz a minha dianteira, fez comiguo, paz com meu marido, paz com meus filhos e paz com quem me quer bem".[50]

Violante Álvares de Vinhais: "Bendito, tu, Adonai, meu Deus, a Ti me encomendo para que me engraces nos olhos destas justiças, para que me deem bom livramento e soltura".[51]

Filipa Mendes de Vinhais: "Deus que me encomendo que me não posa ninguém mais mal fazer nem empecer, que ao ceo subir e strelas

---

[47] Coimbra, Procº. nº 9730 de 1583, fol. 94.
[48] Coimbra, Procº. nº 8379 de 1574, fol. (. . .).
[49] Coimbra, Procº. nº 9331 de 1584, fols. 10v e 11.
[50] Coimbra, Procº. nº 267 de 1584, fol. 90.
[51] Coimbra, Procº. nº 551 de 1586, fol. (. . .).

contar e a terra decer e agoas medir e framas pesar e vento medir as braçadas, maiores são as piedades de Deus para me salvar que as maldades de meus inimigos que para me empecer nem me fazer mal".[52]

Parece-nos que sobretudo quanto a este tipo de orações nunca é demais salientar o papel importantíssimo que desempenharam, elas foram uma força moral, uma mola que conseguiu que tantos e tantos cristãos-novos anônimos permanecessem fieis à sua Lei apesar de toda a repressão sofrida.

Talvez mesmo nem abarquemos bem que a confissão destas preces que hoje constituem um documento histórico de valor, nesse tempo, nesse século XVI, tão conturbado, complexo e confuso, fosse ainda mais uma forma de resistir, proclamando alto essas orações que nesses momentos e na cara dos Inquisidores, elevavam os réus até o seu Deus, Adonai.

Outros exemplos poderíamos citar mas não queremos deixar de apontar ainda o significado profundo de algumas trovas que dado o seu objetivo de estímulo à resistência e fidelidade à Lei Velha, constituíram-se também orações.

Pois bem, as trovas de Judite são sintomáticas do que acabámos de dizer, porque Judite foi um dos melhores exemplos de que Deus nos piores momentos vem sempre em auxílio dos que seguem a sua Lei com pureza, daí o seu grande potencial de resistência.

Curiosamente essa resistência é reforçada também por uma série de profecias ligadas à vinda próxima do Messias que viria por água e era simultaneamente o Rei Encoberto que viria num cavalo de madeira na era de oitenta. Quem no-le diz tudo isto é um casal: o licenciado Antônio Vaz, físico e sua mulher Luísa Antônia da Guarda.

---

[52] Coimbra, Proc°. n° 555 de 1586, fol. 11.

Mas ouçamos as trovas de Judite:

"Peccamos com nossos pais
muy grandes peccados temos cometidos
tu que perdoaste aos mais
não olhes, Senhor, que merecemos
ser perdidos.

Es misericordioso
em ti hemos de esperar
que es nosso Deos
Tu só es piadoso
Tu só nos has de livrar
que somos teus.

Se de nos te has de vingar
cada hum recebera
castigo, prestes
nós seja em nos castigar
para que nos digua onde está
o Deos destes.

Deos de um pai Simião
ao qual só obedecem
ceos e terra
ouve minha oraçam
porque os tene quasi esperecem
nesta guerra.

Tu que foste ajudadora Symião
na maldade de Sychem
mostra me agora favor
mostra me tua piedade
e teu bem.

E os do Egipto correrão
contra teu povo armados
a se vingar
mas elles todos morrerão
todos forão allagados
em o mar.

Confiados nas destresas
de carretas e cavalos
d'alta sorte
forão ter as profundezas
Porque quiseste matar los
com má morte.

Assi estes confiados
em seus fortes escadrões
e seus Deozes
sejão agora mingoados
para que saibão as nações
que tu só, Senhor, es Rei
dos ceos".

Outras trovas de Judite:

"Anda por aqui comigo, Abraham
minha criada fiel
virei se contra este imigo
me ajuda o Senhor.

Se nos vires que dirão
que imos fazer oração
como sempre custumamos

tu que a todos perdoaste
nam olhes minha maldade
rogo te grande, Senhor,
que em tal trabalho
me empares.

Olha este cruel capitão
que jurou de nos queimar
com o ferro destruindo
os teus altares.

Olha a soberba que tras destruio
para que depois de vencidos
ficando vivendo em paz
te offereçamos dos bois escolhidos.

171

As gentes te louvaram
se este for assi destruido
por molher
os outros Reis pasmaram
de ver tal ouzadia
em huma molher".

"Louvemos ao nosso Deos
com adufes e atabales
pois que nos livrou de males
e agonias

Cantemos lhe com folias
com prazer e com cantares
Criador de ceos e mares
e da terra.

Tu só, Senhor,
quebras a guerra
e teu santo nome he Senhor
elle foi ajudadador do seu povo.

Elle por hum modo novo
os livrou destes perigos
e matou os seus imigos
com má morte.

Veo Assyro de tal sorte
com mui grande fortaleza
com gente de tal destreza
que era espanto:

fazendo juramento santo
de queimar suas herdades
de dar negras mocidades
aos moços

pos nelles tais alvoroços
que os do seu povo se gabão
com sede por que peccavão
contra Deos.

Accudio elle dos ceos
quis amostrar seu poder
por mão de huma fraca molher
foram destruidos.

Saibão que não forão vencidos
por forças de homens possantes
nem por elles forão gigantes
pelejar.

Somente foi guerrear
a fraca molher Judic
a filha de Adelanic
com seu rostro

levou em seu peito posto
de Holofermes matar
aos seus não tornar
mas morrer.

Vestio as roupas de prazer
e as de veuva deixou
seu rostro e mãos juntou
com inguento

Vestio novo vestimento
de tal sorte o cativou
que a cabeça lhe cortou
com hum terçado

fiquou o povo pasmado
de ver tam grande ouzadia
e tão grande valentia
em molher.

Começarão a matar
os minimos aos valentes
os fracos aos muy possantes
destruirão.

Porque tu, Deos, os seguistes
e sua oração ouviste
com favor

louvemos ao Senhor
e hum novo louvar lhe demos
das mercês:

Tu só, Senhor grande es
grande he tua virtude
não ha de faltar saude
a quem te chama.

Fique de tal mercê a fama
enquanto o mundo durar
para que te deva louvar
toda a gente.

Tu só es muy omnipotente
porque tudo o que quizeste
sem impedimento o fizeste
e obraste.

De nada o mundo criaste
com mui grande sapiencia
tu ó grande providencia
nos governa.

Tua bondade eterna
e os montes se moverão
e seixos derreterão
se o mandares

faras descer os mares
faras tudo o que quizeres
sem duvidar

Guai do que se alevantar
contra o povo do Senhor
sentira o teu fulgor
cruelmente

O Deos alto omipotente
de tudo nos livrara
para sempre" . . . [53]

---

[53] Coimbra, Proc°. n° 460 de 1583, respetivamente fols. 37, 41, 38 e 38v.

Quando acabava de evocar o romance de Judite, o licenciado Antônio Vaz costumava dizer as seguintes trovas:

"Venhais embora trabalhos
porque não tenha razão
de ter com vos compaixão
e se alguma devo ter
tu por mais cedo me não vir de saver.

Trabalhos sejais bem vindos
pois me dais tanto proveito
vinde a mim de qualquer geito
que inda que sejais infindos
eu vos abrirei o peito.

Ou vindes para meu castigo
ou para me experimentar
ou para se em mim mostrar
a glória do Deus que sigo
ou para delle mais gozar.

Todas estas razões são
pollas quais vos eu desejo
e se alguem de vos tem pejo
trabalhos não tem razão
se eu bem a razão vejo".[54]

Na verdade o licenciado Antônio Vaz teve oportunidade de provar que a sua razão considerava os trabalhos bem-vindos, realmente abriu-lhes o peito, seguindo a glória do seu Deus até ao último instante pois esteve prestes a ser relaxado à justiça secular.

A este propósito convém dizer que relativamente a quem confessava orações, colhemos alguns dados com muito interesse dada a sua incidência, pois que, como já referimos, este fenômeno das orações verifica-se a partir de dada altura e com determinado tipo de pessoas.

Com efeito a maioria dos réus que confessa orações, cerca de 70% tem uma idade compreendida entre os 15 e 30 anos, o que nos leva a

[54] Coimbra, Proc⁰. n⁰ 259 de 1584, fol. 82.

crer que a inexperiência e uma certa imaturidade serão responsáveis por eles confessarem o que os outros tão bem calam.

Por outro lado e dum modo geral os indivíduos que revelam orações na sua totalidade e até em profusão são gente dum certo nível social, pelo que podemos presumir que ou possuíam livros que melhor os ajudavam a decorar essas orações (e por vezes acontece o confessarem que rezavam por livros) ou realmente como no caso do físico Antônio Vaz, essa evocação era propositada, era o melhor meio de em pleno tribunal do Santo Ofício continuar bem vinculado à sua crença, bem ligado ao seu Deus, contra tudo e contra todos.

Como muitos dos seus correligionários ele pensava que essa situação terrível seria provisória, Deus não tardaria através da vinda do Seu Filho a livrá-los de todos os trabalhos e perigos; até lá havia que arrostá-los corajosamente para melhor louvar a glória do Senhor — o sonho estava prestes a tornar-se realidade e daí o mais uma vez afirmarmos que o sonho foi a maior realidade dos cristãos-novos deste século.

Antônio Vaz costumava também proferir estas trovas:

"O sonho que eu sonhava
Se o ouzasse a dizer
Mas eu ey grande vergonha
Que mo não quizessem crer.

Que sonhava com prazer
Que os mortos se erguiam
E tornavam a viver
E que todos erão saidos

Os que estavam nas prisões
tra los montes escondidos
Sonhava que erão saidos.
Da dura e forte prisão.

Vi a tribu de Adão
Com os dentes arreganhados
E muitos espedaçados
Da serpente do dragão.

E assi vi a Ruben
Com huma vez de muita gente
O qual vira mui contente
Cantando em Jerusalem

O quem vira Bethlehem
E os montes de Syon
E a esse bom jurdão
Para se lavar mui bem.

Os doze pilares movidos do vento
Cairão de raiz e tão bem de cimento
Ahi protestara a firme coluna
E Israel avera sua firme sentença

Sahira a voz do Grão Testamento
Por todo o mundo soando em hebraico:
Achegai vos meus filhos ao povo judaico
De todas as terras do derramamento
Que já são entregue de vossos peccados
Ja sois dignos de ser perdoados
Vinde as terras do Prometimento".[55]

Embora já um pouco para além do nosso trabalho, o conteúdo destas trovas insere-se neste contexto em que o sofrimento e a evasão através do sonho são uma realidade palpável, que ultrapassa a própria "gente de nação, são uma constante do Portugal do século XVI. Só que nesse sonho que é realidade só os de sangue judeu, mais causticados pelo sofrimento, vão viver à altura, à dimensão desse seu sonho, o que nos faz exatamente aquilatar o que era a sua crença.

[55] Fols. 17v e 18 do processo anterior. Curiosamente António Baião encontrou estas mesmas trovas transcritas no Caderno 6° do Promotor da Inquisição de Lisboa, transcrição em estrofes que seguimos também para maior facilidade de leitura, em "Trovas dos cristãos novos no séc. XVI", *Revista Lusa* N° 43-44, 2° Ano, Lisboa, 1918-1919, p. 147.

Penso que não é importante aqui o número ou o gênero das orações, o único meio autentico de união com Deus, pois o que importava é "que tivesse o coração firme Nelle ainda que não rezasse orações".[56] "Para Deus só hum gemido bastava",[57] afirmava o Dr. Antônio Vaz.

[56] Coimbra, Proc°. n° 1041 de 1588, fol. 10.
[57] Coimbra, Proc°. n° 259 de 1584, fol. 18v.

INFLUÊNCIAS DA EXEGESE JUDAICA MEDIEVAL NOS COMENTADORES BÍBLICOS PORTUGUESES DO SÉCULO XVI
O COMENTÁRIO AO CÂNTICO DOS CÂNTICOS DE LUIS DE SOTOMAIOR

Manuel A. Rodrigues

Portugal conheceu no século XVI uma longa e notável série de professores de Sagrada Escritura e comentadores bíblicos de um extraordinário valor. Basta recordar os nomes de Jerónimo de Azambuja ("Oleastro") que escreveu obras sobre o Pentateuco e Isaías; Francisco Foreiro que deixou um excelente comentário ao mesmo profeta; Manuel de Sá que compôs dois trabalhos importantes sobre a Sagrada Escritura: *Notationes in totam sacram Scripturam* e *Annotationes in 4 Evangelia*; Pedro de Figueiró, autor de livros sobre os Profetas Menores; e Heitor Pinto que comentou Isaías, Ezequiel, Daniel, as Lamentações, Nahum, etc.[1]

---

[1] Sobre os estudos de Sagrada Escritura em Portugal no século XVI, vid. o nosso livro, *A Cátedra de Sagrada Escritura na Universidade de Coimbra — Primeiro Século (1537-1640)*, Coimbra, 1974 (com bastante bibliografia). E ainda: *Fr. Heitor Pinto Exegeta*, ibid., 1972; *O Estudo do Hebraico em Portugal no Século XVI*, ibid., 1973; *A Cátedra de Sagrada Escritura na Universidade de Coimbra de 1640 a 1910*, ibid., 1974; *D. Pedro de Figueiró e a sua Obra Exegética*, Lisboa, 1975; *Análise Filológica de Alguns Passos Bíblicos*, Coimbra, 1976; *Algumas Notas sobre a Exegese Bíblica em Portugal no Século XVI*, Braga, 1977; *Alguns Aspectos da Obra Exegética de Fr. Jerónimo de Azambuja (Oleastro)*, O.P., Coimbra, 1978; *A Obra Exegética de Fr. Jerónimo de Azambuja (Oleastro), O.P. — Os Cânones Bíblicos e o Prefácio ao Pentateuco*, ibid., 1979. Temos em preparação um estudo sobre Fr. Heitor Pinto no contexto da cultura da Renascença; outro sobre os estudos hebraicos na Universidade de Coimbra (séc. XVI); um terceiro sobre a obra exegética de D. Jerónimo Osório no contexto do Humanismo, da Reforma e da Contra-Reforma; um outro sobre Bíblias, Comentários Escriturísticos, Poliglotas e Obras de caráter filológico-bíblico existentes na Biblioteca Geral da Universidade de Coimbra.

Manuel A. Rodrigues

Em Coimbra e em Évora, nas Faculdades de Teologia, notabilizaram-se ilustres mestres dos estudos bíblicos. Quando a Universidade foi transferida definitivamente de Lisboa para Coimbra, em 1537, assistiu-se a uma renovação muito significativa da docência escriturística. João de Pedraza, Martinho de Ledesma, Francisco de Monzón (os três de nacionalidade castelhana), António da Fonseca, Diogo de Gouveia, Paulo de Palácios e Salazar, Luís de Sotomaior, Heitor Pinto, Gabriel da Costa e Gregório das Chagas foram os professores de "Tertia" e "Noa", que eram as cadeiras de Sagrada Escritura. Alguns deles escreveram comentários aos livros sagrados e de muitos deles conservam-se apostilas.[2]

[2] Vid. nota anterior. Jerónimo de Azambuja escreveu: *Commentaria in Moisi Pentateuchum*, Antuérpia, 1569; Lião, 1586; *In Isaiam Prophetam Commentarii* (Paris, 1622, 1656); *Hebraismi et Canones pro intellectu Sacrae Scripturae* (Lião, 1566, 1588). — Francisco Foreiro: *Iesaiae Prophetae Vetus et Nova ex Hebraico Versio cum Commentario* (Veneza, 1563); Antuérpia, 1565; Amsterdã, 1660). — Pedro de Figueiró: *Commentaria in Lamentationes Jeremiae prophetae et in Malachiam prophetam* (Lião, 1598, 1609); *Commentaria in XV. priores psalmos* (Lião, 1616); *Commentaria in XII. Prophetas Minores* (Lião, 1616); *Opera omnia* (Lião, 1616, em dois volumes). — Manuel de Sá: *Scholia in 4 Evangelia ex selectis Doctorum Sacrorum Sententiis collectae* (Antuérpia, 1596; Veneza, 1602; Colónia, 1612; Lião, 1620); *Notationes in totam Scripturam Sacram quibus omnia fere loca difficilia brevissime explicantur, tum variae ex Hebraeo, Chaldaeo et Graeco lectiones indicantur* (Antuérpia, 1598, 1610, 1624; Lião 1609, 1651, 1657; Colónia, 1610, 1620; Paris, 1624). — Sebastião Barradas: *Commentarii in concordiam et historiam evangelicam*, 4 vols. (Coimbra, 1599, etc.) e outras. — Cosme de Magalhães: *Commentarii in canticum primum Mosis* (Lião, 1609), etc. — António Fernandes: *Commentarii in Visiones Sacrae Scripturae* (Lião 1616, 1622). Francisco de Mendonça: *In Libros Regum*, 3 vols. (Coimbra, 1621; Lião, 1624, 1631). — Brás Viegas: *In Apocalypsim* (Évora, 1601, etc.). — Lucas Veloso: *In Judith* (Lião, 1649). — João Soares: *In Evangelium ... secundum Mathaeum* (Coimbra, 1562); *In Evangelium Marci Homeliae* (ibid., 1566); *In Evangelium Lucae (ibid., 1574)*. — Sebastião Toscano: *Commentarii in Jonam Prophetam* (Veneza, 1573). — Jerónimo Osório: *In Zachaiam Prophetam Commentaria* (Colónia, 1584); *In Sapientiam Salomonis* (Antuérpia, 1596); *In Isaiam Paraphrasis* (Bolonha, 1577), etc. *Opera omnia*, 4 vols. (Roma, 1592). — João de Paiva: *Doctrinale Sacrae Scripturae* (Coimbra, 1631). E podíamos indicar outros mais. As referências nem sempre são completas. Recomenda-se a obra de F. Stegmüler, *Filosofia e Teologia nas Universidades de Coimbra e Évora no Século XVI*, Coimbra, 1959; e a de J. Pereira Gomes, *Os professores de Filosofia na Universidade de Évora (1559-1759)*, Évora, 1960 e outros trabalhos seus.

Em Évora, cuja universidade foi criada em 1559, os mestres mais célebres foram Pedro Paulo Ferrer, Sebastião Barradas, Brás Viegas, António Fernandes, Jerónimo Álvares, Francisco de Mendonça e Afonso Mendes, dos quais também chegaram até nós notáveis comentários bíblicos e apostilas.

Nas Ordens religiosas salientaram-se também figuras de grande craveira que escreveram obras bíblicas de muito valor e ensinaram a Sagrada Escritura nos colégios e conventos das suas congregações. Foi o caso de Jerónimo de Azambuja, Francisco Foreiro, Pedro de Figueiró, etc.

Em todas as obras impressas dos referidos autores verifica-se que os exegetas judeus medievais são citados amiúde. Em especial David Kimchi, Aben Esdras e Raschi. Ao mesmo tempo nota-se que eles tiveram sempre presente os trabalhos escriturísticos de Sanctes Pagnino, Sixto de Siena, os Padres da Igreja e os teólogos cristãos medievais e seus contemporâneos. A elevada cultura teológica e patrística está bem patente nas obras que escreveram. E o conhecimento das línguas sacras, nomeadamente o hebraico, era bastante profundo em todos eles. Foi a idade de ouro da exegese bíblica portuguesa. No estrangeiro os seus comentários eram citados e admirados pelos escrituristas e teólogos seus congêneres. Imbuídos de uma sólida formação humanística e moldados de acordo com as diretrizes da Contra-Reforma, os autores portugueses ainda hoje causam a nossa viva admiração pelos livros que compuseram.

A importância dada aos exegetas judeus medievais é relevante. Numa altura em que a Inquisição já fazia sentir por todo o país a sua ação persecutória é de sublinhar este aspecto. Em alguns casos sucedeu mesmo que aquele tribunal cortou certas passagens, como aconteceu com o comentário ao Pentateuco de Jerónimo de Azambuja. De salientar ainda que quase todos os escrituristas portugueses se debruçaram sobre o Antigo Testamento, mais do que sobre o Novo. A sua preocupação pelos livros vétero-testamentários é evidente. E embora em alguns casos a polêmica antijudaica seja bem patente, o certo é que tratando-se da análise linguística dos termos e expressões bíblicas a aceitação das opiniões judaicas é uma constante. Os ataques contra as interpretações judaicas explicam-se naturalmente numa fase em que a ação da Contra-Reforma se fazia sentir por toda a parte.

181

Estava-se longe das orientações ecumênicas que hoje, felizmente, são seguidas entre os exegetas modernos. E tem de se ter em consideração que o desenvolvimento teológico se encontrava numa fase diferente do que sucede atualmente. Por outro lado, a luta anti-protestante tinha o seu peso em tudo isto. Associava-se a Reforma em muitos casos à posição assumida pelos autores judeus.

Escolhemos o caso de Luís de Sotomaior, autor de um importante comentário ao Cântico dos Cânticos (e de um suplemento ao mesmo) e de outro às Epístolas a Timóteo e a Tito. Pelas considerações que teceremos ao cap. I do comentário ao Cântico dos Cânticos, podemos fazer uma idéia da sua admiração pelos exegetas judeus medievais. Aliás, aquele comentário é rico em múltiplos aspectos, por exemplo, no que concerne à influência do platonismo, presentemente objeto de um estudo que preparamos.

É nossa preocupação nesta comunicação estudar o cap. I do comentário de Luís de Sotomaior[3] ao *Cântico dos Cânticos* segundo uma perspectiva especial: a fundamentação que aquele exegeta deu à sua obra numa linha hebraica e judaica, ou seja, qual a utilização por ele feita dos comentadores judeus medievais, em particular Rabi Selomoh, Aben Esdras e David Kimchi. Com efeito, Luís de Sotomaior, como aliás outros exegetas portugueses do século XVI souberam de forma muito singular aproveitar os valiosos tratados judaicos para a elaboração dos seus comentários bíblicos. E pode dizer-se sem qualquer sombra de dúvida que é impossível estudar os livros que nos deixaram sem ter presente o contributo a todos os títulos notável dos exegetas judeus. Isto verifica-se não só no domínio da linguística mas também no da interpretação teológica e nas áreas da história, de geografia, da etnografia, etc.[4]

Logo no "Ad lectorem", no início do seu comentário ao *Cântico dos Cânticos*, o frade dominicano faz uma alusão importante aos exegetas judeus que dá a tônica ao tratado que compôs: "Praeclare a sapientibus Hebraeorum dictum est, universam legem, sive scriptu-

---

[3] Vid. bibliografia indicada na nota 1, em particular a nossa obra *A Cátedra de Sagrada Escritura na Universidade de Coimbra — Primeiro Século (1537-1640)*, pp. 157-260.

[4] Os exegetas judeus medievais mais citados são Raschi (Rabi Salomo ben Isaac), David Kimchi e Aben Esra.

ram divinam animanti similem esse, cuius corpus sit ipsa scriptura, et verba: anima vero sensus obscurus sub verbis delitesces, ut refert, ut atque confirmat Philo Iudaeus in lib. de vita contemplativa circa finem. Quod quidem praesertim est verum in hoc Cantici Canticorum libro, quem cum Deo interpretandum suscepimus. Non minus enim obscurus, arduus, et difficilis existit ad intelligendum et explicandum, quam brevis, atque concisus est paucitate verborum: quippe cum totus sit mysthicus, allegoricus, et parabolicus, vel potius perpetua quaedam allegoria, seu parabola, quemadmodum eum eleganter appellat Rabbi Moyses Aegyptius, non sordidus, sed potius gravis author inter Hebraeos in lib. 3. Moreh cap. 52 et 55".[5] Para reforçar o seu ponto de vista, faz menção de S. Agostinho, S. Gregório de Niceia, S. João Crisóstomo, Platão, Cícero, Quintiliano, Horácio e Aristóteles. Esta alusão aos Santos Padres e aos clássicos, quer gregos quer latinos, é igualmente uma tônica dominante ao longo do comentário. Sotomaior cita constantemente aqueles e outros autores para melhor elucidar o leitor e dar às interpretações exegéticas que vai fornecendo uma base sólida e inequívoca.

Nos "Prologomena seu praefata, et quasi claves quaedam Cantici" Luís de Sotomaior trata de alguns aspectos particulares que ajudam o leitor a situar convenientemente a obra bíblica que se propôs comentar. E também aqui as referências a tratadistas judeus é digna de ser sublinhada. O título "Cântico dos Cânticos" (em hebraico שיר השירים) merece-lhe uma análise minuciosa. Diz que entre os hebreus é costume repetir o nome para exprimir o superlativo que não existe no idioma hebraico. Por isso escreve: "Sensus igitur horum verborum, Canticum Canticorum Salomonis, seu carmen longe praestantissimum, excellentissimum, et pulcherrimum, seu divinissimum atque memoria dignissimum, super reliquorum omnium canticorum, quae vel ab ipso Salomone Rege, vel etiam ab aliis sacris authoribus (praesertim in hoc genere) composita atque edita sunt, sive illa extent, sive iam non extent".[6]

É um livro singular que todos admiravam sumamente e conheciam a fundo. Daí o chamar-se "Cântico dos Cânticos", o canto por excelência, o mais popular, o mais divulgado entre todos. Já Platão na

---

[5] *Cantici Canticorum Salomonis Interpretatio*, Lisboa, 1599, p. 2.
[6] *Op. cit.*, p. 4.

obra "In Ione" (sobre o furor poético), se refere a um livro sobre Apolo que todos no seu tempo cantavam como se tratasse de um poema belíssimo ("quem omnes sua aetate passim cantabant omnium fere cantilenarum pulcherrimum"). É, pois, por ênfase, por antonomásia, que tem o nome de "Cântico dos Cânticos", por ser o mais sublime de todos quantos a Sagrada Escritura contém.

Sotomaior, como bom pedagogo que é, desenvolve ainda melhor o seu pensamento: "Vocatur igitur, et inscribitur hoc opus Canticum Canticorum per emphasim, et antonomasiam? Solent enim Hebraei cum duplicatione eiusdem nominis, excellentiam, sive praestantiam, et praerogativam rei, cuius est illud nomen, significare. Qua phrasi, seu loquutione, et formula utuntur, cum Coelum Coeli appellant summum, et supremum Coelum, quin etiam saeculum saeculi pro aeternitate usurpant, et sanctum sanctorum vel sancta sanctorum, similiter appellant sanctissimam, ac religiosissimam, et intimam illam templi Hierosolymitani partem, in quam non licebant intrare etiam summi sacerdotes, nisi tantum semel in anno, id est, adytum templi".[7] O mesmo se pode dizer de "santo dos santos" aplicado a Deus ou a Cristo, "sábado dos sábados" para designar a Páscoa, "vaidade das vaidades" para significar o cúmulo da vã glória, etc.

Grande número de Padres da Igreja, como Orígenes, S. Jerónimo, S. Bernardo, Gregório de Niceia (citado longamente), Gregório de Nazianzo, Nicetas, Teodoreto e outros — todos eles corroboram a interpretação que dá acerca do título deste livro escriturístico. E todos eles insistem também no carácter misterioso e altamente sapiencial e profundo que revela nas suas expressões e conteúdo.

E vem depois uma alusão aos autores judeus, "quorum non est contemnenda authoritas (excepta eorum perfidia) praesertim cum nobis favere videantur". Rabi Aben Esdras escreve no seu comentário a esta passagem: "Ex omnibus canticis Salomonis, quae quinque supra milia fuerunt, nullum est, quod cum hoc conferri possit, et proinde inscribitur, Canticum Canticorum, hoc enim sive carmen, sive Canticum, dignius, excellentiusque est caeteris, quae ipse edidit, atque in eo mysterium abstrusum, et reconditum".

E mais uma vez apresenta as interpretações dadas por certos Padres da Igreja, como S. Atanásio e S. Gregório Magno, aprovei-

[7]   *Ibid.*

tando ainda para explicar o termo "Salomão", que significa pacífico e amante da concórdia. Foi ele o autor desta obra bíblica, como defenderam muitos escritores eclesiásticos e autores judeus célebres, acerca dos quais escreve: "Neque Hebraei, praesertim eruditiores, et cordatiores a Christianis, et Catholicis in hac re dissentiunt, sed potius consentiunt: In quibus praesertim est Rabbi Moses Aegyptius magnae apud Hebraeos authoritatis. Is enim lib. 2. Moreh. cap. 45, ubi agit de variis gradibus, et generibus prophetiae, aperte ait, eodem prorsus spiritu compositum fuisse hunc librum Cantici Canticorum, et item librum Proverbiorum, simul et librum Ecclesiastes, quod David pater eius composuit psalterium, id est, librum psalmorum, et quo compositus fuit liber Danielis, et liber Iob, et liber Paralipomenon et alia divina scripta. Omnia enim haec composita fuerunt cum huiusmodi Spiritu Sancto, et ideo vocantur scripturae sanctae".[8]

Também Rabi Selomoh defende que Salomão escreveu o Cântico dos Cânticos com espírito profético para aludir à reconversão dos judeus que se há de fazer pela caridade e pela penitência, como se lê em Os. 2: "Ibo et revertar ad virum meum priorem...". Paulo de Burgos, autor que é citado frequentes vezes ao longo do comentário de Sotomaior, convertido do judaísmo ao cristianismo há 150 anos no tempo de Eugénio IV, perfilha da mesma opinião. No seu livro *Scrutinium Scripturarum*, d. 10, cap. 4, escreve: "etiam manifeste ostendit, hunc librum Salomonis vere esse propheticum, as divinum, atque adeo de amoribus, seu nuptiis Christi, et Ecclesiae novae, intelligendum verius, et potiusquam de Ecclesia veteri, id est, synagoga, et Deo".[9]

O parecer de Sebastião Castellion é totalmente rejeitado. Segundo ele, "homo haereticus, phanaticus, et prophanus, denique levissimus, qui Anabaptists et alios veteres haereticos sequutus", o Cântico dos Cânticos é um livro profano, sem qualquer base religiosa, que trata de um colóquio amatório entre Salomão e uma rapariga, cujo nome é Sulamitides ou Jerosolimitana de qual fala o Cânt. 6: "Revertere Sulamitis, revertere, revertere...". Escreve ainda Sotomaior: "Itaque homo iste prophanus, de prophano, et vulgari corporum amore tantummodo Canticum intelligit, et interpretatur, perinde ac si Catu-

---

[8]   *Op. cit.*, p. 10.
[9]   *Op. cit.*, p. 11.

llum, aut Tibullum, aut Propertium, aut etiam alium quempiam ex prophanis, ac lascivis, et sybariticis poetis interpretaretur".[10]

Refuta também a opinião daqueles que vêem no Cântico dos Cânticos um poema amoroso entre Salomão e a filha do rei do Egipto. Entre eles, contam-se certos judeus e judaizantes. Contra tal ponto de vista se manifestaram muitos Padres da Igreja, como Teodoreto e Sixto de Siena, autor da *Biblioteca Santa*. Segundo Sotomaior, tal proposição é herética, ímpia e absurda.

Outra hipótese de afastar é a que vê no Cântico dos Cânticos um colóquio "artificioso, festivo e civil" entre Salomão e a sociedade judaica ("Respublica vel Civitas Hebraeorum"). Seria tirar à obra bíblica qualquer cunho religioso: "Sed tamen nihil ominus etiam haec intelligentia, seu expositio prophana est potius, quam divina, et Grammatica, potius quam Theologica, sicuti et superiores, ac proinde indigna est sacro authore".[11]

Leão Hebreu[12] merece a Sotomaior uma atenção muito especial. No diál. 3 da obra *Diálogos de Amor* diz que o Cântico dos Cânticos é um diálogo ou colóquio do rei Salomão, ou seja, do rei sapientíssimo, e da própria sabedoria, da qual o próprio Salomão, como verdadeiro filósofo, já desde pequeno, foi amante e grande admirador, como se depreende de 3 Reg. 3 e seguintes. O mesmo se deduz de Sap. 8, onde o autor na pessoa de Salomão, como se estivesse enamorado de uma rapariga formosíssima e atraído por ela, utiliza uma metáfora e alegoria, falando do amor e estudo da verdadeira filosofia: "Hanc amavi et exquisivi eam a iuventute mea, et quaesivi sponsam mihi eam assumere, et amator factus sum formae illius...". E em Prov. 7 ajustadamente afirma: "Dic sapientiae, soror mea es, et prudentiam voca amicam tuam". Nesses passos fala da sabedoria como um esposo da esposa, como amante, amiga e amada, em sentido figurativo. Alude ainda a Gregório de Niceia que, ao tratar de Prov. 8, aborda o tema da sabedoria nesse sentido.

Sotomaior escreve logo a seguir que tal interpretação é muito verossímil, contanto que nela se veja a possibilidade de, em sentido profético, entrever o amor de Cristo com a sua Igreja. Aliás é esse o

[10] *Ibid.*
[11] *.Òp. cit.*, p. 12.
[12] *Ibid.*

seu ponto de vista ao longo de todo o comentário.[13] A corroborar a sua opinião, aduz o parecer de vários Padres da Igreja, como Gregório de Niceia, Teodoreto, o Comentário dos Três Padres, S. Basílio, S. Agostinho, etc.

E mais uma vez aconselha vivamente a leitura de Paulo de Burgos, no parte 19 do *Scrutinium*, dist. 10, cap. 4: "qui cum apud suos antea peritus esset dogmatum Iudaicorum, utpote Iudaeus, ex Iudaismo ad Christianismum feliciter conversus est, in quo, et pietate, et doctrina plurimum profecit".[14] Paulo de Burgos fala da união de Cristo com a Igreja e não com a Sinagoga, como fizera anteriormente: "Is ergo in loco commemorato recte docet Canticum Canticorum etiamsi passim ab interpretibus Hebraeorum, de synagoga id est, veteri Ecclesia Israelitica, non omnino incommode exponatur, verius tamen, et melius, de Ecclesia nova, et Christo exponit: ut vere, ac proprie liber hic dicatur, et sit non solum divinus, sed etiam propheticus, quemadmodum etiam exponit debet psalmus ille 44. cuius initium est: 'Eructavit cor meum verbum bonum, etc.' ". Trata-se no referido Salmo de um cântico amoroso e nupcial, dum epitalâmio, sendo, por conseguinte, uma profecia acerca da união de Cristo com a Igreja. Salomão aparece, pois, no Cântico dos Cânticos como pastor, representando Cristo, como escreveram S. Paulo, Tertuliano, S. Agostinho, S. Jerónimo e outros.

Mas não se deve esquecer a interpretação dada pelos autores judeus: "Neque in hac parte contemnenda nobis est authoritas, et sententia Hebraeorum interpretum, quorum plerique admonent in suis commentariis, nomen Salomonis, cuius mentio fit in Cantico Canticorum, figurate designare Regem Messiam, cui praesertim tribuitur pax, seu vocabulum pacifici, quod plane fatetur, atque attestatur Rabbi Salomoh. Comment, in praefatum psalmum 71. ui confitetur, quae continentur in eo psalmo non posse omnia Salomoni Regi, cuius nomine psalmus ipse praenotatur, convenire, atque propterea veteres rabbinos de Rege Messia potius exposuisse, ut refert etiam Author libri, qui inscribitur Victoria contra hebraeos 1. p. cap. 21. et hoc testimonio Rabbi Selomoh utitur pro divinitate Christi contra Iudaeos".

[13] *Op. cit.*, p. 13.
[14] *Op. cit.*, p. 15.

E Luís de Sotomaior, levado pela sua paixão anti-judaica comenta: "Est enim argumentum ad hominem, ut vulgo dicitur, et valde quidem urget, et cogit Iudaeos perfidos ad confitendam praestantiam, et majestatem, et divinitatem Christi, cuius typus, seu figura fuit Salomon, tum in hoc Cantico, tum alibi".[15]

À objeção segundo a qual o nome de Deus não aparece ao longo do Cântico dos Cânticos, Sotomaior diz que ele se encontra velado, enigmaticamente, misteriosamente ("quanvis tecte, et sub aenigmate, quoniam liber ipse aenigmaticus, ut iam diximus, et saepe alias dicemus".[16]

Outra objeção que procura resolver: que o autor do Cântico dos Cânticos é alguém que, sob o ponto de vista moral e ético, não é modelo para ninguém. Sotomaior disserta que muitas figuras da Bíblia se penitenciaram depois de terem pecado. Salomão pode ter feito o mesmo. S. Tomás, S. Agostinho e outros são aduzidos como autoridades importantes neste domínio. E também Rabi Moisés Egipcio é mencionado, no seu livro Moré, c. 6, onde se refere à penitência de Adão e de Seth, seu filho. A posição de Genebrardo merece-lhe uma atenção particular. Acerca dele, que depois ao longo do comentário é citado frequentes vezes, diz: "vir alioquin eruditus, et catholicus, atque adeo peritus trium linguarum, praesertim Hebraicarum, quas publice profitetur...". Genebrardo apoia-se em S. Jerónimo, o qual se serve de Prov. 24 para falar da penitência de Salomão. O mesmo Genebrardo utilizou também a *Chronologia Hebraeorum Maior*, que em hebraico se chama *Seder Olam Rabba*.

Outras questões tratadas por Sotomaior na sua introdução dizem respeito à época em que Salomão escreveu o Cântico dos Cânticos, ao gênero literário ("De artificio, et qualitate orationis, qua usus est Salomon in hoc libro"), às personagens que entram na obra, aos ouvintes idôneos, ao duplo amor, à alegoria (sóbria, moderada e cristã) e ao argumento. Acerca da primeira diz que as núpcias da filha do faraó lhe deram o ensejo para Salomão compor a sua obra. Rabbi Selomoh é citado aqui para provar que toda a passagem bíblica possui um sentido histórico. Aliás, o testemunho de vários Padres da

[15] *Op. cit.*, p. 17.
[16] *Ibid.*

Igreja esclarece o seu ponto de vista. Há o sentido pequeno e o sentido grande.

Quanto à segunda questão, sobre o gênero literário, afirma Sotomaior que o Cântico dos Cânticos é um poema amoroso e nupcial, e ao mesmo tempo bucólico, ou pastoril.[17] Disserta depois acerca dos três gêneros literários: dramático, narrativo e mitológico, servindo-se das opiniões dos retóricos e de outros autores e distinguindo entre os poemas latinos, gregos e hebraicos. São considerações plenas de interesse onde Sotomaior revela bem os seus profundos conhecimentos literários e estilísticos.

De muito interesse se revestem igualmente as apreciações que faz quanto às outras questões aludidas. A relativa ao duplo amor distingue, baseando-se em autoridades célebres, como Platão, Dionísio Areopagita, Orígenes, S. Agostinho e outros, entre o amor puro e honesto e o amor impuro e ilícito. O Cântico dos Cânticos é um livro que trata do amor mais puro e sublime.

Sobre a alegoria fornece também elementos muito interessantes. O livro que se propõe comentar é essencialmente uma obra alegórica, pelo que se impõe explicar logo no início o que é a alegoria e as componentes que engloba.

O argumento é o amor entre a Igreja e Cristo, grande mistério ou sacramento, como inculcaram os Padres da Igreja.

Vejamos agora alguns exemplos de utilização da exegese judaica por Luís de Sotomaior. A propósito de "osculetur me osculo oris tui", depois de citar vários interprétes, como Sanctes Pagnino, refere-se a Rabi Selomoh. Escreve que se pode entender aquela expressão hebraica do seguinte modo: "Et forte melius est, ut verbum, osculetur, accipiatur hic pro, utinam osculetur, vel utrinam oscularetur. q.d. Utinam continuo, non dico ad complexum, sed ad osculum, sive oscula dilecti possim currere. Quemadmodum exponit Rabbi Salomon, et alii nonnulli".[18]

Mais adiante, diz que os judeus aplicam à Sinagoga, à Igreja israelita as profecias contidas no *Cântico dos Cânticos*. Rabi Selomoh, "unus ex praecipuis interpretibus, seu magistris Hebraeorum"

[17] *Op. cit.*, p. 41.
[18] *Op. cit.*, p. 3.

189

escreve que a Igreja israelita se há de converter a Deus, realizando-se assim a reconciliação entre a esposa adúltera (Israel) e o esposo fiel (Deus), de acordo com Os. 2. Esta interpretação deve ser aceita pelos cristãos: "Maxima enim ex parte, siquidem recte intelligatur, et examinetur vera, et catholica est". E: "Praesertim vero vera, et catholica est glossa ista R. Selomo, quatenus pro certo, et exporato habet Iudaeos aliquando ad verum Deum reversuros esse per paenitentiam, cumque eo in gratiam redituros, iuxta illud Oseae vaticinium". Mas é imperfeita tal interpretação, pois o sentido profundo é a conversão a Cristo: "Manca vero, et imperfeta aliqua ex parte videtur illa glossa praefata, quia auctor non exprimit potissimas, et maxime necessarias huius reversionis, seu reconcilitationis Iudaeorum circunstantias, id est, quomodo, et quanam ratione, vel ob quam noxam, culpamve Iudaei noviter, et singulariter ad Deum verum reversuri sunt, neque ob quam causam, sive rationem tantopere Iudaei fuerint a Deo aversi, atque etiam nunc tantopere sint Deo, et hominibus odiosi, et infames, et infelices. Nemo enim proprie dicitur ad Deum converti, nisi poius ab eo fuerit aversus. Rem igitur vidit R. Selomoh, sed modum, et causam ignoravit, vel potius de industria tacuit, ac dissimulavit malitia, et caecitate Iudaica impeditus, ut ne videretur se ipsum, vel etiam Iudaeos populares suos accusare de delicto illo maximo, quod Christum Dei filium crudeli, et turpi morte affecerunt".[19]

E prossegue pondo em causa o ponto de vista de Rabi Selomoh: "Neque enim dicit quid Ecclesia Israelitica noviter commeruit, et peccavit, ut necesse habeat tam multis calamitatibus, et malis per tot annorum centenaria exerceri, affligi, et expiari. Oportet enim grande, et grave, ac prae caeteris omnibus praecedentibus enorme, et atrox fuisse hoc peccatum, sive adulterium, sive parricidium, sive sacrilegium quod Ecclesia Israelitica commisit, cuius tam graves, ac diuturnas, et longas poenas luit, priusquam possit Deo sponso suo pristino reconciliari. Sed ab homine Iudaeo, et inimico crucis non plus expectandum nobis est, quin potius mirandum, si aliquando aliquid dicat fidei Christianae consentaneum, et favorabile. Quale plane est, quod ait, Salomonem regem de Ecclesiae Israelicie ad verum Deum reversione, seu conversione novissime futura prophetasse in hoc Cantici

[19] *Op. cit.*, p. 12.

libro, quodque super hac re vaticinium, vel testimonium Oseae Prophetae commode affert".[20] E desenvolve depois o que Oseias escreveu acerca da conversão do povo judaico a Deus.

A propósito de uma interpretação de S. Jerónimo do Sal. 2, que a Vulg. e os LXX traduzem: "Apprehendite disciplinam..." mas que o texto hebraico permite verter por: "Osculamini filium..." (id est, adorare, seu recipere Christum Dei filium", como "sciunt, et confitentur omnes Hebraicae Linguae periti, in quibus praesertim est D. Hieronymus...", Sotomaior diz que Aben Esdras e outros judeus rabinos seguem a mesma idéia, assim como Genebrardo e mais intérpretes. Pelo que volta a aludir a Rabi Selomoh para reforçar o ponto de vista da conversão a Deus do povo hebreu, aproveitando, entretanto, para dizer que a verdadeira adesão terá de ser a Cristo, como ensina S. Paulo, vários Padres de Igreja, Paulo de Burgos, o autor da obra *Victoria contra Hebraeos*, Roberto Belarmino no *De Romano Pontifice*, Acosta no *De temporibus novissimis*, etc.[21]

Ao longo do seu comentário, o frade dominicano cita muitas vezes Flávio Josefo, Filon Judeu, o Targum Caldaico para fundamentar as suas interpretações. O Antigo Testamento não pode ser suficientemente compreendido sem ter em atenção o que aqueles autores e as obras judaicas surgidas ao longo dos tempos contêm acerca da Sagrada Escritura.

Insistindo na idéia de que as primeiras palavras do *Cântico dos Cânticos* traduzem o desejo dos homens de ouvir a mensagem de Deus, Sotomaior escreve: "Quid igitur mirum, si vetus Ecclesia, in qua fuerunt tam multi prophetae et viri sanctissimi tantopere cupiebat vivam, propriamque Dei sponsi sui loquentis, et in medio doctorum in templo sedentis, et illos audientis, et interrogantis, vel potius docentis....", no que se nota a sua intenção de transpor a Igreja antiga para a nova, aquela fundada por Cristo.[22]

Acerca da expressão seguinte: "Quia meliora sunt hubera tua vino", começa por dizer que os seios são o sinal do amor na mulher. Tal interpretação é defendida por autores judeus e cristãos. Platão aparece mencionado entre eles. A partícula "quia" é um polisema (ou

---

[20] *Ibid.*
[21] *Op. cit.*, pp. 14-15.
[22] *Op. cit.*, p. 24.

equívoca) pois além de valor causal tem igualmente sentido adverbial (na verdade). Os seios é uma malepsis, pois tem um sentido figurativo: peito, coração, "vel etiam consilium, prudentiam, et sapientiam sponsi divini, id est, arcanos, profundos, et reconditos, atque intimos sensus, sublimiaque mysteria, et dogmata, simulque eximiam clementiam, et indulgentiam ipsius. Cor enim sub pectore, et mammillis latet. Atque proinde pectus quasi sedes quaedam videtur esse cordis, seu mentis, et rationis, quae existimatur esse in corde",[23] para o que se baseia em vários autores, notando-se também aqui a sua preocupação cristã e eclesiológica. Plotino, "nobilissimus omnium Platonis discipulus", é citado ao lado de alguns Padres da Igreja como defensor da idéia de que o homem, "seu animum probum necessario esse obliviosum".

A propósito de "fragrantia unguentis optimi...", Luís de Sotomaior serve-se de novo do comentário de Rabi Selomoh. Depois de abordar a questão das versões (Vulgata e LXX) e de dar a interpretação de Sanctes Pagnino, fala da opinião dos exegetas hebreus quanto ao sentido de "unguentis". Escreve: "Hebraeorum vero interpretes per odorem unguentorum sponsi non inepte interpretantur notitiam, famamque eximiam virtutum sponsi, quae longe, lateque pernavigata instar optimi odoris, seu unguenti effusi magnam admirationem, venerationem, reverentiamque sponso conciliabat etiam apud exteras, et barbaras nationes".[24] Daí que entendam estas palavras como ditas pela Igreja israelita ao esposo, ou seja, a Deus: "Propter famam, seu notitiam praeclaram virtutum, facinorumque tuorum o sponse, etiam impiae, et barbarae gentes caeperunt te quodammodo cognoscere, diligere, ac venerari, commotae scilicet, sola fama, et opinione virtutum tuarum. Cuiusmodi praesertim erant Philistaei, Aegyptii, et tales apud quos Deus iam olim in gratiam veteris populi Hebraeorum, multas, et magnas, mirabilesque virtutes edidit, ut testatur sacra historia".[25]

A frase "oleum effusum nomen tuum" merece a Sotomaior uma análise especial. Diz que o termo hebraico תורך é ambíguo podendo significar também um nome próprio de lugar onde nascia ou se pre-

---

[23] *Op. cit.*, p. 39.
[24] *Op. cit.*, pp. 52-53.
[25] *Op. cit.*, p. 53.

parava uma especialidade própria de unguento ou aroma muito célebre. Rabi Abraão Esdras, entre outros autores judeus, partilha de
tal ponto de vista, excluindo a acepção passiva "effusum". Teríamos,
pois, o teu nome, ó esposo, é mais precioso e suave do que o perfume
que existe ou é preparado no sítio chamado Turac. Tratar-se-ia de um
epíteton de um certo unguento preciosíssimo e conhecidíssimo. É o
mesmo que acontece com Bálsamo, "et aliae huiusmodi species
unguentorum, sive aromatum optimorum".[26]

Mas, prossegue Sotomaior, o mesmo Rabi Abraão Esdras prefere
que se traduza pelo particípio "effusum", como se lê na Vulgata. E o
sentido podia ser como expõe Rabi Selomoh (que já citara antes, ao
tratar da natureza do unguento: "Haec igitur est unguenti etiam
optimi natura, quemadmodum admonet R. Selomo, ut clausum in
alabastro, seu vaso unguentario, nullum odorem foras emittat: Illo
autem fracto, sive aperto, tunc eius suavitatem, atque fragrantiam
vehementer sentiamus, praesertim vero si unguentum ex alio in aliud
vas transfundatur") o seguinte: "vulga iactatur, vel dicitur o sponse
charissime, te velut unguentum esse quoddam, quod iugiter funditur,
cuiusque fragrantia in longinquum dispergitur, et mirifice delectat
omnes".[27]

Mas Sotomaior insiste em que é melhor entender aqui este nome
para significar a fama, a opinião e o conhecimento das virtudes do
esposo. Muitos intérpretes cristãos e judeus assim explicam esta frase,
como é o caso de Rabi David Kimchi. Contudo, como é de esperar,
Sotomaior dá-lhe uma interpretação cristocêntrica. O ungido é
Cristo, cuja doutrina se difunde por toda a parte, como entenderam
os Padres da Igreja.

Ao fazer a exegese de "ideo adolescentulae dilexerunt te", o frade
dominicano novamente alude a Rabi Selomoh que mais uma vez se
refere à Igreja da Sinagoga, à Igreja antiga. E as "adolescentulae"
seriam as outras nações, os outros povos que atraídos pela fama das
virtudes do esposo se voltam para Deus. Ietro, sogro de Moisés, e
Raab são dois exemplos que o exegeta judeu apresenta. A Paráfrase
Caldaica apoia essa interpretação. E escreve Sotomaior: "nec inepte
per filias regum intelligunt Hebraeorum interpretes regna, aut pro-

---

[26] *Ibid.*
[27] *Ibid.*

Manuel A. Rodrigues

vincias, civitates, et urbes. Est enim usitata haec sacris litteris metaphora, seu phrasis, ut filiarum vocabulo accipiantur civitates, et urbes minores, et villae, villarumque incolae. Denique congregatio quaelibet, sive plebs, sive populus".[28]

Analisando a frase: "Trahe me; post te curremus in odorem unguentorum tuorum", após ter abordado vários aspectos de tal expressão, refere-se a Rabi Selomoh que mais uma vez vê nela uma alusão à conversão de Israel: "Antequam autem, ad ea, quae propria sunt nostra, veniamus, atque etiam, ut hoc modo Synagogam, id est, Ecclesiam Israeliticam, tanquam seniorem non nihil honoremus, sciendum est Hebraeorum interpretes existimare haec spansae verba, cum ait hic: *Trahe me*, etc. dicta seu pradedicta esse in persona Ecclesiae Israelicitae cupientis, atque petentis a Deo quondam sponso suo, ut saltem in novissimis diebus dignetur eam misericorditer ad se attrahere, id est, sibi reconciliare, et in gratiam pristinam recipere, et veniam omnium delictorum condonare". É nesse sentido que Oseias nos cap. 2 e 3 se refere à reconciliação dos judeus com Deus. Rabi Selomoh segue essa interpretação: "et quidem non male, siquidem confiteretur hanc ultimam Iudaeorum conversionem, futuram non simpliciter ad Deum: sed potius ad Christum, vel per Christum necessario esse debere, et oportere, ut salutaris sit, et non aliter fore salutare".[29]

Mais adiante, comentando o versículo: "Introduxit me rex in cellaria sua", diz que alguns vêem nestas palavras uma alusão à entrada dos hebreus na terra da promissão, quer após o exílio babilônico quer depois da saída do Egito: "Alii vero volunt sponsam his verbis in persona Ecclesiae Israeliticae aenigmatice, et quodammodo gloriari, quod se eductam de servitute Aegyptiaca, vel etiam de captivitate Babylonica liberatam, rex naturae, et gratiae et gloriae vel rex universorum, id est, Deus, tandem introduxerit in terram sanctam, seu Israeliticam, id est, in terram promissam, quasi sponsam charissimam in partem palatii interiorem, et meliorem, ibique eam multis, magnisque beneficiis affecerit pro sua infinita bonitate, et charitate...Ad hunc fere modum interpretantur Hebraei haec sponsae verba".[30] Mas

[28] *Op. cit.*, p. 74.
[29] *Op. cit.*, p. 83.
[30] *Op. cit.*, p. 108.

Sotomaior acrescenta logo que a exegese cristã é preferível; vendo aí uma alusão à Igreja de Cristo.

A frase "Exultabimus et laetabimur in te memores huberum tuorum" oferece-lhe o ensejo para aludir mais uma vez aos autores judeus. Trata-se segundo eles do dia em que o Messias aparecerá sobre a terra, "ut patet ex Glossa quadam antiquorum Rabinorum, quae extat super his Verbis Cantici, quam fideliter refert Author illius libri qui inscribitur Victoria contra Hebraeos part. 2. cap. 4. Glossa autem dicta ad verbum simpliciter, et fideliter expressa, talis est, et ita sonat latine: Nesciebant homines, in quo esset maxime laetandum, donec venit Salomon...".[31] Sotomaior transcreve a glossa na íntegra, por ela se vendo o sentido messiânico que encerra.

E refere ainda Rabi Moses Hadarsan, "magnae autoritatis vir," quae extat apud Hebraeos, et legitur in Beresith Raba super Genes. capit. 44. quae sic habet. Exultabimus, et laetabimur in te. Quando erimus laetantes? Quando stabunt pedes in montem olivarum, sicut scriptum est, Zachar. cap. 14. Et stabunt pedes eius super montem olivarum".[32] Ou seja, trata-se dos tempos messiânicos, quando o anunciado pelos profetas surgir para instaurar o seu reino.Também Rabi David Kimchi e Rabi Selomoh pensam tratar-se do aparecimento do ungido de Deus sobre a terra. E conclui Sotomaior: "Libentissime ergo accipimus commentarium illum R. Davidis, et aliorum adversariorum, quatenus aiunt Regem Messiam, ideo dici oleo, seu unguento laetitiae a Deo unctum, quia quando unctus, seu electus, seu natus in mundo erit, totus mundus exultabit, atque ita unctio eius totum mundum laetitia implebit, caelumque simul, et terras laetificabit, instar unguenti suavissimi, et divini".[33]

Mas Rabi Selomoh alude também à Sinagoga judaica atual que exulta no tempo presente mesmo sem ter chegado o Messias. Na sua viuvez e no seu sofrimento atual a comunidade judaica, apesar de tudo, exulta e alegra-se com Deus, seu criador:"... Vel etiam hodie in hac mea viduitate, et captivitate, seu exilio commemorabo amores, et favores illos tuos pristinos, quibus iam olim me prosequutus es, atque

---

[31] *Op. cit.*, p. 118.
[32] *Op. cit.*, 119.
[33] *Op. cit.*, p. 120.

his oblectabor, et consolabor supra quamlibet aliam rem laetitia, et voluptate afficientem".[34]

Mas, diz Sotomaior, aguele doutor judeu (Rabi Selomoh) enganase: "Sed tamen Rabinus ille fallitur, quatenus opinatur, Iudaeos nunc habere veram Ecclesiam. Non enim est vera Ecclesia, nisi una Ecclesia Christi catholica, extra quam nulla est alia vera Ecclesia, neque salus. Atque proinde Synagoga Iudaeorum hodierna, neque sponsa ipsa est, neque sponsum habet, neque etiam cum sponso loqui potest, sicut sponsa hic loquitur donec Christum Dominum verum sponsum recipiat, confiteatur, et divinis honoribus colat, ac per fidem, et charitatem ei reconcilietur. Vana igitur est interpretatio R. Selomoh, et aliae eiusmodi interpretationes adversariorum omnes, quatenus verba sponsae, quae typum gerit verae Ecclesiae, Synagogae, quasi verae Ecclesiae, et verae sponsae attribuunt. Fuit enim Ecclesia Israelitica, sed iam nunc non est, sicut fuit Ilium, et ingens gloria Teucrorum".[35]

---

[34] *Ibid.*
[35] *Ibid.*

THE TRAVELS OF PORTUGUESE JEWS FROM AMSTERDAM TO THE "LANDS OF IDOLATRY" (1644-1724)*

Yosef Kaplan

The *conversos* who fled from the Iberian Peninsula and established one of the most important Jewish centers of the seventeenth century in Amsterdam retained their bonds with their country of origin. In their new home, even after their return to the bosom of Judaism, they continued to use Spanish and Portuguese, and not only did their interest in everything that took place in the spiritual world of their country of origin persist, but they themselves also continued to take an active part in the literary trends current there; their philosophical, theological, and scientific speculations were closely bound up with creative intellectual developments in the Iberian world. Moreover, that bond was not weakened even among the children of the emigrants, those who were born in Amsterdam or reached it at an early age.[1]

Above and beyond their active connection with the culture and aesthetic forms of contemporary Iberian society, those Jews felt a deep spiritual affinity with their country of origin, the landscape and customs whose sweet memory had not been dimmed in their con-

* The research for this study was done under a Research Fellowship from the Memorial Foundation for Jewish Culture. I would like to take this opportunity to thank the Foundation for its generous support.

[1] On that subject see J. A. van Praag, *Gespleten Zielen*, Groningen, 1948 (in Spanish: "Almas en litigio", *Clavileño* I (1950), pp. 14-26; also my *From Christianity to Judaism. The Life and Work of Isaac Orobio de Castro*, Jerusalem, 1982, pp. 250 ff., pp. 268-285 (Hebrew); cf. D. M. Swetschinski, "The Portuguese Jews of Seventeenth-Century Amsterdam: Cultural Continuity and Adaptation", in F. Malino and Ph. Cohen Albert (eds.), *Essays in Modern Jewish History. A Tribute to Ben Halpern*, New York, 1982, pp. 56-80.

sciousness even after the insults and injuries which they suffered there
as members of a persecuted and oppressed minority. Ten years after
arriving in Amsterdam and openly rejoining the Jewish community,
the poet Daniel Levi de Barrios (formerly Capitán Miguel de Barrios)
wrote these emotional verses about his native city, Montilla: "Hail to
thee, Montilla, my progenitor, and hail to thee, Oh Spain / For the
lion snatches me away from thee by force". [2] In one of his later works
he even claimed that "All of Spain is not called Celtiberia on account
of the Celts and the Iberians, as many say, but rather the name is
taken from the Hebrew word for ribs (*tselaot,*) in the second chapter
of Genesis: 'and the Lord caused a sleep to fall upon Adam, and he
slept, and He took one of his *tselaot,*' for the Garden of Eden was
located in Spain".[3]

In fact, during the whole seventeenth century and the first quarter
of the eighteenth there was no lack of Spanish-Portuguese Jews who
first settled in Amsterdam, openly joining the Jewish community, and
later returning to the "lands of idolatry". Despite the great dangers
which were incurred by going back, many of them did return to
Spain, Portugal, and their colonies.

That phenomenon is an astonishing one and raises many questions.
For the members of the Spanish-Portuguese diaspora and for the
conversos who remained in Spain and Portugal, reality in the Iberian
Peninsula was far from the romantic imagery of the poet Daniel Levi
de Barrios. The trials of the Inquisition and the regulations governing
purity of blood turned the community of *conversos* or *cristianos*

---

[2] Miguel de Barrios, *Coro de las Musas*, Brusselas, 1672, p. 245: "a Dios Patria,
Montilla, a Dios España, que me lleva el Leon en gran tormenta". On the strong
reaction of the *ma'amad* of the Portuguese Jewish community in Amsterdam
against de Barrios' book, see I. S. Révah, "Les écrivains Manuel de Pina et Miguel
de Barrios et la censure de la communauté judéo-portugaise d'Amsterdam", *Tesoro
de los Judíos sefardíes* VII (1965), pp. LXXXV-LXXXVII; cf. W. C. Pieterse,
*Daniel Levi de Barrios als Geschiedschrijver van de Portugees-Israelietische
Gemeente te Amsterdam in zijn "Triumpho del Govierno Popular"*, Amsterdam,
1968, p. 20 (henceforth: Pieterse, *de Barrios*).

[3] Daniel Levi de Barrios, *Imperio de Dios, Piedra derribadora*, etc., [Amsterdam,
s.d.], p. 40.

nuevos (New Christians) into a suspect minority, subject to discrimination and full of apprehension and fear.[4]

In order to understand the phenomenon of return, its causes and implications, and to see what kind of people returned to the "lands of idolatry", we must examine the structure of the relationships between the Portuguese Jewish community in Amsterdam and the Iberian Peninsula during the seventeenth century. Those connections were not restricted to spiritual and cultural bonds, yearnings and longings.

For many years the Portuguese Jewish community in Amsterdam played a central part in the economic relations between the Spanish empire and northern Europe in general and the Dutch Republic in particular. That economic activity had special significance between 1609 and 1621, during the Twelve Years' Truce between Spain and the Dutch Republic and again during the decade following the end of the war, that is, 1646-1655.[5]

Those were years of prosperity and growth for the Portuguese Jewish community of Amsterdam, when it established itself economically, socially, institutionally, and culturally. Those were also the

[4]   A large body of work has been written on the status of the "New Christians" in Spain and Portugal during the 16th and 17th centuries, the legal and cultural discrimination against them and their persecution at the hands of the Inquisition. For an understanding of various subjects connected to the status of the *conversos* in the Iberian Peninsula at that time see, among others, A. A. Sicroff, *Les controverses des status de pureté de sang en Espagne du XVe au XVIIe siècle*, Paris, 1960; H. Beinart, "The Converso Community in 16th and 17th Century Spain", in R. Barnett (ed.), *The Sephardi Heritage*, vol. I, London, 1971, pp. 457-478; I. S. Révah, "Les Marranes Portugais et l'Inquisition au XVIe siècle", *ibid.*, pp. 479-526; Y. H. Yerushalmi, *From Spanish Court to Italian Ghetto*, New York and London, 1971, pp. 1-21 (henceforth: Yerushalmi); H. Méchoulan, *Le sang de l'autre ou l'honneur de Dieu*, Paris, 1979, pp. 117-196; A. Castro, *De la Edad Conflictiva*, Madrid, 1972[3].

[5]   On the role of the Portuguese Jews of Holland in commerce with the Iberian Peninsula see the excellent studies of J. Israel, "Spain and the Dutch Sephardim, 1609-1660", *Studia Rosenthaliana* XII, N°s 1-2 (1978), pp. 1-61 (henceforth: Israel, "Dutch Sephardim"); idem, "Some Further Data on the Amsterdam Sephardim and their Trade with Spain during the 1650s", *Studia Rosenthaliana* XIV, N° 1 (1980), pp. 7-19; idem, "The Economic Contribution of Dutch Sephardi Jewry to Holland's Golden Age, 1595-1713", *Tijdschrift voor Geschiedenis* XCVI (1983), pp. 505-535; on the structure of relations and ties between the Dutch Republic and Spain, see his book, *The Dutch Republic and the Hispanic World, 1606-1661*, Oxford, 1982.

years of the great emigration of "New Christians" from Spain and Portugal to Holland.[6]

Between 1609 and 1621, when the Scheldt River was actually closed to traffic and access to Antwerp was blocked, Amsterdam and Rotterdam took over as the prime ports for international commerce with the Iberian Peninsula. Most of the foreign ships which reached Iberian ports were Dutch ships, and Holland took complete control over the trade routes between the Baltic region and Spain and Portugal. The Spanish and Portuguese Jews in Amsterdam played a central role in that economic arrangement. Wealthy merchants like Baruch (Bento) Osorio, Joshua Habilho, Samuel Abarbanel, Isaac Israel Nuñez and Tobiau Israel da Silva were the most prominent among them, but many others, who exploited their connections with merchants and bankers among the "New Christians" in Spain and Portugal, also took an active and central part in those economic ties.[7] In 1619 Martín González de Cellorigo, in one of his famous memoranda concerning the improvement of the economic state of Spain, wrote that an effort had to be made to bring the Jews back to Spain from the Low Countries, and his principal reason was that doing so would diminish the economic power of the United Provinces of the Netherlands.[8] He was not the only one who advanced arguments of that sort. There is no doubt that the efforts that were made during the period of the Conde-Duque de Olivares, to allow Jews to live in

[6]   Idem, "Dutch Sephardim", p. 1.
[7]   On Baruch Osorio see *Livro de Bet Haim do Kahal Kados de Bet Yahacob*, Introduction, notes and index by W. C. Pieterse, Assen, 1970, p. 191 (henceforth: *Livro de Bet Haim*). On Joshua Habilho (alias Duarte Fernandes) see E. M. Koen, "Duarte Fernandes, Koopman van de Portugeese Natie te Amsterdam", *Studia Rosenthaliana* II, N° 2 (1968), pp. 178-193; on Samuel Abarbanel (alias Jerónimo Rodrigues da Sousa) see Pieterse, *de Barrios*, p. 56, n. 1; on Tobiau da Silva (alias Diogo da Silva) see *Livro de Bet Haim*, p. 189; cf. Israel, "Dutch Sephardim", pp. 5-6.
[8]   Martín González de Cellorigo, *Alegación en que se funda la justicia y merced que algunos particulares del reyno de Portugal piden a su Magestad*, Madrid, 1619. That work was published in full with a comprehensive introduction by I. S. Révah, "Le Plaidoyer en faveur des 'Nouveaux Chrétiens' Portugais du Licencié Martín González de Cellorigo (Madrid, 1619)", *REJ* CXXII (1963), pp. 279-398.

Spain, were connected, among other things, to considerations of that sort.[9]

There were even people in the Spanish royal court who believed that it was possible to bring a significant part of the Portuguese Jews back from Holland into the bosom of Christianity in Spain.[10] That assumption was predicated on the fact that there was no lack of Portuguese Jews who had settled in Amsterdam in the early seventeenth century and maintained close ties with senior Spanish officials. A few of them even supplied current information about the business affairs of Jews with secret Jews in Spain and Portugal, informing them of the Spanish names or aliases of Jewish merchants in Amsterdam who took part in commerce with Spain, and they informed upon those who were involved in the shaving of Spanish coins. They were former secret Jews who, although they had left Spain and found a safe haven in Holland, did not join the Portuguese Jewish community or joined it while remaining on its margins. Via the Spanish authorities in Brussels and Antwerp, men such as Luis Vaz Pimentel, Gabriel da Costa and Manoel Mendes Cardoso provided information of that kind, and in many instances they hoped that in reward for their actions the Inquisition would pardon them, and thus their return to their country of origin would be assured. Those men travelled frequently to Antwerp and Brussels and sometimes even reached Spain itself.[11]

There is, however, evidence that even men who were involved in Jewish community life and whose bonds with Judaism were sincere were not deterred from partial collaboration with the Spanish crown, agreeing to act upon various occasions to advance the political and economic interests of Spain. One such man was Duarte Fernandes, who supplied economic information to Spain, which was detrimental to the interests of the Dutch Republic. Another was Moses Palache,

---

[9] On discussions held at that time of whether to permit Jews to settle in Spain and particularly in Madrid, see G. Marañón, *El Conde-Duque de Olivares*, Madrid, 1959[4], p. 180; J. Caro Baroja, *Los Judíos en la España Moderna y Contemporánea*, vol. II, Madrid, 1961, pp. 42 ff.; Yerushalmi, pp. 164 ff.; Israel, "Dutch Sephardim", pp. 7-8.

[10] See Martín González de Cellorigo, *ibid.*, (above, n. 8), pp. 358 ff.

[11] Israel, "Dutch Sephardim", pp. 8 ff.

the nephew of the well known Samuel Palache. In April 1619, in return for money, he travelled to Brussels and gave important political information to Guadaleste and Spinola concerning the political plans of the Dutch and English in Morocco.[12]

The resumption of the war between Spain and the Dutch Republic in 1621 undermined the economic position of the Portuguese Jews of Holland. Nevertheless, the great economic difficulties which beset the Portuguese Jews of Amsterdam did not put an end to the network of economic ties between that community and the Iberian Peninsula, although it did hinder them considerably. In those war years, during which Spanish supervision of maritime transportation and international commerce with Holland grew stricter, one hears increasingly of the seizure of ships which attempted to smuggle goods into Spanish ports, and of Spanish Jews from Holland who continued to play a vigorous part in that economic activity and even to participate in dangerous voyages by sea. With the establishment of the West India Company in 1621 Dutch economic activities in South America increased, quite frequently with the encouragement and full participation of the Portuguese Jews of Amsterdam.[13]

In the early 1640s the economic and social condition of the Portuguese Jews of Amsterdam began to look up, and afterwards came the years of great prosperity and development: first, with Portuguese independence, which opened up new markets for the Portuguese Jewish merchants of Amsterdam, and afterwards, in 1646, when Spain began to lift the boycott against Dutch ships, and finally, in 1648, with the signing of the Treaty of Münster, which formally ended the war between Spain and the Dutch Republic. When the Spanish crown revised its foreign policy, in the wake of the increased strength of England and France and the threat they posed, it attempted to find new channels for communication and cooperation with the Dutch Republic. The Portuguese Jewish community in Amsterdam began to breathe easily and quickly became involved in the new network of trade relations that grew up between Holland and Spain; and that was despite the fact that the Spanish crown refused adamantly to

[12] *Ibid.*
[13] *Loc. cit.*, pp. 16 ff.

grant Portuguese Jewish merchants from Holland the same rights which were granted to the other subjects of the Republic.[14]

Despite the obstacles and the strict control exercised by the Spanish authorities, during that period the Portuguese Jews of Amsterdam managed to develop a widespread commercial network which linked the members of the "Nação" in the Republic with partners and representatives in Spain, most, if not all, of whom were members of the community of "New Christians".

In summary, both in periods of prosperity and in times of crisis, members of the Portuguese Jewish community in Amsterdam played an extremely active part in a network of economic connections between the lands of northern Europe and the Iberian Peninsula. Many of them even participated personally in dangerous journeys to Spanish ports; others exploited their close connections with the communities of secret Jews in Bayonne, Bordeaux, Saint Jean de Luz, etc., and they managed to cross the French border into northern Spain. Some of them tried to find ways of cooperating fully with the Spanish and Portuguese crown; others, despite their loyalty and connections with Judaism, did not hesitate to return to Spain for periods of varying length, for purely economic purposes, that is, wishing to supervise and oversee the management of a network of commercial connections between the center in Amsterdam and the various branches in Spain and Portugal.

Some of them hoped, especially during the time of the Conde-Duque de Olivares, for a radical change in Spanish attitudes to the Jewish question, a turnabout that would permit them to return to their country of origin. The independence of Portugal and its separation from Spain kindled the hopes of others, who saw a chance for a change in the relations of that state to the problem of the "New Christians". In one way or another, then, throughout the seventeenth century, many members of the community of Portuguese Jews in Amsterdam returned to Spain and Portugal or settled in the southern Netherlands, which were ruled by the Spanish crown, or else they penetrated the Spanish and Portuguese colonies in the New World.

---

[14] S. W. Baron, *A Social and Religious History of the Jews*, vol. XV, New York and London, 1973, pp. 11 ff.

A considerable amount of the information about the return of the Portuguese Jews to the "lands of idolatry" can be gleaned from the files of the Inquisition in Spain and Portugal from the testimony of isolated individuals who returned from Amsterdam and either confessed freely or were caught and tried by the courts of the Santo Oficio. From the testimony of Hector Mendes Bravo, which was studied by the late C. Roth, who confessed to the Inquisition in Lisbon in 1617, we learn not only about the return of the confessor from Amsterdam (where his name had been David Levi Bravo) to Portugal and from Judaism to Christianity, but also about the settlement in Lisbon of Abraham Reuben, a Jew of Fez, who had acted as a "Roby," that is, a teacher in the elementary school of the Portuguese Jewish community of Amsterdam in the early part of the century. He converted to Christianity in Antwerp, changed his name to Francisco de San Antonio, went to Portugal and finally settled in Spain.[15] In 1635 Esteban Arias de Fonseca appeared before the Inquisition in Madrid. He was a "New Christian" from Spain who had been circumcised in Amsterdam and voluntarily returned to his country of origin in order to return to the bosom of Christianity.[16] These are not the only examples; however it is not possible to infer the extent of the phenomenon from the confessions. They are isolated and fortuitous cases, and it is not even possible to learn about the causes for the phenomenon from them, since they are of an apologetic nature.

The rich archives of the Portuguese community in Amsterdam, which have been preserved almost in their entirety, permit the historian to retrace, often with great precision, the situation of the community during the seventeenth century. The informative material preserved there, in the community registers, in the tax and account books, in hundreds of wills, and in the record books of the various

---

[15] C. Roth, "The Strange Case of Hector Mendes Bravo", *HUCA* XVIII (1943/44), pp. 211-245, and see also pp. 223-224; the affair of Abraham Reuben was described by H. Beinart, "Moroccan Jews in Spain in the Beginning of the Seventeenth Century", *Salo Wittmayer Baron Jubilee Volume*, vol. III, Jerusalem, 1974, pp. 15-39 (Hebrew).

[16] See in Archivo Histórico Nacional, Madrid, Inquisición, Toledo 142, N° 6, fols. 39r-42v; see also my *From Christianity to Judaism*, pp. 293-294.

fellowships and institutions, even makes possible some kind of quantitative analysis of Jewish and *converso* immigration to Amsterdam in different periods, and sometimes also of the travels of Portuguese Jews from the Amsterdam community to other countries, to which they were sent principally on matters pertaining to the community, with the encouragement and support of the members of the *ma'amad*.[17] However it is only natural that emigration to the "lands of idolatry" does not appear in the community records. The "Nação" and its members took a grave view of that emigration, but regarded it as a phenomenon which should be passed over in silence. The community leadership, which repeatedly forbade any correspondence of the members of the community with secret Jews living in Spain, fearing it would endanger their lives, refrained from divulging any information indicating that anyone at all had returned to the "lands of idolatry".[18] For that reason we cannot come to any conclusions about the number of people who returned to the countries of the Iberian Peninsula and their colonies.

On the other hand, we can analyze a certain phenomenon which is linked to the subject of the return of Portuguese Jews of Amsterdam to the "lands of idolatry". Although it is only part of the whole, it does shed light on the entire subject. I refer to the problem of those Jews who left Amsterdam, settled in the "lands of idolatry", and then returned, after a certain time, and rejoined the Jewish community.

In 1644, on the twelfth of Sivan, 5404, the members of the *ma'amad* of the Portuguese Jewish community of Amsterdam enacted the following regulation:

> The Lords of the Ma'amad, in accordance with the views of the Ḥakhamim of this Holy Congregation order that from this day onwards, a circumcised Jew who shall abandon Judaism and go to any land belonging to Spain or Portugal, or if it be known that he

---

[17] See W. C. Pieterse, *Inventaris van de Archieven der Portugees-Israëlietische Gemeente te Amsterdam, 1614-1870*, Amsterdam, 1964.

[18] See the Regulation of 11 Sivan, 5405 (1645), in Municipal Archives of Amsterdam (henceforth: GAA), in Archives of the Portuguese Jewish community found there (henceforth: PA 334), Nº 19, *Ascamot* I, fol. 192.

has worshipped idols in any other place, or that he be found now outside of Judaism, after abandoning it, if he shall return to this Holy Congregation, he shall not be received in it, nor shall he be permitted to be numbered among it without asking beforehand, from the altar, publicly, before the whole congregation, for forgiveness from the blessed Lord and His holy Torah... And until four years shall have passed since his return he shall not be able to be called to the Torah or be honored with any commandment in the synagogue, except upon his own ceremonial occasion, and during the whole aforesaid time he shall not be able to hold any office in the community or to lead any prayers, and after he has passed that aforementioned time and carried out the penitence imposed upon him by the Lords Ḥakhamim of this Holy Congregation ... he will be accepted for all the commandments of the community and in no other way.[19]

From then on it became the practice to record the names of all the members of the Portuguese community who returned to Amsterdam after staying in the "lands of idolatry". I have examined the four

---

[19] *Ibid.*, fol. 172: "Considerando os SS^res do Mahamad o gravissimo pecado que he o da ydolatria pois quen o comete he como se negasse e passasse toda a ley, y assi e obrigado a por a vida antes que encorrer nele. Con tudo não falta quen sen atentar hun tão orendo crime vai a terras donde forçossamente o comete e para dar a ysto algun remedio con parezer dos SS^res Hachamin de este K.K. ordenão os senores do mahamad que qual quer pessoa que doje em diante judeo çircunçidado sahir de judesmo e for alguma terra de España o Portugal, ou constar que aja ydolatrado en qualquer outra parte, ou que ao presente este fora do Judesmo auendo saido dele, vindo a este K.K. não sera nele admitido nen se podra con ele cumprir minian sen que primero pessa da teua publicamente y en Kaal pleno perdão al dio benditto y sua Santissima Ley con as palabras que os SS^res do Mahamad lhe hordenaren que serão conforme o tempo e calidade de seus delittos e depois disto athe passar quatro anos, de sua vinda não podra ser chamado a çefre Thora nen fazer nenhua misua no Kaal aynda que seja en sua asura propria, nen en dito tempo ter nenhun ofiçio nen seruir de Hassan en nenhua thefila e passado ditto tempo e auendo cumprido a penitençia que lhe for hordenada por os SS^res Hachamin deste K.K. con os quais consultara e ynformara a calidade de seus pecados para conforme a eles possão aconselharlhe a penitençia que deue fazer. Avendoa cumprido sera admitido a todas as misuots do Kaal e não dotro modo y el dio benditto libre a seu pouo de todo mal. Fecto ojee 12 de Siuan".

volumes of the records of the "Talmud Torah" community, and I found the names of eighty two people who were punished for that transgression between 1644 and 1724.[20] Following that year no further instances were recorded. Two of the eighty two people were caught twice for committing the transgression, and so they were forced to stand before the altar and ask forgiveness for their actions twice.[21]

By examining the registers, the tax records, accounts and other documents, I was able to discover various details about the identity of sixty eight of those eighty two people, their position in the community and their social situation. They provide an indication of certain traits that characterized them.[22]

It seems that forty nine of them (more than fifty per cent) were not buried in the community cemetery in Ouderkerk, thus they abandoned the community again after their return from the lands of idolatry. They might have emigrated to another country or returned to Spain or Portugal, or some of them might even have assimilated within Dutch Christian society.[23]

Forty five of the eighty two never paid the "Finta", the personal tax paid by every member of the community, and thence we can infer that they were not full members of the community (or *Jehidim*, as they were called) and did not have a part in its institutions.[24] Twenty

---

[20] See the Appendix at the end of this article.

[21] The two were David Henriques and David Bueno; see items Nos 8 and 33 in the Appendix.

[22] On Jacob Hamis, Daniel Habilho, Isaac Correa, Daniel Thomas, Isaac Aroyo, Jacob Sobrinho, David Cohen Lusena, Mosseh Machorro de Leon, Abraham Frances, Manoel Moreno, David Nunes Ventura, Solomoh Rephael, Menasseh Rovigo and Jacob de Sola we have found no details whatsoever. We know to what countries two of them went: Isaac Correa went to Brazil and Jacob Sobrinho went to France, see below, n. 35. It is doubtful whether Abraham Henriques Valentin can be identified with Abraham Valencin, who died on 29 Tevet, 5464 (1704), see Appendix, No 73.

[23] See the names of those buried in Ouderkerk and the dates of their deaths in Appendix, Nos 7, 13, 14, 19, 24, 25, 27, 28, 30, 31, 32, 34, 38, 41, 46, 49, 51, 56, 57, 59, 62, 64, 65, 66, 67, 68, 69, 70, 71, 72, 73, 76, 79 and see the relevant notes.

[24] *Ibid.*, the names of people who paid the "Finta": Nos 1, 3, 4, 7, 9, 14, 15, 17, 25, 27, 28, 29, 30, 31, 32, 33, 35, 36, 37, 38, 41, 44, 46, 49, 51, 52, 54, 57, 58, 60, 62, 64, 67, 68, 69, 72, 78, and see the relevant notes.

seven of them (more than a quarter) never paid a "promesa", that is, they never gave any sum of money to the synagogue, a fact which does not point to lack of means, but rather to lack of any connection with the religious life of the community.[25] Fifteen of them are not mentioned in any list of the members of the community, indicating that they lived on its margins without taking any part in communal life.[26] It is likely that only one of the eighty two was a member of the *ma'amad* for a time; none of the others ever occupied a post in the institutions of the community or its fellowships.[27]

My examination of the community documents permitted me to determine the economic situation of forty eight of the eighty two. Eighteen of them paid the "Ymposta" or duty on imports and exports, an indication that they were involved in international commerce;[28] eight of them were decidedly wealthy.[29] There is no doubt that their journeys to the "lands of idolatry" were connected with their commercial ventures. However, in contrast to them, we find eleven paupers, of whom six appear in the list of the destitute supported by the community charity fund.[30] They returned to their countries of origin because of their economic difficulties, hoping to be saved from their distress. The community leadership was aware of that situation, and when it sent poor people to other countries, providing the wherewithall for their journey, it made support conditional on an explicit promise to emigrate only to one of the "terras de judesmo."[31] Thus, for example, in November 1625 forty florins were

[25] *Ibid.*, the names of those who *never* paid "promesas": N°s 1, 2, 5, 6, 10, 21, 22, 39, 43, 47, 48, 53, 55, 59, 61, 66, 70, 71, 73, 74, 75, 76, 77, 79, 80, 81, 82.
[26] See above, n. 22.
[27] I refer to Jacob Aboab (N° 49), assuming that the man who asked forgiveness on 15 Heshvan 5421 (1661) is actually Jacob Aboab de Osorio who served as a member of the *ma'amad* in 5427 (1667), 5431 (1671), and 5436 (1676).
[28] See the Appendix, the names of those who paid the "Ymposta", N°s 4, 7, 9 (only once, a very small amount), 14, 15, 18, 20, 25, 27, 29, 31, 32, 33, 38, 46, 49, 51, 67 and the relevant notes.
[29] *Ibid.*, N°s 7, 14, 15, 18, 31, 46, 49, 67.
[30] *Ibid.*, N°s 1, 9, 12, 13, 16, 19, 34, 55, 56, 65, 66; N°s 1, 12, 16, 34, 55 and 66 appear in the list of those who received charity.
[31] See paragraph 7 of the regulations of the "Ymposta", 24 Shvat, 5382 (1623) in GAA, PA 334, N° 13, fol. 3r.

given to Ephraim ben Abraham de Vitoria so he could reach Venice, and Mordecai da Costa vouched for him that he would not stray and, perish the thought, journey to one of the "lands of idolatry."[32]

From the tax records we can sometimes ascertain how long some of them remained in the "lands of idolatry". Most of them left for short periods of less than six months, a year, or two years. But there is one who even stayed for thirty five years! Another lived for seventeen years in one of the "idolatrous lands," and two for fourteen years — rather a long time to be cut off from Judaism, without hesitating to cover themselves with the veil of Christianity.[33]

In the case of only six of the eighty two people who were forced to ask public forgiveness for travelling to "the lands of idolatry" is the name of the forbidden land listed in the community register: three had gone to Spain, one to Brazil, one to France, and one to Portugal.[34] In the case of the poet Daniel Levi de Barrios, who, in 1665, was also

---

[32] *Ibid.*, fol. 17v.

[33] For examples see the notes to the Appendix. The man who remained in Spain for 35 years was Isaac Gomes da Pena. He was not obliged to ask forgiveness for his sojourn in the "lands of idolatry" because he managed to prove that he left Amsterdam when he was younger than thirteen. Therefore on 2 Adar, 5407 (1647) the *ma'amad* decided to exempt him from the need to beg forgiveness. See *Ascamot* I in GAA, PA 334, N° 19, fol. 220: "Termo de como se livrou Ysaque Gomes da Pena da eskama feita contra as peçõas que foren a terras de España. Em dous de Adar se prezentou diante dos SS^res do mahamad Ysaque Gomes, o coal alegou que ele auia sahydo desta cidade avia couza de 35 Annos sendo menor de ydade de treze annos, e suposto que avia hydo a Terras de ydolatria e ofendido a el dio, visto aver sahydo do judesmo de tan pouqa hydade, entendia que hera liure de subir a teva e mays penas que conten a escamat feyta sobre este caso". The man apparently left Amsterdam around 1612. He returned wealthy, if one may judge by the "Finta" he paid annually (35 florins) and the "Ymposta": 60 fl. and 8 stuivers in Tishri 5408 (1647); 36 fl. in Nisan 5408 (1648); 31.5 fl. in Tishri 5409 (1648); 50 fl. in Nissan 5409 (1649), and 30.5 fl. in Nissan, 5410 (1650). He also made high contributions for *mitsvoth* in the synagogue. He died around Nissan 5410 (1650), for we see that in the list of taxes paid that month the words "que D's tem" appear next to his name. We have not included him in the 82 people who returned from the "lands of idolatry", and his name does not appear in the Appendix.

[34] The following went to Spain: Daniel Thomas, Abraham Israel Rodriguez and David Navarro; to Brazil: Isaac Correa; to France: Jacob Sobrinho; to Portugal: Abraham Zuzarte; see Appendix, N°s 1, 2, 5, 9, 47 and 57.

209

obliged to beg forgiveness for that transgression, we know from other sources that he was in the southern Netherlands.[35]

It is noteworthy that forty nine of the eighty two people who left for the "lands of idolatry" and returned from them did so in the period between 1645 and 1660, which, as we have said, was the high point in the active participation of the Portuguese Jews of Amsterdam in trade with the Iberian Peninsula. Towards the end of the seventeenth century the cases become less frequent, and one must assume that emigration in general also decreased at that time. There is no doubt that one reason for that is that the community was increasingly well established institutionally. Perhaps one should add, as a second reason, that certain places no longer belonged to the category of "lands of idolatry": in Antwerp the local Portuguese community, following the 1680s, was granted the right to practice Judaism openly;[36] and that is also the case with the Portuguese communities in various places in southern France in the third decade of the eighteenth century.[37]

The conclusion suggested by the data presented here is that the Portuguese Jewish community in seventeenth century Amsterdam was composed in part of a group of marginal people, who lived

[35] In that matter see Pieterse, *de Barrios*, p. 19.

[36] The Jewish ties of "New Christians" in Antwerp became progressively stronger during the second half of the 17th century with the arrival of Portuguese Jews from Amsterdam itself, who did not take care to conceal their Judaism. On the history of the "New Christians" in Antwerp until the mid 17th century, see H. Pohl, *Die Portugiesen in Antwerpen (1567-1648). Zur Geschichte einer Minderheit*, Wiesbaden, 1977; cf. S. W. Baron, *A Social and Religious History of the Jews*, vol. XV, New York and London, 1973, pp. 4-14; J. Denuce, "Een geheime Synagoge te Antwerpen in de XVI^{de} eeuw", *Antwerpsch Archievenblad* IV (1929), pp. 151-154; on the attitude of these "New Christians" to Judaism see I. S. Révah, "Pour l'histoire des marranes à Anvers: recensements de la 'Nation Portugaise' de 1571 à 1666", *REJ* CXXII (1963), pp. 126 ff.; on open expressions of that attitude during the second half of the 17th century see K. Liberman, "La découverte d'une synagogue secrète à Anvers à la fin du dix-septième siècle", *REJ* C (1935), pp. 34-48; F. Prims, "Joden te Antwerpen in 1682-1694", *Bijdragen tot de Geschiedenis* XXVIII (1937), pp. 166-174.

[37] On that subject see E. Szapiro in B. Blumenkranz (ed.), *Histoire des Juifs en France*, Toulouse, 1972, pp. 233 ff.; S. Schwarzfuchs, *Les Juifs de France*, Paris, 1975, pp. 142-158.

alongside the community but did not take an active part in events within it. Their links with the community were based on an identity of origins and on family ties, not necessarily on a religious, value-based identity. That conclusion is corroborated by an examination of the many notarial documents found in the Amsterdam city archives, in which quite a few Portuguese and Spanish people are mentioned, doubtless former *conversos*, who lived in Amsterdam and were the business partners of members of the Portuguese Jewish community, but whose names do not appear in any one of the community membership lists.[38] That group provided the reservoir of emigrants who returned to the "lands of idolatry" and assimilated among the gentiles. The leaders of the "Nação" and its rabbis saw that group as a threat to the integrity of the Jewish community, and there is no doubt that those marginal figures were an unsettling factor, contributing to the ideological ferment which characterized the Portuguese Jews of Amsterdam during the seventeenth century.

[38]   I shall refer to that phenomenon elsewhere. Digests of the notarial documents from Amsterdam (up to 1639) in which the Portuguese Jews were mentioned have been published in systematic fashion by the staff of the Municipal Archives of Amsterdam (in particular by E. Koen until 1978) in *Studia Rosenthaliana* on a regular basis from 1967 onwards.

APPENDIX

The Names of those who returned from the "lands of idolatry" and requested forgiveness for their actions.[39]

Name	Date of Request	Source
1) Abraham Israel Rodriguez<40>	15 Heshvan 5405 (1644)	*Ascamot* I, fol. 181
2) Daniel Thomas<41>	3 Tevet 5405 (1645)	*ibid.*, fol. 182
3) Selomoh Chamis<42>	1 Adar 5405 (1645)	*ibid.*, fol. 184
4) David Chamis<43>	19 Adar 5405 (1645)	*ibid.*, fol. 187
5) Isaac Correa<44>	20 Sivan 5405 (1645)	*ibid.*, fol. 193
6) Daniel Habilho<45>	23 Av 5405 (1645)	*ibid.*, fol. 195
7) Isaac Israel Dias<46>	18 Tammuz 5406 (1646)	*ibid.*, fol. 210
8) David Henriques<47>	I) 9 Elul 5406 (1646)	*ibid.*, fol. 210
	II) 25 Tevet 5417 (1657)	*ibid.*, fol. 413
9) David Navarro<48>	25 Tevet 5407 (1647)	*ibid.*, fol. 220
10) Jacob Hamis<49>	22 Elul 5407 (1647)	*ibid.*, fol. 230
11) Abraham Drago<50>	15 Heshvan 5408 (1647)	*ibid.*, fol. 232
12) Daniel Castiel<51>	25 Kislev 5408 (1647)	*ibid.*, fol. 235
13) Isaac Israel Alcobasa<52>	8 Tevet 5408 (1648)	*ibid.*, fol. 236
14) Benjamin Aboab<53>	28 Av 5408 (1648)	*ibid.*, fol. 247
15) Gabriel Levi do Vale<54>	21 Tammuz 5409 (1649)	*ibid.*, fol. 266
16) David Henriques<55> ("o galego")	4 Nissan 5410 (1650)	*ibid.*, fol. 286
17) Abraham Franco<56>	1 Av 5410 (1650)	*ibid.*, fol. 291
18) Jacob Gomez Serra<57>	3 Av 5410 (1650)	*ibid.*, fol. 292
19) David Peres<58>	6 Av 5410 (1650)	*ibid.*, fol. 292

Name	Date of Request	Source
20) Abraham Levi Ximenez<59>	8 Tishri 5411 (1650)	*ibid.*, fol. 298
21) Isaac de Abraham Bueno<60>	12 Iyyar 5411 (1651)	*ibid.*, fol. 306
22) Mosseh Machorro de Leon<61>	7 Tevet 5412 (1651)	*ibid.*, fol. 316
23) David Aboab de Anveres<62>	1 Shevat 5412 (1652)	*ibid.*, fol. 317
24) Jacob Levi Rezio<63>	19 Shevat 5413 (1653)	*ibid.*, fol. 341
25) Selomoh Machorro de Leon<64>	21 Shevat 5413 (1653)	*ibid.*, fol. 341
26) Isaac Lumbroso<65>	28 Elul 5413 (1653)	*ibid.*, fol. 353
27) Joseph Valverde<66>	7 Shevat 5414 (1654)	*ibid.*, fol. 357
28) Isaac Bueno<67> (filho de Abraham Bueno de Moura)	22 Shevat 5414 (1654)	*ibid.*, fol. 357
29) Selomoh Arari<68>	20 Sivan 5414 (1654)	*ibid.*, fol. 368
30) Jacob Moreno<69>	29 Shevat 5415 (1655)	*ibid.*, fol. 381
31) Daniel Uziel de Avilar<70>	18 Heshvan 5416 (1655)	*ibid.*, fol. 397
32) Abraham da Costa<71>	24 Kislev 5416 (1656)	*ibid.*, fol. 397
33) David Bueno<72>	I) 22 Shevat 5416 (1656)	*ibid.*, fol. 401
	II) 7 Adar 5418 (1658)	*ibid.*, fol. 427
34) Jacob Soeiro<73>	23 Shevat 5416 (1656)	*ibid.*, fol. 401
35) David Risson<74>	19 Sivan 5416 (1656)	*ibid.*, fol. 406
36) Abraham Risson<75>	1 Elul 5416 (1656)	*ibid.*, fol. 407
37) Jacob de Figueroa<76>	6 Adar 5417 (1657)	*ibid.*, fol. 414
38) Joseph Franco<77>	Between 6 and 9 Adar 5417 (1657)	*ibid.*, fol. 414
39) David Cohen Lusena<78>	6 Tevet 5418 (1657)	*ibid.*, fol. 425
40) Mordochay de Andrade<79>	10 Tevet 5418 (1657)	*ibid.*, fol. 425
41) Samuel Montezinos<80>	28 Elul 5418 (1658)	*ibid.*, fol. 444

Yosef Kaplan

Name	Date of Request	Source
42) Gabriel Alves‹81›	10 Nissan 5419 (1659)	ibid., fol. 444
43) David Soarez‹82›	15 Heshvan 5419 (1658)	ibid., fol. 446
44) Isaac Pereyra de Venezia‹83›	28 Heshvan 5419 (1658)	ibid., fol. 446
45) Abraham Bueno‹84›	27 Shevat 5419 (1659)	ibid., fol. 448
46) Mosseh Israel do Porto‹85›	12 Iyyar 5419 (1659)	ibid., fol. 455
47) Jacob Sobrinho‹86›	Between 15 Tammuz and 12 Av 5419 (1659)	ibid., fol. 460
48) Isaac Aroyo‹87›	1 Tishri 5420 (1659)	ibid., fol. 465
49) Jacob Aboab‹88›	15 Heshvan 5421 (1660)	ibid., fol. 481
50) Benjamin Bueno de Mesquita‹89›	20 Heshvan 5423 (1662)	ibid., fol. 509
51) Abraham Bueno de Moura‹90›	9 Tevet 5423 (1662)	ibid., fol. 511
52) Jacob Moreno Monsanto‹91›	17 Nissan 5423 (1663)	ibid., fol. 517
53) David Nunes Ventura‹92›	16 Sivan 5423 (1663)	ibid., fol. 519
54) Isaac Pereira Lopez‹93›	28 Tammuz (1663)	ibid., fol. 519
55) Samuel Pereira‹94› (Filho de Jacques Pra.)	24 Kislev 5424 (1663)	ibid., fol. 527
56) Daniel Levi de Barrios‹95›	9 Tishri 5425 (1664)	ibid., fol. 555
57) Abraham Zuzarte‹96› ("o Mosso")	8 Adar 5428 (1668)	ibid., fol. 585
58) Isaac Ribeira‹97›	15 Iyyar 5428 (1668)	ibid., fol. 590
59) Isaac Jesurun Spinoza‹98›	29 Kislev 5429 (1668)	ibid., fol. 600
60) Jacob de Simsson de Lima‹99›	22 Tammuz 5434 (1674)	ibid., fol. 703
61) Manoel Moreno‹100›	12 Sivan 5436 (1676)	ibid., fol. 748
62) Abraham Franco Silveira‹101›	28 Kislev 5437 (1676)	ibid., fol. 755
63) Benjamin Penso‹102›	22 Sivan 5455 (1695)	Ascamot II, fol. 193r
64) Mosseh Rodrigues Pereira‹103›	8 Nissan 5456 (1696)	ibid., fol. 202r
65) Jacob Gomez Lusena‹104›	22 Iyyar 5456 (1696)	ibid., fol. 205v

Name	Date of Request	Source
66) Abraham Ximenes Navarro<105>	3 Sivan 5456 (1696)	ibid., fol. 205v
67) Mosseh Gabay Faro de Arão<106>	7 Tishri 5457 (1696)	ibid., fol. 213v
68) Mosseh Rodrigues<107>	25 Nissan 5460 (1700)	ibid., fol. 287v
69) Jacob Eleão Gedis<108>	15 Heshvan 5461 (1700)	ibid., fol. 298r
70) Semuel Rodrigues de España<109>	5 Tammuz 5461 (1701)	ibid., fol. 310r
71) Mosseh Jesurun<110>	14 Tammuz 5462 (1702)	ibid., fol. 331v
72) Elissa Lindo<111>	3 Tishri 5463 (1702)	ibid., fol. 335v
73) Abraham Henriques Valentim<112>	10 Elul 5463 (1703)	ibid., fol. 368r
74) Iehuda Compañero<113>	26 Elul 5463 (1703)	ibid., fol. 368r
75) Abraham Francez<114>	26 Elul 5463 (1703)	ibid., fol. 368r
76) Isaac Franco de Velasco<115>	15 Elul 5470 (1710)	ibid., fol. 528r
77) Jacob de Sola<116>	2 Tevet 5480 (1719)	Ascamot III, fol. 205
78) Mosseh de Crasto<117>	1 Elul 5480 (1720)	ibid., fol. 231
79) Immanuel Nunes de Mercado<118>	6 Kislev 5483 (1722)	ibid., fol. 288
80) Menaseh Rovigo<119>	Between 14 Kislev and 3 Av 5484 (1724)	ibid., fol. 329
81) Joseph Almeida Henriques<120>	Between 28 Kislev and 2 Tevet 5485 (1724)	ibid., fol. 340
82) Selomoh Rephael<121>	Between 28 Kislev and 2 Tevet 5485 (1724)	ibid., fol. 340

215

NOTES TO APPENDIX

[39] The facts listed below were gleaned from various documents in GAA, particularly from PA 334. First I went through all the existing notebooks from before 1639 belonging to the "Beth Jacob," "Neve Shalom," and "Beth Israel" communities, PA 334, Nᵒˢ 1-12, as well as the notebooks and documents belonging to the board of representatives of the three communities established in 1622, *ibid.*, Nᵒˢ 13, 17. For the years following 1639 we examined the "Books of Ascamot" of the united community, i.e., "Talmud Torah" *ibid.*, Nᵒˢ 19-22, the account books ("Manual") of the community, including a detailed list of those who paid the various imposts, those who received charity, etc., *ibid.*, Nᵒˢ 172-179, inscriptions and a large number of collections of documents relating to the Ouderkerk cemetery, wills, etc. Similarly we have examined the registers of marriages in the Amsterdam municipality and in certain cases we have found certain details in them about some of the people in the present list. It should be pointed out that in a number of cases it was difficult for us to determine exactly to whom the documents referred, because more than one person active at that time had the same name.

[40] He was a poor man. In 5404 (1643/44) he was assessed 4 fl. for the "Finta", but he only paid 2 fl. that year. For the same year he also appears as a recipient of charity in Nissan (2.5 fl.) and in Iyyar (3 fl.); in Adar I 5405 (1645) he received 34 fl. in charity. He did not pay any more community dues, nor did he make any contributions during the following years. He appears on the list of those receiving charity until Sivan 5415 (1655). We know that he left Amsterdam for Spain but only stayed there for a very short time because he stood at the altar to beg forgiveness on 15 Heshvan 5405, and the year before, even the month before, he had received charity from the community. On 1 Av 5415 (1655) he was removed from the list of the poor recipients of charity because he had gone to Leghorn. See PA 334, Nº 174, p. 118.

[41] Nothing is known about him, see above, n. 22. He also went to Spain. A woman named Sarah Thomas appears in the list of recipients of charity in Nissan 5407 (1647). She also appears in the list of those receiving *matzot* for Passover in 5412 (1652) with her grandson. That detail perhaps indicates that they all belonged to the same family, apparently a poor one.

[42] He paid a "Finta" of 4 fl. a year, an assessment made on 14 Elul 5405 (1645). He apparently lived outside Amsterdam for several years, because his name is not mentioned in the list of members of the community between 1639 and 1645. Afterwards he paid taxes until 5411. In 5409 (1648/9) he also contributed generously to the synagogue: 10 fl., 16 stuivers in Tishri, 2,5 fl. in Nissan. In 5410 (1649/50) he contributed only 6 stuivers. His name is not mentioned again among those who paid community dues after Heshvan 5411 (1650). He is mentioned in a list of Tishri 5417 (1656) including 289 people whose debts to the community could not be collected because they had left it or died. His debt came to 9 fl., 2 stuivers. In that list the names of Daniel de Prado and Baruch Spinoza also appear.

43 Perhaps he is the same David Hamis Vaz, who paid an annual "Finta" of 8 fl. He also paid the "Ymposta" in Nissan 5409 (1649), 12 fl., 12 stuivers; in Nissan 5410 (1650), 12 fl., 13 stuivers; in Nissan 5411 (1651) 20 fl.; in Nissan 5412, 25 fl.; in Adar II, 5413 (1643), 20 fl.

44 Nothing is known about him, see above, n. 22. The "land of idolatry" to which he travelled was Brazil.

45 Nothing is known about him, see above, n. 22.

46 Alias Diego Fernandes Dias, he was married to Esther Dias before 1622. He was a member of the "Beth Israel" community. He paid high "Ymposta" taxes between 1622 and 1632: in 1628 he paid 225 fl., 11 stuivers! On June 8, 1626 his son Jacob died, apparently still an infant. See *Livro de Beth Haim*, p. 63. From 1633 onward his name does not appear in the community notebooks until his return in 1646. On 15 Elul 5406 (1646) he was assessed an annual "Finta" of 10 fl.; see *Ascamot* I, fol. 296. In Tammuz 5407 (1647) the sum was reduced to 5 fl., and that was his annual assessment until his death on 18 Adar II 5413 (1653). He was buried in the Ouderkerk cemetery. After his return he no longer paid the "Ymposta"; apparently he had lost his fortune. He made contributions to the synagogue, mostly rather modest ones.

47 He went to the "lands of idolatry" and returned to Amsterdam twice with an interval of ten years. It is difficult to identify him.

48 The "land of idolatry" to which he went was Spain, and when he returned he was 45 years old. He is apparently the same man as David Israel Navarro. On August 14, 1648 he married Rachel Navarro of Madrid. On 17 Elul 5404 (1644) he was assessed with an annual "Finta" of 4 fl. His name is no longer mentioned after Nissan 5405 (1645) until his return around 25 Tevet 5407 (1647), and he apparently stayed in Spain close to two years. After his return he no longer paid the "Finta". He apparently lost his fortune. In Tishri 5408 (1647) he made a single payment of the "Ymposta", 1.25 fl. He made certain pledges in the synagogue: in Tishri 5408, 9 stuivers; in Nissan, 3 fl., 2 stuivers; and in Tishri 5409 (1648), 6 stuivers. His name is not mentioned again. Apparently he died around 5410 (1649/50), for on 14 Adar II 5410 (1650) his widow received 5 fl. from the community charity fund for the Purim holiday.

49 Nothing is known to me about him, see above, n. 22.

50 Apparently he was the Abraham Drago "o moço" who paid "promesas" in Heshvan 5405 (1644), 3 fl., 3 stuivers, and in Nissan 5405 (1645), 4 fl., 2 stuivers. His name is not mentioned afterwards until Heshvan 5408 (1647); apparently he was living in the "lands of idolatry" during that period. He paid pledges in Heshvan 5410 (1649) of 16 stuivers, and in Nissan 5411 (1651), 3 fl., 4 stuivers. His name is not mentioned again and there is no further trace of him.

51 He never paid dues of any kind to the community, nor did he contribute "promesas" to the community treasury. In Adar 5426 (1666) he received an allocation, a contribution to the poor, from the community treasury in two payments: 12 fl., 12 stuivers, and 6 fl., 6 stuivers. On 23 Av 5414 (1654) he was banned together with the physician Jacob Moreno and his wife because Daniel Castiel, despite repeated admonitions from the community continued to visit Moreno's house in the latter's

217

absence, a practice which provoked gossip in the community. The ban against him was lifted on 7 Tishri 5415 (1654). See *Ascamot* I, fols. 368, 374.

[52] He does not appear in a single one of the community registers. He died on 22 Kislev 5417 (1656) and was buried in Ouderkerk. Judging by the tombstone he was a poor man.

[53] One of the wealthy members of the community; on 5 Elul 5408 (1648) he was assessed with an annual "Finta" of 30 fl. He also paid the "Ymposta": in Heshvan 5410 (1649), 16 fl.; in Nissan 5410 (1650), 7.50 fl.; in Nissan 5412 (1652), 20 fl., etc. He died on 8 Heshvan 5436 (1675) and was buried at Ouderkerk.

[54] He was a member of the "Neve Shalom" community; he paid dues to it from 1623 to 1635; in 5388 (1627/8) he was fined 30 fl. for refusing to be "Hatan Torah" (the bridegroom of the Torah, an honor given on the holiday of Simchat Torah)! After 1635 he is no longer mentioned in the community documents, nor in those of the "Talmud Torah" community between 1639 and 1649. Apparently he remained in the "lands of idolatry" for 14 years. Before his departure he paid the "Ymposta" tax: in 1627, 161 fl., 16 stuivers! Upon his return he was assessed with an annual "Finta" of 4 fl. (on 2 Elul 5409 [1649]). Apparently he lost his fortune, because he no longer paid the "Ymposta" afterwards. In Adar II he appears on the list of people who paid pledges (14 fl.) and next to his name appears "que Ds' aya," i.e. deceased.

[55] One of the poor members of the community, in Nissan 5404 (1644) he was already a recipient of charity (4 fl.). He received charity again in Adar 5405 (1645) and afterwards his name is not mentioned again until Nissan 5410 (1650) upon his return from the "lands of idolatry". Apparently he stayed there 5 years. The charitable contributions from the community fund were received by his wife after Passover 5409 (1649) until Sukkoth 5412 (1651). Thereafter we find no trace of him.

[56] Apparently he is to be identified with Abraham Franco de Cadiz who was assessed an annual "Finta" of 15 fl. on 8 Elul 5410 (1650). About a year after his return from the "lands of idolatry" we find no further trace of him. In Heshvan 5411 he paid 6 fl., 6 stuivers in "promesas".

[57] A wealthy man. He paid "Ymposta". In Nissan 5418 (1658) it came to 33 fl., 14 stuivers. That year he paid a total "Finta" of 12 fl. When he returned from the "lands of idolatry" in 1650 he no longer paid dues regularly until 1658. After Nissan 5424 (1664) we lose all trace of him.

[58] Apparently an indigent man. He never paid the "Finta" and pledged modest contributions to the synagogue: in Tishri 5421 (1660), 9 stuivers; in Adar 5432 (1672), 18 stuivers; in Heshvan 5433 (1672), 6 stuivers; and in Heshvan 5434 (1673), 3 fl., 2 stuivers. He died on 24 Adar I 5434 (1674) and left a debt to the community of one fl., 7 stuivers.

[59] It is doubtful whether he was the man who paid the "Ymposta" of 7 fl., 12 stuivers in Nissan 5412 (1652). He is mentioned afterwards only in Nissan 5414 (1654) as pledging 3 fl., 12 stuivers to the community treasury. He appears in the list of Tishri 5417 (1656) of community members whose debts to the community cannot be collected because they either died or left it.

[60] It is very difficult to identify this man because more than one man bore that name.

[61] Nothing is known about him, see above, n. 22.

[62] Appears for the first time in the list of community members in Tishri 5408 (1647) as paying 12 stuivers in "promesas". He paid the same amount again in Nissan 5408 (1648) and in Nissan 5409 (1649) he paid half a florin. Afterwards his name does not appear again; not even after his return from the "lands of idolatry".

[63] In 5415 (1654/5) he paid an annual "Finta" of 4 fl. He is mentioned very little. He appears in the list of Tishri 5417 (1656) of those who died or had left the community and from whom debts cannot be collected. His debt came to 3.50 fl. Is he the man who died on 20 Shevat 5433 (1673) and was buried at Ouderkerk?

[64] One of the wealthy members of the community. He paid the "Ymposta" between Tishri 5415 (1654) and Tishri 5419 (1658). In the latter year he paid an annual "Finta" of 25 fl. He died on 16 Tammuz 5427 (1667) and was buried at Ouderkerk.

[65] He never paid the "Finta". Before he left for the "lands of idolatry" his name is mentioned among those who paid the "promesas" of Heshvan 5410 (1649), a sum of 6 fl., 19 stuivers, and also among those who paid "promesas" in Nissan 5410 (1650), a sum of 3 fl., 4 stuivers. Afterwards he is mentioned in Nissan as someone who contributed a florin and 4 stuivers to the community. After that he is not mentioned, and apparently he spent several months in the "lands of idolatry". He is mentioned again in Nissan 5414 (1654) as paying 12 stuivers as "promesas". Is he the Isaac Lumbroso da Costa who also paid "promesas" in 5415 and 5416?

[66] He is mentioned first about three years after his return from the "lands of idolatry" in 5417 (1656) as paying "promesas" of half a florin. In Nissan 5418 (1658) he paid an "Ymposta" of 6 fl. He first paid the "Finta" in 5430 (1669/70), a sum of 6 fl. In 5441 (1680/81) he paid 8 fl. annually. He did not pay the "Ymposta" again after 1663. He died on 15 Sivan 5444 (1684) and was buried at Ouderkerk.

[67] On November 13, 1671 he married Judith da Silva; see GAA, DTB, N° 688, fol. 287, and on July 5, 1681 he married, after being left a widower, Sara Peres, *ibid.*, N° 695, fol. 410. His father apparently came to Amsterdam with him in 1649. From 1675 he paid an annual "Finta" of 4 fl. In 1689 he paid a "Finta" of 10 fl. annually. He was a regular contributor to the synagogue treasury. He died on 23 Shevat 5488 (1698) and was buried at Ouderkerk.

[68] He was a rather rich man. He appears as one who paid "promesas" in Heshvan 5411 (1650); in Adar II, 5413 (1653) he was still paying pledges (1 fl., 6 stuivers), thus he did not stay in the "lands of idolatry" for more than a year and a quarter. Upon his return from the "lands of idolatry" he paid an "Ymposta" every year. In Tishri 5417 (1656) it came to 15 fl., and in Nissan 5419 (1659) it came to 19 fl., 5 stuivers. His "Finta" decreased from 12 fl. in 1654 to 5 fl. in 1660. He is not mentioned after Nissan 5423 (1663).

[69] He was the Dr. Jacob Moreno who was banned on 23 Av 5414 (1654), see above, n. 51. The ban against him was lifted (after 11 years!) on 3 Tishri 5425 (1664). See *Ascamot* I., fol. 368. He died on 29 Sivan 5427 (1667) and was buried at Ouderkerk.

[70] A very wealthy man, apparently the David Uziel mentioned in Elul 5413 (1653) as paying a "Finta" of 3 fl., 15 stuivers annually, as well as "promesas" totalling 6 fl., 4 stuivers. He is not mentioned afterwards except upon his return from the "lands of idolatry". On 13 Iyyar 5416 (1656) he was assessed an annual "Finta" of 50 fl.

He pledged "promesas" generously and paid the "Ymposta" until Nissan 5428 (1668). The year he paid the highest "Ymposta" of all (29.5 fl.) was 1662. He died on 12 Tishri 5432 (1671) and was buried at Ouderkerk.

[71] Several people bear that name. We tend to identify him with someone who died on 8 Nissan 5443 (1683).

[72] He went to the "lands of idolatry" twice. He paid an annual "Finta" of 4 fl. In 5419 (1658/59) he paid a "Finta" of 6 fl. After that he no longer paid those dues. First his "Ymposta" payments were low. Apparently he left Amsterdam again about 1660. His name appears on the list of Adar II 5421 (1661) of community members whose debts cannot be collected. His debt to the community came to 4.5 fl. at that time.

[73] He never paid the "Finta". He was a man of slender means but from Heshvan 5411 (1650) until Adar II 5413 (1653) he contributed small sums in "promesas". He disappeared from Amsterdam between the latter date and Shevat 5416 (1656) and that is the time he was in the "lands of idolatry". He began to receive charity from the community treasury in Nissan 5422 (1662). He died on 15 Shevat 5453 (1693) and was buried at Ouderkerk.

[74] His full name was David Gabai Risson. He paid the "Finta" for a rather short time, 1655-1656, at a rate of 8 fl. In Heshvan 5418 (1657) he appears in the list of the members of the community whose debts cannot be collected, and apparently he had left the city then.

[75] His full name was Abraham Gabai Risson. On 12 Elul 5416 (1656) he was assessed an annual "Finta" of 16 fl. After Tishri 5419 there is no trace of him.

[76] He apparently reached Amsterdam in 1645; on 14 Elul 5405 (1645) he was assessed an annual "Finta" of 6 fl. From Av 5410 (1650) to Adar 5417 (1657) his name is not mentioned on the list of those who paid dues and apparently that is the time of his sojourn in the "lands of idolatry". After his return he no longer paid the "Finta". In 1657 he paid a few "promesas". In Nissan 5424 (1664) he appears on the list of those whose debts cannot be collected because they have either died or left Amsterdam.

[77] He is Joseph Franco Nuñez, who also went up to the altar in Heshvan 5425 (1664) and begged forgiveness for another transgression, the nature of which is unclear. Before his departure for the "lands of idolatry", from Elul 5411 (1651) on, he used to pay a "Finta" of 16 fl. annually. He remained in the "lands of idolatry" for less than 8 months. The "Ymposta" he paid was not particularly high, and he contributed very small "promesas" in view of his means. He died on 28 Shevat 5438 (1678) and was buried at Ouderkerk.

[78] Nothing at all is known about him, see above, n. 22.

[79] He was born in Amsterdam around 1630. He married Sara Chalas on June 10, 1661, see GAA, DTB N° 685, fol. 69. After being left a widower he married Rachel Galas on August 19, 1667, see *ibid.*, N° 687, fol. 100. He never paid the "Finta". He paid "promesas" annually before returning from the "lands of idolatry", thus he must have been there for only a short time. In Nissan 5423 (1663) he paid "promesas" totalling 3 fl., 13 stuivers and, in Tishri 5424 (1623), coming to 2 fl., 12 stuivers. Afterwards he is mentioned in the list of Nissan 5425 (1665) among those whose

debts cannot be collected because they had died or moved away. His debt was a florin and 12 stuivers.

80 In the list of those paying dues and promesas of Nissan 5416 (1656) he appears as Samuel Montezinos de Brazil. He paid an annual "Finta" of 2 fl. He died on 15 Shevat 5430 (1670) and was buried at Ouderkerk.

81 In Nissan 5411 (1651) he donated 5.5 fl. in "promesas". After that his name is not mentioned until his return from the "lands of idolatry", some 8 years later. In the list of Tishri 5417 (1656) he is mentioned with other men whose debts cannot be collected. He is mentioned there as Grauiel Alves de Italia, because of his Italian origins. Upon his return from the "lands of idolatry" he apparently left the city again.

82 It is only known of him that in Tishri 5417 (1656) he owed a florin to the community treasury, and his debt could not be collected. After he returned from the "lands of idolatry" there is no further trace of him.

83 He is apparently the man who paid a "Finta" of 8 fl. annually in 1656/7. After his return from the "lands of idolatry" there is no further trace of him.

84 He was apparently the nephew of Daniel Bueno who is mentioned in Heshvan 5411 (1650) as paying 12 stuivers in "promesas". It is very difficult to identify him.

85 A very wealthy man. I did not find him mentioned in the community documents before the date when he asked forgiveness for going to the "lands of idolatry". On 15 Iyyar 5419 (1659) he was assessed an annual "Finta" of 50 fl. His name is mentioned sometimes as Moseh Gomes Porto. He paid high "Ymposta" taxes until 1672; in 1673 it totalled 66 fl., 12 stuivers. He died on 15 Adar 5433 (1673) and was buried at Ouderkerk.

86 We do not know personal details about him, see above, n. 22. In the community registers it is said that while he was in France he had his son baptized ("por aver bautizado en França hũ filho").

87 We know nothing about him, see above, n. 22.

88 Apparently he was Jacob Aboab de Osorio, a very well known figure in the community who served as member of the *ma'amad* in 5427 (1666/7), 5431 (1670/71) and 5436 (1675/76). He was born in Amsterdam and married Abigail Abendana on November 23, 1653, see GAA, DTB N° 682, fol. 79. He paid a high "Finta", reaching 120 fl. in certain years. He also paid high "Ymposta" taxes. He died on 23 Iyyar 5457 (1697) and was buried at Ouderkerk.

89 Nothing is known of him before his return from the "lands of idolatry". In Nissan 5423 (1663) he pledged 2 fl., 2 stuivers to the community treasury. He never paid that debt and apparently left Amsterdam around that time.

90 He apparently reached Amsterdam in 1649. On 5 Elul 5409 (1649) he was assessed an annual "Finta" of 20 fl. He paid dues, including the "Ymposta", at a low rate, until Sivan 5417 (1657). Apparently in that year he left and went to the "lands of idolatry". He is mentioned in the list of Tishri 5418 (1657) of those whose debts cannot be collected because they had left or died. He owed 13 fl., 4 stuivers. After he returned from the "lands of idolatry" he is not mentioned again, apparently because he left immediately after his return.

221

91 He was assessed an annual "Finta" of 2 fl. in Tishri 5419 (1658). His name is not mentioned again and apparently around that date he left for the "lands of idolatry". After his return he is not mentioned either, apparently because he left again.

92 Nothing is known about him, see above, n. 22.

93 Before his departure for the "lands of idolatry" he appears in Tishri 5415 (1654) as having contributed 5 fl., 6 stuivers in "promesas". Afterwards his name is not mentioned again until his return. Apparently he stayed away from Amsterdam for 8 years. In Tishri 5426 (1665) he paid an annual "Finta" of 6 fl. He paid "promesas" every year in moderate amounts; after Tishri 5428 his name is no longer mentioned.

94 He received charity amounting to 6 fl. in Adar 5423 (1663) and 8 fl. in Nissan of the same year. His name is not mentioned again even after his return from the "lands of idolatry".

95 A well known poet in the Portuguese Jewish community of Amsterdam. See above, n. 2-3, also K. R. Scholberg, *La Poesía religiosa de Miguel de Barrios*, Madrid, s.a. He was born in 1635 in Montilla, Spain. He reached Amsterdam in 1662. He died there on 11 Adar 5461 (1701) and was buried at Ouderkerk. He wrote many works of poetry, drama, and prose. In the early 1670s he became a devout believer in Sabbatai Sevi and his mental equilibrium was upset. He lived in great poverty. He never paid the "Finta". Between 1671 and 1675 he paid modest sums as "promesas". He appears in the list of Adar 5437 (1677) among the men whose debts cannot be collected. His debt came to 4 fl., 19 stuivers. In Nissan 5456 (1696) he pledged 16 stuivers, but it appears that four years afterwards he had not yet paid that sum to the community treasury. In the mention of his request for forgiveness after his return from the "lands of idolatry", it is said that he went there and "violated the sabbath" ("prophanado Sabat"). It is known that he used to visit Brussels at that time and even published two of his works there in 1665 and 1672.

96 He was born in Amsterdam in 1641. He married Rivka Rodrigues on August 31, 1674 after the death of his first wife, Ester Rodrigues; see GAA, DTB N° 689, fol. 250. He is the son of Jacob Zuzarte. He paid an annual "Finta" of 4 fl. starting in 1675. He appears in the list of Nissan 5436 (1676) of those whose debts cannot be collected, and apparently his economic situation had worsened. After Elul 5438 (1678) he no longer paid dues or made any other payments until his death on 9 Av 5446 (1686). He was buried at Ouderkerk.

97 He apparently spent about five years in the "lands of idolatry" between Tishri 5424 (1663) and Iyyar 5428 (1668). His name is first mentioned in Tishri 5420 (1660) as paying "promesas" totalling a florin and 8 stuivers. He contributed modest sums until Tishri 5424 (1663). In Heshvan 5432 (1671) he appears in the list of people whose debts cannot be collected. His debt came to 8 fl., 2 stuivers. He only paid a "Finta" in 1671, amounting to 6 fl. He apparently left Amsterdam around 1671.

98 The son of Abraham Jesurun Spinoza. He is not mentioned in any of the community registers. He died close to the time of his return, on 9 Elul 5429 (1669) and was buried in Ouderkerk.

99 He is first mentioned in Heshvan 5410 as paying "promesas" of 3 fl., 5 stuivers. After Nissan 5435 (1675) there is no trace of him. He apparently left Amsterdam.

100 Nothing is known of him, see above, n. 22.
101 Born in Seville in 1624, he reached Amsterdam around 1651. There he married Sara Franca de Silva on 21 February 1652, see GAA, DTB N° 681, fol. 177. He paid the "Ymposta". Between Tishri 5421 (1661) until Kislev 5437 (1676) he paid no dues of any kind, apparently that was the period when he was in the "lands of idolatry". His name appears on the list of Adar 5421 (1661) of people whose debts cannot be collected. Apparently when he returned to Amsterdam he lost his fortune, for he no longer paid the "Ymposta", and the "Finta" with which he was assessed was 4 fl. as opposed to the 20 fl. he had paid before. From 1679 on he no longer paid the "Finta" and the amounts of his "promesas" declined. He died on 9 Iyyar 5463 (1703) and was buried at Ouderkerk.
102 He is mentioned in Av 5455 (1695) as having pledged 2 fl. to the community treasury. He never paid the "Finta". He seems to have disappeared shortly after his return from the "lands of idolatry".
103 After his return from the "lands of idolatry" he paid the "Finta" until 1714. He also paid "promesas". Apparently he encountered financial difficulties, because his name appears on two lists, those of 1712 and 1714, of people who could not pay their debts to the community. He died on 1 Heshvan 5475 (1714) and was buried at Ouderkerk.
104 He was born around 1648 in Peyrehorade, France. He married Rachel Mendes on June 1, 1692, see GAA, DTB N° 699, fol. 315. In 1697 he paid a "Finta" of 2 fl. But afterwards he no longer paid it, only giving extremely modest sums as "promesas". In Adar 5465 (1705) he appears in the list of people whose debts cannot be collected. He died in 5479 (1718/19) and was buried at Ouderkerk. During the last 13 years of his life he paid no sum whatsoever to the community.
105 One of the poor members of the community. He is not mentioned before his return from the "lands of idolatry". As of his return he received 6 fl. in charity every New Moon until Adar 5463 (1703). He died on 14 Heshvan 5466 (1706) and was buried at Ouderkerk.
106 Born in Amsterdam, he married Sara Arari on March 26, 1706. That was his second marriage, see GAA, DTB N° 705, fol. 135. He started paying the "Finta" in 1688 at a rate of 4 fl. annually; in 1707 he paid 36 fl. per year. He paid the "Ymposta" until 1701 almost every year; in 1682 and 1701 he paid 50 fl. He did not remain in the "lands of idolatry" more than half a year. He died on 15 Kislev 5467 (1706) and was buried at Ouderkerk.
107 He paid the "Finta" at a rate of 4 fl. annually from 1688 to 1699; afterwards he went down to 2 fl. a year. He did not stay in the "lands of idolatry" longer than half a year. He died on 1 Heshvan 5475 (1714) and was buried at Ouderkerk.
108 He paid the "Finta" in 1701 at a rate of 4 fl. a year. A year afterwards his name appears in the list of community members whose debts cannot be collected. Apparently he encountered financial difficulties, for that phenomenon is repeated a year afterwards. He died on 14 Nissan 5480 (1720) and was buried at Ouderkerk.
109 Nothing is known about him except that he died on 16 Iyyar 5465 (1705) and was buried at Ouderkerk.

[110] We know nothing of him except that he died on 17 Kislev 5469 (1708) and was buried at Ouderkerk.

[111] His name does not appear in the documents of the community until his return from the "lands of idolatry". Between 1704 and 1707 he paid an annual "Finta" of 12 fl. His economic situation worsened that year, and he paid only 4 fl. a year from then until 1716. After that he did not make any contributions at all to the community treasury, and apparently he lost his fortune. On 14 Tishri 5467 (1706) he married Rachel Pereira, see a copy of the marriage contract (ketuba), PA 334, N° 407, fol. 65. He died on 28 Av 5486 (1726) and was buried at Ouderkerk.

[112] Nothing is known of him, see above, n. 22.

[113] He was born in Leghorn around 1674. He married Hester Frances on 21 September, 1703 in Amsterdam, see GAA, DTB N° 703, fol. 348. His name does not appear in the community documents.

[114] Nothing is known about him, see above, n. 22.

[115] Nothing is known of him except that he died on 3 Adar II 5472 (1712) and was buried at Ouderkerk. On the evidence of his tomb, he was apparently poor.

[116] Nothing is known of him, see above, n. 22.

[117] He was born in Hamburg around 1683; he married Rachel Abarbanel Aredes in Amsterdam on August 6, 1717, see GAA, DTB N° 711, fol. 44. He paid an annual "Finta" of 25 fl. in 1718. He seems to have remained in the "lands of idolatry" for two years. He was not buried in Amsterdam; he apparently departed again close to the time of his return in 1719.

[118] He was born in Hamburg in 1675, the son of Jacob Nunes Mecado. He married Rica de Morales of Leghorn in Amsterdam on June 10, 1707, see GAA, DTB N° 706, fol. 31. He made no payments of any kind to the community treasury. He died on 28 Sivan 5484 (1724) and was buried at Ouderkerk.

[119] Nothing is known about him, see above, n. 22.

[120] He was born in Almeida, Portugal in 1679. On November 7, 1704 he married Reyna Cohen of Amsterdam. His name does not appear in the community documents.

[121] Nothing is known of him, see above, n. 22.

THE JEWS AND THE INQUISITION OF AQUILEIA AND CONCORDIA

Pier Cesare Ioly Zorattini

It is the aim of this paper to examine the trials of the Holy Office of Aquileia and Concordia against Jews and against any crime related to Judaism, from the beginning to the end of the activity of this Holy Office, that is to say from the middle of the 16th century to the end of the 18th century.

At present, the records of the Holy Office of Aquileia and Concordia are kept in the Archives of the bishop's court of Udine, in a room on the ground floor of the archbishop's palace built in 1740 by the patriarch Daniele Delfino. This room served, as one learns from the stone plaque on the outside of the building overlooking the garden, both as the ecclesiastic courtroom and the partriarchal archives.[1] The original location of these records in Udine was the convent of S. Francesco Interiore. When this convent was destroyed to give place to the building of the new hospital of S. Maria della Misercordia, the courtroom was probably transferred in 1771 for some years to the convent of S. Pietro which today is the parish of the Beata Vergine del Carmine.[2] Finally, the records were transferred to the archbishop's palace where they can still be found today.

The records contain almost two thousand trials, going from 1551 to 1798, which was the date which probably marked the end of this court activity. However, the records are not complete, for a hundred and twenty trials are missing which means that, in all, there are records of around two thousand one hundred and seventeen trials.

---

[1] "Tabularia et tribunal / utrique iure dicundo / a solo fecit / Daniel Delphinus / patriarcha Aquileienis / Anno salutis MDCCXL." Udine, the archbishop's palace.

[2] *Memorie storiche della Parrocchiale di via Aquileia in Udine dedicate al reverendissimo parroco don Ermenegildo Querini* . . . 18 luglio 1897, (sine auctore et loco), p. 28.

Between the end of the 17th century and the beginning of the 18th century, the records were put in order. There exist today two registers of the documents of the trials. The first, begun by the inquisitor Antonio dall'Occhio da Ferrara (1677 to 1693) and finished in 1725 by the Inquisition's notary, Lorenzo Gambarini, dealt with the reordering and registering of the first thousand trials, from 1551 to 1647. This register was probably taken from the archives of the archbishop's court some time during the last century and can be found today in the Joppi Public Library in Udine.[3] A second register of the trials, going from 1648 to 1749, was compiled in alphabetical order by the inquisitor Giovanni Pellegrino Galassi (1724 to 1727), and his successors. This register can be found today in the Archives of the archbishop's court in Udine.[4] All these records have recently been reordered by Dr. Luigi De Biasio, who is the present director of the Archives. He has also compiled two indexes of all the records, thus completing even the indexing of the material for the fifty years following 1749, which have not been ordered previously.[5]

In Udine, the court did not hold its trials in one single place. They sometimes met in the patriarchal palace, sometimes in the castle (the residence of the Venetian governor), sometimes in the convent of S. Francesco Interiore, sometimes in the church of S. Giovanni which was situated in what is now Piazza Libertà, and sometimes in the house next to the church of S. Antonio beside the patriarchal palace.

The court was made up of the patriarch himself, who could be substituted by his deputy, by the inquisitor who in this court was always a member of the friars of the *Minori Conventuali*, by the

---

[3]   Udine, Biblioteca Civica V. Joppi, Ms. 640, *Novus liber causarum S. Officii Aquileiae, regestum scilicet denunciatorum, sponte comparitorum atque per sententiam, vel aliter expeditorum, ab anno 1551 usque ad annum 1647 inclusive* . . .

[4]   A.C.A.U., S. Officio, b. 70, *Secundum Millenarium causarum S. Offitii Aquileiensis et Concordiensis . . . studio et labore reverendissimi patris magistri Ioannis Peregrini Gallasii de Bononia, scribente patre baccellereo Laurentio Gambarini Bononiensi Sancti Offitii cancellario.* Anno Domini 1726, die vero prima Ianuarii.

[5]   L. De Biasio, *1000 processi dell'Inquisizione in Friuli (1551-1647)*, Quaderni del centro regionale di catalogazione dei beni culturali, 4, Villa Manin di Passariano-Udine, 1976; idem, *I processi dell'Inquisizione in Friuli dal 1648 al 1798*, Quaderni del centro regionale di catalogazione dei beni culturale, 7, Villa Manin di Passariano-Udine, 1978.

governor of the *Patria* of Friuli or by one of his representatives, by a prosecuting counsel and by a notary. The presence of two qualified lawyers depended, however, on the inquisitor.[6]

During the 16th century the role of the patriarch's deputies was of the highest importance, for it was they who, in practice, ran the diocese of Aquileia when the patriarchs, who normally resided elsewhere, were absent. Apart from the inquisitor, there was, in the court of Udine, a "commissarius subdelegatus", which was an office held for the first time by the patriarchal deputy, Jacopo Maracco, who began governing the diocese of Aquileia in 1566 and who amalgamated the two posts of "vicarius" and "commissarius". After 1573 this figure disappeared or is mentioned only rarely in the trial records.[7]

From the middle of the 16th century, the inquisitor's jurisdiction theoretically included the whole of the dioceses of Aquileia and Concordia which embraced a vast territory, including, apart from Friuli, parts of Carniola, Stiria and Carintia, that is to say the territories under the rule of the Republic of Venice as well as those under that of the Habsburgs. After 1630, as a result of the extension of the diocese of Aquileia and Concordia — an extension which brought with it substantial difficulties in controlling the various townships which were often far from one another — it became necessary to appoint other judges, the "vicari foranei", who assisted the inquisitor and who were answerable to him. These "vicari foranei" were chosen either from among the regular clergy (Franciscans, Dominicans, Augustinians) or from the secular clergy. Their jurisdiction was limited not only in a territorial sense but also juridically as they could only judge the "sponte comparentes". These judges were also required regularly to send the trial records to the central court of Udine. In practice, the inquisitors were only able to exercise their jurisdiction in the Venetian territories.[8] With the abolition of patriarchal sovereignty in 1751 and with the creation of the two dioceses of Udine and Gorizia, the jurisdiction of the Holy Office of Udine was restricted to the territories

---

[6] A. Battistella, *Il S. Officio e la riforma religiosa in Friuli. Appunti storici documentati,* Udine, P. Gambierasi, 1895, p. 45.

[7] De Biasio, *1000 processi dell'Inquisizione . . .* , pp. 86-88.

[8] De Biasio, *I processi dell'Inquisizione . . .* , pp. 107 ff.

of the dioceses of Udine and Concordia. From that moment the inquisitor resident in Udine was named both as the inquisitor of the dioceses of Udine and Concordia as well as the inquisitor of the *Patria del Friuli*.[9]

In almost two and a half centuries of activity, the Holy Office of Aquileia and Concordia held more than two thousand trials covering the widest possible range of crimes related to religious faith. There were those against Lutherans, Anabaptists, the heretical press in general,[10] and those against crimes of magic and witchcraft. The trials against people who were in possession of forbidden books represent, numerically, the largest group in the first thirty years of the court's activity. With the particular feverish unrest existing between the heretics and the soldiers from the fortresses, the trials against this kind of crime are still numerous in the following century. However, the crimes that kept the Holy Office judges busiest from the second half of the 17th century to the end of the 18th, were those of witchcraft and other kinds related to the magic arts.[11]

---

[9]   De Biasio, *1000 processi dell'Inquisizione* . . . , pp. 88-91.

[10]   A. Battistella, *op. cit.*; idem, "Brevi note sul S. Officio e sulla riforma religiosa in Friuli", *Atti dell'Accademia di Udine* S. III, X (1903), pp. 265-285; idem, "Atti d'un processo informativo contro P.P. Vergerio presso il S. Officio di Udine", *Memorie Storiche Forogiuliesi* X (1914), pp. 474-483; idem, "Un temuto ritorno del Vergerio in Friuli nel marzo 1558", *Archivio Veneto-Tridentino* VIII (1925), pp. 183-204; P. Paschini, *Eresia e riforma cattolica al confine nord-orientale d'Italia*, Roma, Lateranum, 1951; L. De Biasio, "L'eresia protestante in Friuli nella seconda metà del secolo XVI", *Memorie Storiche Forogiuliesi* LII (1972), pp. 71-154; G. Miccoli, "La storia religiosa", *Storia d'Italia. Dalla caduta dell'Impero romano al secolo XVIII*, II, Torino, Einaudi, 1974, pp. 1039 ff.; S. Cavazza, "Inquisizione e libri proibiti in Friuli e a Gorizia tra Cinquecento e Seicento", *Studi Goriziani* XLIII (1976), pp. 29-80; G. Paolin, "Dell'ultimo tentativo compiuto in Friuli di formare una comunità anabattista. Note e documenti", *Nuova Rivista Storica* LXII (1978), pp. 3-28; A. Dal Col, "Due sonetti inediti di Pier Paolo Vergerio il Giovane", *Ce fastu?* 54 (1978), pp. 70-85.

[11]   C. Ginzburg, *I benandanti. Ricerche sulla stregoneria e sui culti agrari tra Cinquecento e Seicento*, Torino, Einaudi, 1966; P.C. Ioly Zorattini, "Il diavolo del S. Uffizio e le tradizioni popolari friulane", *Rassegna di Pedagogia* XXVI (1968), pp. 84-130; idem, "Un friulano e un indovino ebreo in una causa del S. Uffizio agli inizi del '600", *Ce fastu?* 44-47 (1968-1971), pp. 158-164; G. Aquilecchia, "Appunti su G. B. Della Porta e l'Inquisizione", *Studi Secenteschi* IX (1968), pp. 3-31; M. Romanello, "Culti magici e stregoneria del clero friulano (1670-1700)", *Lares* XXXVI (1970), pp. 341-371; C.

It is the intent of this paper, however, to consider, from the huge body of records that exist in the Archives, only that small group of cases against Jews and neophytes, as well as some cases which, in some way, had a Jewish element in them.

Towards the second half of the 16th century there is only one trial connected to the crime of Judaizing, the one against Gioanbattista Cividin of Cividale in Friuli.[12] Cividin, a converted Jew, was accused in 1575 of "iterum iudaizare", of expressing himself against the Catholic religion and of frequenting Jews. The judges of the Holy Office were very strict in trying to prove this man's apostasy and they took little consideration of the fact that he repeatedly professed to be a Catholic. Unfortunately, very little is known of the outcome of this trial. Back in 1726 Lorenzo Gambarini, who had compiled the index of the Holy Office's Archives, remarked laconically "post examen ad carcerem remittitur" and concluded by saying "aliud non apparet".[13]

Then it was not until the last years of the 16th century that there were trials in which Jews were referred to. There was, for example, the case against the priest Giovanni Ricca from S. Vito al Tagliamento for heretical blasphemy.[14] The priest, also accused of "pubblice ludere cum Abrahamo iudeo", readily admitted it, for in his statement of the 4th of April 1596, he conceded having played "chess with Abram de S. Vido in his shop to pass the time". The case, however, was not followed up.

A Jew appears in one of the numerous cases against therapeutic magic, which were so common in the records in Udine. On the 3rd of July 1599, an organist from Volterra, Antonio Fiascari, appeared of his own free will before the Inquisitor, Girolamo Asteo, and confessed to having taken a peasant called Mattia del Pitto to the house of the

Ginzburg, *Il formaggio e i vermi. Il cosmo di un mugnaio del '500*, Torino, Einaudi, 1976; P.C. Ioly Zorattini, " 'Preenti' contro il lupo negli atti del S. Uffizio di Aquileia e Concordia", *Ce fastu?* 52(1976), pp. 131-146; idem, "Un 'preento' contro il lupo in un procedimento seicentesco del S. Uffizio di Aquileia e Concordia", *Memorie Storiche Forogiuliesi* LIX (1979), pp. 163-169.
[12] P.C. Ioly Zorattini, "Un giudaizzante cividalese del Cinquecento: Gioanbattista Cividin", *Studi Storici e Geografici* I, Pisa, Pacini, 1977, pp. 193-208.
[13] Udine, Biblioteca Civica V. Joppi, Ms. 640, c.6r.
[14] A.C.A.U., S. Officio I M. n° 303.

Jew Iuseppo, in order to cure an ill cow. Mattia proposed "curing it by saying the same words that one says on Christmas night". This curing charm, however, was not used because of the firm opposition of Nina, the wife of the Jew, who thought it all superstitious. After examining the two witnesses, the inquisitor absolved Fiascari and closed the case.[15]

In 1611, there was the biggest trial against Jews in all the records of the Holy Office of Aquileia and Concordia. It was the trial against the banker Mosè Belgrado, resident at S. Vito al Tagliamento for having "tried to make Jewish" Leandro Tisano, the 28-year-old son of a local "cobbler", who had run off to Salonica so that he could freely practice the Jewish religion.[16]

The special interest of this case of conversion lies not so much in the kind of crime tried, but more in the exceptional position of the protagonist Leandro. For, although we do find in the documents of the Venetian Inquisition some cases of Catholics of non-Jewish origin being accused of crimes related to the Jewish world, we never actually find a case of genuine conversion as in the case of Leandro.[17]

Leandro's religious inquietude is clear from several testimonies of the trial: he owned a Bible and whenever he "found any difficult parts", he would ask the local Jews and probably Mosè Belgrado himself who "was most learned in Hebrew Law" to give him explanations. This familiarity with the world of the Jews was certainly an influence on the ever-growing determination of the young man. On the 25th of November 1610, while his father was away at the S. Caterina Fair in Udine, Leandro bade farewell to his wife, took whatever money there was in the house and left for Venice. Here he was seen one last time on the Rialto "in clothes different from his usual ones" by a peasant who, after calling him by name, saw him disappear into the crowd. There is no further trace of Leandro in Italy from that moment

[15] *Ibid.*, n° 380.
[16] *Ibid.*, n° 737. On the trial against Mosè Belgrado see L. Luzzatto, "Mosè Belgrado e il S. Ufficio", *Il Vessillo Israelitico* LI (1903), pp. 388-391; P.C. Ioly Zorattini, "Note e documenti per la storia dei marrani e giudaizzanti nel Veneto del Seicento", *Michael* I, Tel Aviv, The Diaspora Research Institute, 1972, pp. 326-341.
[17] See for example the case of Pietro de Nixia, *Processi del S. Uffizio di Venezia contro Ebrei e Giudaizzanti (1548-1560)*, ed. by P.C. Ioly Zorattini, Firenze, L.S. Olschki, 1980, pp. 101-143.

on. Some months later, however, on the 10th of May 1611, his father Zuan Maria saw a letter from his son arrived at Mosè Belgrado's house in S. Vito. The letter told of his being converted to the Hebrew faith in Salonica where he was now living under the assumed name of Avraan Israel. In his letter, the convert Avraan Israel, who was studying the "Holy Law" in the Talmud Toràh, expressed his enthusiasm for his new faith and he also wished that the other members of his family might be converted. A second letter was received by his father on the 20th of July of the same year. In it Leandro confirmed why he converted, namely the unity of the religion of Moses as regards the interpretation of some of its basic principles, a unity that he did not hesitate to contrast with the prevailing subjectivity of the Christian world where "one wants it one way, while the other in another way". This attitude is rather significant for individuals for it shows the sense of alienation and creeping uncertainty in some sections of the Catholic world in the Venetian territories after more than half a century of repression on the part of the Inquisition and of active Protestant propaganda. The absence in the Hebrew world of those elements of disunity (which were now undermining the religious faith of not a few Catholics after the great crisis following the Reformation) was certainly one of the reasons that led a man in crisis like Leandro to consider the Hebrew religion superior to the Catholicism in which he was born and bred. The coming of the Kingdom of God is another theme typical of the Hebrew tradition that finds echo in the words of Leandro when he stated that "the deeds of Moses are nothing compared to what the Messiah will do". It is with sincerity that Leandro describes to his father this era of universal peace where "everyone will observe the Holy Law written with the hand of God and there will be so much peace on Earth that the wolf will pasture with the sheep and the lion with the cow". Then, after having proclaimed the oneness of God, Leandro stresses the authenticity of his new faith telling his father that if it had not been for this vocation of his, he would never have left, not even for a kingdom, his "so dear and so beloved son, nor any of you others equally dear to me".

At our present state of research, the Belgrado case is only known by means of the documents available in Udine and by means of one old article written by Leone Luzzatto.[18] The trial itself began in 1611 and

[18] Luzzatto, *op. cit.*

231

developed over the years. Belgrado, who had moved to Cento where he
kept a pawn-shop in the autumn of 1614, was arrested and imprisoned
by the Inquisition of Bologna. In the spring of 1615, the witnesses for
the defence of Belgrado were examined at Udine. Their statements all
stressed the lack of precision and the groundlessness of the accusations
against the Jewish banker, who was generally considered "a good
man", honest and respectful of the Catholic religion to the point of
persuading "Christians to observe their own laws". In 1616, the trial
came to an end with Leandro being condemned to total excommunica-
tion, to the confiscation of all his worldly goods and to perpetual
disgrace for not having been present at the hearing of the Holy Office,
despite the repeated summons of the court. On the contrary, according
to Luzzatto's above-mentioned article, the Jew was released from the
prison in Bologna upon the payment of "the greatest amount he is able
to give" in spite of the fact that much suspicion fell upon him.[19]

Given the sentence of Leandro, of whose apostasy the Holy Office
had well-grounded suspicions, together with the accusations against
the Jew, whose part in the conversion seems undeniable in spite of the
attenuating statements of the defence witnesses, the attitude of the
Congregazione Romana with regard to Belgrado appears surprisingly
mild.

The limited number of proceedings recorded in the *Secundum Millenarium*, that is to say from 1648 to 1798, in which Jews were implicated in one way or another, and the fact that no one of them was
followed up, show how little these cases appear in the records of the
Holy Office of Aquileia and Concordia. In the 17th century, Jews
make an appearance in the accusations of the Flemish Augustinian,
Philippus Hestius, procurator of the convent of S. Lucia in Udine
against two priests accused of blasphemy.[20] Hestius had learnt from
two colleagues who had stayed overnight in the Chiavris inn that there
two priests had played cards all night long with some Jews and had
uttered "the most horrible heresies and blasphemies in the world".
This was then confirmed by a merchant who had been there in the
company of a French surgeon who "quite amazed said that in France

[19] *Ibid.*, p. 390.
[20] A.C.A.U., S. Officio II M., n° 96.

Lutheran and Calvinist heretics would never have dared offer such blasphemies against God and against saints". However, the case was not followed up.

Within the framework of the very complex relationship between Jews and the Christian serving classes (a relationship expressly forbidden by a specific ecclesiastical ruling,[21] but which nevertheless occurred quite frequently among Jews resident in Venice and in the territories of the Republic prior to the emancipation by Napoleon) there is a particularly striking case which happened in January 1648, namely that of the 14-year-old girl, Caterina Milnar.[22] Her father, Iacob Milnar, a soldier from Lubijana, was on pilgrimage to the sanctuary of S. Giacomo di Compostella and had left Caterina at Codroipo in the house of the Jew, Grassin Scaramella, to do the household chores. In his house, apart from having to do humiliating work such as "scratching the Jew's feet", the young girl had eaten meat on days forbidden by the Church and, moreover, Grassin's wife had told her not to confess it. The parish priest of Codroipo, Giovan Paolo Rota, informed the patriarch of Aquileia, Marco Gradenigo, of what was happening in this house. The patriarch, with the support of even the Lieutenant of the *Patria*, had the girl taken to Udine for fear that any further stay at the Jew's might prejudice the state of her soul. In Udine, after staying a few days in the home of the Countess Savorgnan, the girl entered, on the evening of the 3rd of February 1648, the convent of S. Chiara "pro famula dicti monasterii". All the same, too much importance should not be attached to the case, as proceedings against Grassin Scaramella were not incurred.

Remaining within this framework of the relationship between Jews and the Christian serving classes, the very human case of Domenica Faidutti should be mentioned.[23] She was a poor widow, who of her own free will appeared before the court and confessed to the crime of practicing therapeutic magic. In order to help the wife of a local Jew

---

[21] For the papal laws relating to Jews in the second half of the 16th century see K.R. Stow, *Catholic Thought and Papal Jewry Policy 1555-1593*, New York, The Jewish Theological Seminary of America, 1977.

[22] A.C.A.U., S. Officio II M., n° 3.

[23] *Ibid.*, n° 343.

233

whose new-born child was ill, Domenica had agreed to bring her a little of "the bone of a deadman's head", so that, once having reduced it to ashes, it could be added to the milk and administered to the ill child. In return she received only "a little bread" for her little children. This case is surely indicative of the very human relationship and that sense of familiarity that, above all in the small towns and despite adverse propaganda and religious barriers, not infrequently marked the relationship between Jewish families and the surrounding Christian society.

In the 17th century there are two more short cases in which Jews are mentioned but not persecuted. The first of these cases is the accusation laid, in 1655, against Giacomo the tailor, a converted Jew who had been living for some time in S. Daniele, and who was accused of uttering heresy against the Virgin and who was never found.[24] Then there is the case of Giovanni Floriani from S. Daniele who, of his own free will, appeared before the court and admitted to having given credit "ex nimia iudaica conversatione" to several heresies, such as denying the virginity of Mary, accepting as permissable work on Holy Feast days and eating meat on the forbidden days, as well as having denied the validity of sermons and having maintained that in the Eucharist Christ is present "only as a man". Floriani abjured these heresies and only received as punishment spiritual penitence.[25]

A late, though representative, case of Jewish presence in the documents of the Inquisition in Friuli is the confession of Antonio Maria Stevan from Bassano in 1749.[26] He was a young man who, having left home for reasons of the "discord" that afflicted him, went to Venice and there was advised "to seek out the Jews as they know the Stately Homes well and would have found him work". Consequently, Stevan started frequenting the Jewish ghetto and made friends with the wife of a certain Samuel Bacco, who during their conversation kept on trying to make him "renounce the Catholic faith and embrace Hebrew law". A rabbi from Romagna who lived with Bacco explained some traditional arguments as regards to Christ but did not manage to convince him. Stevan, therefore, did not consider the idea proposed to him by

[24]   *Ibid.*, n° 296.
[25]   *Ibid.*, n° 789.
[26]   *Ibid.*, n° 961.

the Jew who was to move to Amsterdam where he would have been able freely "to embrace the Hebrew Law", as had done, according to Samuele, even "a practising monk" whom he had persuaded to apostatize. Not even this case had any issue.

Before attempting some kind of assessment of the activity over two and a half centuries of the Holy Office of Aquileia and Concordia, regarding crimes connected to the Jewish world, it would be opportune first to stress the relative scarcity of Jews resident in Friuli. This scarcity would perhaps account for the lack of ghettoes in those territories in Friuli under the rule of Venice. This becomes all the more evident when compared with the situation in the Veneto where there was no shortage of populous concentrations of Jews in the ghettoes of Venice, Verona, Padua and Rovigo. In Friuli the Jews, who were organised into little groups, sometimes consisting of no more than one family, were spread all over the various parts of the *Patria*. Moreover, they enjoyed relative freedom until the end of the 18th century, when the anti-Jewish *Ricondotta* law of 1777 established that they could no longer reside in any place that did not have a ghetto.[27] All the same, with the arrival of the French armies, this law too became invalid and the Jews were able to reside freely again in Friuli.

If the number and outcome of proceedings against Jews, or even cases in which Jews are implicated in some way, is compared to the overall number of trials against other crimes which, for the course of its days kept the Udine court busy (various forms of heresy, magic, witchcraft, and laxism on the part of the clergy), it becomes clear just how secondary, if not downright insignificant, this minority group was for the inquisitors in Friuli. It is also interesting to note that the small number of proceedings against Jews or neophytes concerned only

---

[27] On the "Ricondotta" of 1777 see *Capitoli della Ricondotta degli Ebrei di questa Città e dello Stato . . .*, Venezia, Pinelli, 1777; C. Roth, "Venice and Her Last Persecution of the Jews. A Study from Hebrew Sources", *Révue des Etudes Juives: Mélanges offerts à Mr. I. Levy* (1926), pp. 411-424; F. Luzzatto, *Cronache storiche della Università degli Ebrei di San Daniele del Friuli. Cenni sulla storia degli Ebrei del Friuli*, Roma, La Rassegna mensile di Israel, 1964, pp. 130 ff.; P.C. Ioly Zorattini, "Aspetti e problemi dei nuclei ebraici durante la dominazione veneziana", *Venezia e la Terraferma attraverso le relazioni dei Rettori* (Trieste 23-24 ottobre 1980), Milano, Giuffrè, 1981, pp. 227-236.

people living in that part of Friuli under the rule of Venice and not in
territories of Friuli under the Habsburg Empire, over which the jurisdiction of the Holy Office of Aquileia and Concordia did stretch and
did prove to be very strict in repressing the heretical unrest that was
building up in those areas.

The small number of Jews in the area was perhaps the cause for the
fact that they did not constitute any real cause for "scandal" in the
Friuli society which thus made the attitude of the Franciscan Inquisitors (who ran the Holy Office without interruption) more lenient
towards them. This is particularly true if compared to the commitment
and severity with which this same court repressed other more dangerous and more widespread crimes in Friuli.